约翰-科尔曼博士

社会主义世界秩序的独裁统治

OMNIA VERITAS.

约翰-科尔曼

约翰-科尔曼（John Coleman）是一名英国作家，也是秘密情报局的前成员。科尔曼对罗马俱乐部、乔治-西尼基金会、福布斯全球2000强、宗教间和平座谈会、塔维斯托克研究所、黑人贵族和其他与新世界秩序主题接近的组织进行了各种分析。

社会主义世界秩序的独裁统治

ONE WORLD ORDER SOCIALIST DICTATORSHIP

译自英文，由Omnia Veritas有限公司出版。

© Omnia Veritas Ltd - 2022

OMNIA VERITAS®

www.omnia-veritas.com

"华盛顿的敌人比莫斯科的敌人更让人害怕"。这是我一次又一次表达的情感。共产主义并没有破坏乔治-华盛顿总统所建立的关税保护。共产主义并没有迫使美国采用累进所得税。共产主义并没有创建联邦储备委员会。共产主义并没有把美国拖入第一次和第二次世界大战。共产主义并没有把联合国强加给美国。共产主义并没有从美国人民手中夺走巴拿马运河。共产主义并没有创造全球2000年报告中的大规模种族灭绝计划。是社会主义给美国带来了这些罪恶！是社会主义给美国带来了这些罪恶。

共产主义并没有给世界带来艾滋病!共产主义并没有给美国带来灾难性的失业水平。共产主义并没有对美国宪法发起无情的攻击。

共产主义并没有迫使美国采用"外国援助"，那是对美国人民征收的该死的税，是非自愿的奴役。

共产主义并没有强行终止学校的祈祷。共产主义并没有宣扬"政教分离"的谎言。共产主义并没有给美国带来一个充满法官的最高法院，他们被约束并决心破坏美国宪法。共产主义并没有派我们的士兵在海湾地区打一场非法战争，以保护英国王室的利益。

然而，这些年来，当我们的注意力集中在莫斯科的共产主义罪恶上时，华盛顿的社会主义者却在忙着偷窃美国！这就是美国的社会主义。"一个世界秩序：社会主义独裁"解释了这一点是如何实现的，现在也是如此。

简介

"我们将在他们（美国人民）的眼皮底下，一块一块地建立新世界秩序。"新世界秩序的房子必须自下而上，而不是自上而下地建造。绕过主权，一块一块地侵蚀它，将比老式的正面攻击取得更大的成就。"理查德-加德纳，美国主要社会主义者，《外交事务》，对外关系委员会（CFR）的杂志，1974年4月。

在这本书中（连同我的其他作品《300人委员会的历史》和《说谎的外交》），我解释了加德纳的声明如何为美国的费边社会主义计划提供了一个概述。详细解释了为建立社会主义这一现代国家的主要和致命的政治疾病而辛勤工作的想法、思想和人物。

有一篇**关于英国**费边协会制定的社会主义者的各种目标的叙述，该协会的座右铭是"慢慢来"。[1]当被要求解释共产主义时，列宁回答说："共产主义是匆忙的社会主义"。社会主义除了共产主义，没有别的出路，这是我经常说的一句话。这本书解释了为什么今天困扰我们社会的这么多弊病都源于社会主义的精心策划和执行。

社会主义本质上是邪恶的，因为它迫使人们接受故意设计的、他们既不要求也不想要的变化。社会主义的力量被伪装成舒缓的语言，藏在人道主义的面具后面。它还表现在宗教的根本性和深远的变化上，社会主义者长期以来一直将其作为获得认可的有力手段，并在此基础上扩大其在教会中的影响，从而损害

---

[1] "慢慢来"，译者注。

所有宗教的利益。

社会主义的目标是清算自由企业制度，也就是真正的资本主义。科学社会主义有很多伪装，其倡导者自称是自由派或温和派。他们不戴徽章，无法辨认，如果他们自称是共产党员，就会被人认出。

美国政府中有超过30万名社会主义者，根据保守估计，1994年，87%的国会议员是社会主义者。行政命令是一种违宪的社会主义诡计，在无法用直接方法实现被宪法阻止的理想的社会主义变革时，利用立法来使美国宪法失效。

社会主义是一场不诉诸公开暴力手段的革命，但却对国家的心理造成了最大的伤害。这是一场由隐蔽性支配的运动。直到20世纪50年代，它从英国的发源地向美国的缓慢进展几乎是难以察觉的。费边社会主义运动仍然有别于所谓的社会主义党派团体，因此它的前进步伐对大多数美国人来说几乎无法察觉。"当你伤害了一个共产主义者，一个社会主义者就会流血"，这句话可以追溯到费边社会主义的早期。

社会主义热衷于中央政府权力的扩散，它努力为自己争取权力，总是声称这是为了公共利益。美国和英国充斥着宣扬新世界秩序的假先知。这些社会主义传教士宣扬和平、人道主义和共同利益。阴险的费边社会主义者充分意识到，他们无法通过直接手段克服美国人民对共产主义的抵制，他们知道自己必须悄悄地、缓慢地行动，避免让人民警惕他们的真实目的。因此，"科学社会主义"被作为打败美国的手段，使其成为世界上第一个社会主义国家。

这本书讲述了费边社会主义的成功以及我们今天的处境。威尔逊、罗斯福、艾森豪威尔、卡特、肯尼迪和约翰逊等总统都是费边社会主义的热心和自愿仆人。他们把火炬传给了克林顿总统。民主和社会主义是相辅相成的。自威尔逊以来，每一位美国总统都反复宣布美国是一个民主国家，而事实上它是一个邦联共和国。费边社会主义以一种伪装的方式统治着世界的命运，使其无法被识别。社会主义是累进所得税的作者，是民族主义的破坏者，是所谓"自由贸易"的作者。

这本书不是对社会主义哲学的枯燥阐述，而是对社会主义如何成为各地自由人的主要威胁的动态和戏剧性的描述，但特别是在美国，美国还没有正面面对社会主义。社会主义平淡光滑的表面掩盖了它的真实意图：一个由社会主义控制的联邦制世界政府，在黑暗的新世界秩序中，我们人民将成为他们的奴隶。

第一章

法比亚社会主义的起源及其历史

> "像所有社会主义者一样，我认为社会主义社会随着时间的推移正在演变为共产主义社会。"-　　　　约翰-斯特拉奇，工党部长。
>
> "在美国报纸的行话中，约翰-斯特拉奇会被称为'马克思主义第一人'，这个称号是当之无愧的。"*左翼新闻》*，1938年3月。

费边社会主义始于费边协会，用它自己的话说，"由与1848年《共产党宣言》结盟的社会主义者组成"，马克思是普鲁士出生的犹太人，一生中大部分时间生活在伦敦的海格特。在"费边社的基础知识"中，我们了解到以下内容。

> "因此，它的目的是通过将土地和工业资本从个人所有制中解放出来，并将其移交给社区以实现普遍利益，从而重组社会。只有这样，才能让全体人民分享国家的自然和后天优势......"

这就是费边社会主义出口到美国并不知疲倦地强加给美国人民的原则，对国家造成了极大的损害。

1883年10月，马克思孤独地死去，从未能够实现他与摩西-门德尔松的共同愿景（门德尔松被普遍认为是欧洲共产主义之父），他被埋葬在伦敦北部海格特的小墙墓地。哈罗德-拉斯基（Harold Laski）教授，这个从运动开始到1950年去世为止与之关系最密切的人，承认《共产党宣言》赋予了社会主义以生命。

但实际上，社会主义是随着文化伦理学会（前身为新生活团契）在纽约的成立而诞生的。虽然约翰-斯图亚特-
米尔的政治经济学，如亨利-
乔治的社会主义书籍《进步与贫穷》所表达的那样，但社会主义的精神层面也不应该被忽视。韦伯和他的妻子比阿特丽斯从一**开始就**领导费边社。在文化伦理学会之前，新生活团契的大多数成员都是隶属于布拉瓦茨基夫人的神秘主义神学的共济会员，安妮-贝桑特也赞同该神学。

拉斯基绝不是一个
"精神上的人"，他更像马克思，而不是后来成为英国首相的拉姆塞-
麦克唐纳。拉斯基对数十位英国政治、经济和宗教领袖产生了相当大的影**响，并被**认为对富兰克林-德拉诺-
罗斯福总统和约翰-
肯尼迪总统产生了不可抗拒的影响。社会主义编辑维克多-
戈兰茨（Victor
Gollancz）多次表示，社会主义是统治世界的必要条件。

> "他说："社会主义将权力集中起来，使个人完全服从于控制这种权力的人。

在退出新生活团契后，费边社会主义尝试了共产党人、巴昆主义者、巴布维主义者（无政府主义者）和卡尔-
马克思已经走过的几条道路，始终激烈地否认与这些运动的任何联系。费边社会主义主要由知识分子、公务员、记者和像伟大的维克多-
戈兰茨这样的出版商组成，对参与无政府主义革命者的街头斗争毫无兴趣。费边主义的创始成员完善了亚当-
韦肖普特首先使用的技术--
即**渗透到天主教会**，"从内部啃噬它，直到只剩下一个空壳"。
这被称为
"**渗透和浸渍**"。显然，无论是魏书生还是戈兰茨，都不认为基督徒会聪明到看清发生了什么。

Gollancz会说。

"基督徒其实并不聪明，所以社会主义会很容易通过他们的兄弟之爱和社会正义的理想引导他们走上我们的道路。"

费边社会主义的目标是政治、经济和教育组织，此外还有基督教会。后来，戈兰茨的 "左翼书店"对那些对社会主义思想感兴趣的基督徒给予特别折扣。左翼图书俱乐部评选委员会由高兰芝本人、哈罗德-拉斯基教授和工党议员约翰-斯特拉奇组成。戈兰茨也拥有《基督教图书俱乐部》，他坚信布尔什维克俄国是社会主义的盟友。在比阿特丽斯-韦伯的鼓动下，他出版了费边社的畅销书之一，《我们的苏联盟友》。

从历史的一开始，费边社会主义就试图渗透到英国工党和自由党，以及后来美国的民主党。它对创建 "女权主义"社会主义的热情和精力是不遗余力的，它将成功做到这一点。社会主义在改善工人命运的幌子下，成功地接管了学校董事会、市议会和工会。费边社会主义接管教育的决心反映了季诺维也夫夫人在布尔什维克俄国的长期建议。

1950年，Gollancz出版了《利润经济中的腐败》，这是一本被广泛阅读的书，作者是马克-斯塔。斯塔尔是费边社会主义的产物，虽然被认为边缘有些粗**糙（他开始**时是个煤矿工人），但他没有被哈佛和耶鲁的常春藤社会主义者拒绝，费边社在从伦敦的卑微开始向上爬的过程中，有机会接触到他们。斯塔尔在全国劳工学院理事会获得社会主义证书后，于1928年移居美国。

在费边研究中心创始人、令人敬畏的玛格丽特-科尔的培训下，斯塔是伦敦费边协会和美国新兴社会主义运动之间的纽带。斯塔尔从1925年到1928年在布洛克伍德劳动学院任职，从小就接受了出色的社会主义教育。社会主义加兰基金授予斯塔尔74,227美元的奖学金，这在当时是一笔不小的数目。1935年至1962年，他成为国际女装工会（ILGWU）的教育主任。他在工会政治和教育方面的工作对社会主义事业来说是了不起的。对斯塔尔来说，教育意味着教导私人利润是错误的，应该被废除。

1941年，斯塔尔被任命为美国教师联合会的副主席，这是当时的一个主要社会主义教师组织。在加入美国国籍后，斯塔尔被哈里-
杜鲁门总统任命为美国咨询委员会成员，该委员会由公法402号授权，"就美国政府在外国设立的信息中心和图书馆的运作以及学生和技术专家的交流问题向国务院和国会提供咨询"。这的确是美国社会主义的一次 "政变"!

费边社会主义吸引了英国和美国的许多社会精英。据说美国的社会主义者
"模**仿他**们的英国同行，钦佩他们对语言的掌握，他们的快速转折，以及他们精致的体面，也许格雷厄姆-
瓦拉斯教授、斯塔福德-克里普斯爵士、哈特利-
肖克罗斯和理查德-克罗斯曼就是他们的代表。"

格雷厄姆-
沃拉斯教授在纽约的社会研究新学院发表演讲，该学院是由《新共和》杂志创办的社会主义
"智**囊**团"，为左翼教授提供服务，而美国的左翼教授数量超过了其应有的份额。瓦拉斯是第一批加入当时尚未命名的费边社的知识分子之一，在1879年，费边社面临着非常不确定的未来，不被视为对政府或教会的威胁。瓦拉斯早期对教育的兴趣体现在他的第一份工作中--
学校董事会的县学校管理委员会。正如我们将在其他章节中看到的，费边社会主义者的等级制度将对教育的控制视为他们征服世界战略的关键。

这一理想也体现在华拉斯被任命为伦敦经济学院的教授，该学院由悉尼-
韦伯创立，仍是一个年轻的社会主义教育机构。瓦拉斯的班上只有四个学生。

瓦拉斯认为，使一个国家社会化的方法是通过应用心理学。沃拉斯认为，使美国社会化的方法是像孩子一样牵着广大民众的手（他对美国的教育水平没有很高的评价），像孩子一样，沿着社会主义的道路一步一步地引导他们，对此我想补充的是，最终的奴隶制。瓦拉斯是这个社会主义论述中的一个重要名字

，因为他写的书被林登-
约翰逊总统逐字逐句地采纳，成为民主党的官方政策。

如果不是因为第一次世界大战，开始笼罩英国的社会主义的险恶爬行本来是可以避免的。英国基督教青年的花朵，本来可以抵制这种外来概念的前进，却躺在弗兰德斯的田野上，他们的生命毫无必要地浪费在   "爱国主义"的模糊理想上。老一辈人对他们儿子的可怕损失感到麻木，他们不在乎社会主义对他们国家的影响，认为
"永远会有一个英国"。

社会心理学是一**种武器，被巧妙地用来**转移对美国费边组织的攻击。美国人民主行动组织（ADA）说它不是费边社的一部分，其发言人《国家报》强烈要求否认将这两个组织联系起来的企图。

1902年，沃拉斯在费城大学暑期学校教授铁杆社会主义。他是被那些曾在1899年和1902年参加过牛津大学暑期学校的富有的美国社会主义者邀请到美国的，那个时期，暑期灌输课程在那些无事可做的富有的美国人中处于最受欢迎的状态。1910年，沃拉斯成为美国社会主义领导人如沃尔特-
李普曼的导师，在哈佛大学发表了洛厄尔讲座。格雷厄姆-
沃拉斯被认为是英国四大社会主义知识分子之一，因此被美国社会主义者雷-斯坦纳德-贝克找去，他是爱德华-
曼德尔府上校派去巴黎和会的使者，代表他并报道代表们的工作。

1905年至1910年期间，格雷厄姆-
沃拉斯写了《伟大的社会》，该书成为约翰逊总统的同名计划的蓝图，并纳入了社会心理学的原则。瓦拉斯明确表示，社会心理学的目的是控制人的行为，从而为即将到来的社会主义国家做好准备，最终将他们引向奴隶制--
尽管他小心翼翼地没有如此明**确地解**释。瓦拉斯在美国成为费边社会主义者思想的中介，其中大部分内容被纳入由社会主义者斯图尔特-切斯撰写的罗斯福   "新政"、由社会主义者亨利-华莱士撰写的肯尼迪   "新境界   "以及由格雷厄姆-
瓦拉斯撰写的约翰逊

"伟大社会"。仅仅这些事实就可以衡量费边社会主义对美国政治舞台的巨大影响。

与拉斯基教授一样，瓦拉斯也具有良好的性格和善良的品质，对美国的政治和宗教领袖产生了巨大影响。这两个人都将成为费边社在美国各大学和学院最有效的传教士，更不用说他们对新出现的积极的 "女权主义 "运动的领导人的影响。

因此，从费边社会主义在美国的一开始，这个危险的激进运动就被虚假地披上了能够欺骗　　　　　　　　　　　　"选民"的善良外衣，借用圣经的话说。它为大西洋两岸的革命提供了掩护，同时又与通常与　　　　　　　　　　　"革命"一词相关的暴力保持距离。有一天，历史会记载，费边社会主义革命在范围和规模上远远超过了暴力的布尔什维克革命。虽然布尔什维克革命在50多年前就结束了，但费边社会主义革命仍在继续发展和加强。这场静悄悄的运动简直是"移山填海"，**极大地改**变了历史的进程，而在美国更是如此。

直到最后仍然是费边社会主义的主人的两个灯塔是乔治-萧伯纳和悉尼-韦布。后来，格雷厄姆-沃拉斯、约翰-梅纳德-凯恩斯和哈罗德-拉斯基等人加入了他们的行列，他们都知道，社会主义征服英国和美国的梦想只能通过逐步削弱每个国家的金融体系来实现，直到它们崩溃成一个完全的福利国家。这就是我们今天看到的，英国已经被超越了，成为一个失败的福利国家。[2]

费边主义的第二条行动路线是反对美国宪法规定的宪法分权。拉斯基教授和他的同事们认为，如果费边社会主义能够消除这一障碍，他们将拥有拆除整个美国宪法的钥匙。因此，社会主义必须训练和部署能够破坏这一宪法最重要条款的特殊变革代理人。费边社着手进行这项工作，其任务的成功可以从国会轻率地将其权力交给行政部门的令人震惊的方式中看出，这种方式不仅可以说是鲁莽的，而且是100%违宪的。

─────────────────

[2] 今天的法国呢......？译者注。

一个很好的例子就是无视宪法授予克林顿总统的否决权。另一个很好的例子是放弃了贸易谈判中理应属于众议院的权力。我们将在有关北美自由贸易区和关贸总协定的章节中看到，这正是国会所做的，从而自愿或不自愿地--这并不重要--落入这个国家的社会主义敌人手中。

悉尼-韦伯和乔治-萧伯纳是制定费边社会主义路线的人：渗入和渗透，而不是无政府状态和暴力革命。两人都决心让公众相信，社会主义不一定意味着左派，当然也不意味着马克思主义。两人都在恐怖的高峰期前往布尔什维克俄国，无视而不是评论众所周知的屠杀。在**两人中**，韦伯对布尔什维克印象更深，他写了一本题为《苏维埃社会主义--新文明？".后来，在一名苏联外交部官员叛逃后，发现韦伯显然没有真正写这本书，这本书是苏联外交部的作品。

肖和韦伯被称为"社会主义的恶魔，等待被驱除"，然后社会主义才能展翅高飞，正如肖所说，"把共产主义从街垒上拯救出来"。虽然肖声称不**关心**FORM，但他还是表示相信费边社会主义将成为一个"宪法运动"。即使社会主义的   "伟人"们蜂拥而至，如汤因比、凯恩斯、霍尔丹、林赛、威尔斯和赫胥黎，肖和韦伯还是保留了他们对伦敦费边社的控制，并引导它朝着他们多年前选择的方向发展。

肖几乎总是一贫如洗，但他与夏洛特-佩恩-汤申德（Charlotte Payne Townshend）的婚姻缓解了他的贫困，她是一位有相当经济实力的女士，有人认为这就是脾气暴躁的肖娶她的原因。这一点从以下事实中得到了证实：在交换婚礼誓言之前，肖坚持要以一**份**实质性的婚前协议的形式得到照顾。

肖不再**沉溺于肥皂盒式的演**说和酒窖会议，而是渴望与社会主义的上流社会打成一片。像格雷勋爵和阿斯奎斯勋爵这样的人成了他的好朋友，虽然肖又去了一两次莫斯科，但他对共产主义的态度有所冷淡。虽然他是一个公开的无神论者，但这并没有阻止肖培**养那些他**认为可以用来促进他的事业的人，特别是

阿斯奎斯爵士。肖不听任何人的命令，尤其是像休-
盖茨凯尔这样的
"新人"，他是未来的英国首相，也是洛克菲勒家族的门徒。肖
肯定把自己看作是与悉尼和比阿特丽斯-韦伯一起的
"老将"。这些坚韧不拔的职业社会主义者经受住了许多政治风
暴的考验，面对经常是相当大的外部反对和
"家族争斗"，他们从不退缩。

费边社会主义始于1883年，当时是一个辩论会　　　　　　"Nueva
Vita"（新生活），它在伦敦奥斯纳堡街17号的一个小房间里
开会。这让人想起了早期的德国国家社会主义运动，后来被希
特勒接手。新生活》的目的之一是将黑格尔和圣托马斯-
阿奎那的学说融为一体。

但　　　　　　　　　　　　　　　　　　"社会主义
"这个词并不新鲜，早在1835年就已经存在，早在1883年马克
思去世的当**晚**，《新生活》就**已**经迈出了第一步。该小组的领
导人--人数为四人--是爱德华-
皮斯，其目的是利用教育作为社会主义宣传的载体，这将对大
西洋**两岸的教育和政治**产生如此深刻的影响。对于一群没有接
受过必要的公共教育的人来说，这似乎是一个很高的要求，而
公共教育是维多利亚时代英国未来领导人的必需品，然而对费
边社的考察表明，这正是他们所取得的成就。

这些年轻人以相当宏大的风格将他们的小组命名为昆图斯-
法比安，一位著名的罗马将军，他的战术是耐心地等待敌人犯
错，然后猛烈攻击。爱尔兰人乔治-
萧伯纳于1884年5月加入费边社。肖来自汉普斯特德历史俱乐
部，这是一个马克思主义阅读圈。奇怪的是，肖和马克思都是
在相距不远的地方走上社会主义道路的--
汉普斯特德希思离海格特并不遥远。(我**碰巧很了解**这个地区
，因为我住在汉普斯特德和海格特地区，并在大英博物馆学习
过多年）。因此，从某种意义上说，我对费边社会主义的认识
因这些情况而变得更加清晰。

尽管他从未承认认识马克思，尽管他向马克思的女儿埃莉诺求
爱，但肖被怀疑是马克思的

"领导者"，把社会主义带给他最经常演讲的听众，每周四次，无论他在哪里找到他们。我在大英博物馆进行的一项研究使我相信，共产主义发明了社会主义，以传达其激进的思想，否则在英国或美国这两个共产主义最喜欢征服的国家不会受到欢迎。

在我看来，肖是 "变相 "的马克思，就像社会主义是 "变相 "的共产主义一样，这是毫无疑问的。当我们了解到肖于1864年作为费边人的代表出席了在伦敦举行的社会主义国际会议时，我的理论就有了分量。我们知道，马克思是社会主义国际的创建者，在那里，他的错误理论与赤裸裸的共产主义宣传一起被无限地宣扬。卡尔-
马克思从未试图掩盖共产主义国际和他自己的社会主义国际之间的邪恶联盟，但肖和韦伯夫妇，以及后来的哈罗德-
拉斯基，坚决否认与马克思主义或共产主义的任何联系。

费边派花了无尽的时间来争论 "社会民主 "还是 "民主社会主义 "应该成为战斗口号。最后，在美国使用的是
"民主社会主义"，并取得了如此大的成功。肖的想法是，社会主义知识分子（他是其中之一）将在选举时领导冲锋，而工人将提供资金。这个想法被ADA成功收编，它让国会委员会充斥着来回穿梭于哈佛的
"专家"，以便在社会主义叛国的道路上迷惑和迷惑那些没有受过教育和没有经验的参议员和代表。

社会主义与平等和自由没有任何关系。这也不是为了帮助中产阶级和工人。相反，它是要通过渐进和微妙的手段来奴役人民，这个事实肖在一不留神间就承认了。格雷厄姆-
沃拉斯的《伟大的社会》和林登-班尼斯-
约翰逊的《伟大的社会》是同一件事，乍一看，人民似乎是政府大手**笔的受益者，但**实际上这只是一个用社会主义蜂蜜做诱饵的奴役陷阱。只要社会主义还活着，共产主义就不可能死亡，这就是社会主义导致这个国家的地方--
进入共产主义的钢铁陷阱。

我们必须记住伟大的安德鲁-
杰克逊总统对我们中间的隐蔽敌人所说的话。

> "你的敌人迟早会出现，你会知道该怎么做你将面对许多看不见的敌人，你来之不易的自由。但他们会在适当的时候出现--足够的时间来摧毁他们。"

让我们希望，被四位总统的虚假社会主义政策所蒙蔽的美国人民，在为时已晚之前，能将他们眼中的鳞片移开。

第二个伪装的马克思主义者是悉尼-韦伯，他在晚年被伯特兰-罗素爵士轻蔑地斥为

"殖民地办公室雇员"。韦伯愤怒地否认他曾经见过马克思，但与肖一样，有间接证据表明韦伯确实经常与马克思见面。与肖的**晚婚不同**，韦伯很早就与比阿特丽斯-波特结婚了，她是一个富有的、令人敬畏的女人，她对他事业的推动作用比他愿意承认的还要大。

比阿特丽斯是一位加拿大铁路大亨的女儿，她爱上了约瑟夫-张伯伦，但由于阶级差异而被他拒绝。在那些日子里，有钱并不意味着自动进入最好的圈子。你必须来自   "正确的"背景，这通常意味着公立学校的教育（英国的   "公立学校"与美国的公立学校相同）。从他们的第一次见面开始，肖和韦伯夫妇就达成了共识，成为一个伟大的团队。

费边社提出的社会主义革命给英国和后来的美国投下了漫长而黑暗的**阴影。它的目标**与1848年《共产党宣言》中规定的目标没有什么不同。

> "因此，它的目的是通过将土地和工业资本从个人所有制中解放出来，并将其移交给社区以实现普遍利益，从而重组社会。因此，它致力于消灭土地私有制......。它试图通过普遍传播有关个人与社会之间在经济、伦理和政治方面的关系的知识来实现这些目标。

没有对宗教的谴责，没有长发的无政府主义者拿着炸弹到处跑。这些都不是。法西斯主义者也受到欢迎，奥斯瓦尔德-莫斯利爵士和他的妻子辛西娅-柯松在加入法西斯主义行列之前都是坚定的社会主义者，这就是证明。肖，这位   "守旧派"的社会主义者，在第二次世界大战前的几年里赞扬了希特勒。费边主义并没有露出它的真面目，而是给自己装腔作势，掩

盖了它危险的革命意图：英国的不成文宪法和美国的成文宪法将被颠覆，并由国家社会主义制度取代，通过一个被称为 "渐进主义 "和 "穿透和**渗透**"的过程。

在这里，希特勒和费边主义者之间有一些相似之处：起初，没有人注意到他们。但与希特勒不同的是，对肖和韦伯来说，他们的愿景是一个将演变成新世界秩序的世界，在这个世界上，**每个人都会快**乐和满足，不需要诉诸暴力和无政府状态。

费边人开始张开翅膀，到1891年准备出版他们的第一份 "费边新闻"。正是在这个时候，比阿特丽斯-韦伯开始教授激进的女权主义，并制定了费边研究方案，后来被路易斯-布兰代斯大法官成功使用，被称为布兰代斯简报。这个方案包括一卷又一卷的 "研究 "材料，足以让反对者不知所措，并由最薄的法律摘要覆盖。对没有地位和重要性的新成员几乎没有鼓励：韦伯和肖认为他们的运动是为精英服务的--他们对没有金钱或影响力的人的群众运动不感兴趣。

于是他们转向牛津和剑桥大学，那里正在培养精英的儿子，他们后来将把费边社的信息（适当地伪装成 "改革"）带到议会的核心和灵魂。费边社的目的是确保社会主义者被安排在权力岗位上，可以依靠他们的影响力来实现 "改革"。

这个方案经过一些修改后，在美国也得到了实施，并产生了罗斯福、肯尼迪、约翰逊和克林顿--所有的社会主义者。这些变革的推动者以费边方式接受培训，将社会学和政治结合起来，以打开大门。简单的数字从来都是他们的风格。他们的精英成员之一，1929年担任英国外交大臣的阿瑟-亨德森，是对畸形的布尔什维克政权进行外交承认的煽动者，几年后美国也跟着承认了。

牛津大学的第一个费边社于1895年成立，到1912年又成立了三个，学生占到了会员的20%以上。

这也许是费边社发展的最重要时期；学生们被介绍给社会主义，其中许多人将成为世界领袖。

1891年没有人**关注的小运**动已经到来。20世纪最危险的激进和革命**运动**之一已在英国扎根，并已开始向美国蔓延。拉斯基、加尔布雷斯、艾德礼、比弗布鲁克、伯特兰-罗素爵士、H.G.威尔斯、沃拉斯、切斯和华莱士；这些都是对美国未来发展方向产生深远影响的一些费边社会主义者。

拉斯基教授的情况尤其如此。在拉斯基在美国度过的30年中，很少有政府人员意识到他对教育和政府本身的渗透深度。他是一个将社会主义原则付诸日常实践的人。拉斯基在许多州和俄勒冈、加利福尼亚、科罗拉多、哥伦比亚、耶鲁、哈佛和芝加哥罗斯福等大学讲学。在这段时间里，他一直敦促采用联邦"社会保险"计划，但他没有提到这将导致道达尔福利国家的社会主义目标。

后来，拉斯基、沃拉斯、凯恩斯和许多费边社的政治领袖和经济学家都会去塔维斯托克人际关系研究所[3]　　　，学习约翰-罗林斯-里斯的方法，即所谓的　　　"内在调节　　　"和"长期渗透"。亨利-基辛格也在这所学校接受过培训。

渐渐地，像他们的习惯一样，费边主义者开始渗透到工党和自由党中，从那里他们对曾经坚定独立的英国人的社会化产生了巨大影**响，他**们不愿意接受政府的援助。尽管韦伯斯声称**"渗透**　　　"技术是他的功劳，但这一说法在1952年被I.M. Bogolepov上校粗暴地破坏了，他说整个计划是在苏联外交部为韦伯斯写的，就像韦伯斯声称写的许多书中的大部分内容一样。波戈列波夫接着说，韦伯的书中的大部分内容都是他自己写的。"他们只是在这里和那里做了一点改动，否则就是一字

---

3 见《塔维斯托克人际关系研究所--
塑造美利坚合众国的道德、精神、文化、政治和经济衰落》，约翰-科尔曼，Omnia Veritas有限公司，www.omnia-veritas.com。

不差地抄袭，"上校说。

正如左派或社会主义英雄被揭穿时的情况一样，媒体用大量无关紧要的言辞来报道和赞扬被揭穿者，直到指控几乎被遗忘。对于克林顿总统的道德品质和政治无能，我们几乎每天都能在媒体上看到这种情况。"他是他们的人，不管别人怎么说他，他们都不会让泥土变干，"我的一位情报部门同事说。而他们为克林顿开脱罪责。分析有关克林顿的可疑品格和政治错误的报道，人们不禁对费边社会主义者的损害控制印象深刻："清洗"目标，用与问题关系不大的言辞扼杀攻击者。

在伦敦的大英博物馆研究费边社的历史时，我被这群小小的陌生人所取得的令人印象深刻的进展所震惊，他们最终将一些最重要的政治家、作家、教师、经济学家、科学家、哲学家、宗教领袖和出版商带入费边社的轨道，而世界似乎从未注意到它的存在。这可能解释了为什么正在发生的深刻变化没有引起恐慌。将 "改革 "说成是 "有益的"、"公正的" 或 "好的"，这种费边主义的技巧是他们成功的关键。

美国社会主义者的情况也是如此。华盛顿的社会主义第五纵队采取的每一项重要措施都被伪装成有利于人民的 "改革"。这种诡计像时间一样古老，但选民们每次都会上当。罗斯福的 "新政 "直接来自斯图尔特-切斯写的一本费边社会主义的同名书籍，但它显然被认为是对制度的真正 "改革"。即使是伍德罗-威尔逊承认克伦斯基政府的背叛行为，也是用旨在故意欺骗美国人民的语言，让他们相信俄国正在进行的 "改革 "是为了人民的利益。约翰逊的 "伟大社会 "是另一个 "美国 "方案，直接取自格雷厄姆-沃拉斯写的一本名为 "伟大社会 "的书。

随着伦敦（社会主义）经济学院的成立，尽管它的起源并不像标题所暗示的那样自命不凡，费边社会主义者在大西洋两岸的货币政策制定中变得越来越有影响力。洛克菲勒基金会提供了一笔巨额赠款后，该机构得到了极大的加强。通过富裕的精英阶层的赠款资助社会主义机构的方法，以及其针对穷人的日常方案，将是肖的想法，他在参加伦敦经济学院的会议后激活了这个想法。

基本上，让穷人为   "地方
"计划买单，就等于在工人阶级中建立工会，然后用会员费来
促进和资助社会主义计划。这有点像共济会，他们往往让我们
知道他们向慈善机构支付了大量的钱。但这些钱通常来自公众
，而不是来自共济会的库房。在美国，Shriners因向医院捐款
而闻名，但这些钱是通过Shriners组织的街头募捐而来自公众
。他们自己的资金都没有流向医院。

第一次世界大战后不久，悉尼-韦伯撰写的
"社会主义之家的四大支柱
"成为未来社会主义行动的蓝图，不仅在英国，而且在美国。
这个计划要求破坏以竞争为基础的商品和服务生产体系，无限
制的和侵入性的税收，大规模的福利，没有私人产权和一个世
界政府。这些目标与卡尔-
马克思在1848年《共产党宣言》中提出的原则没有太大区别。
差**异在于**实施的方法，即风格，而不是实质。

详细来说，国家资助的福利将是首要原则。妇女的投票权被纳
入其中（妇女权利运动的诞生），所有土地都将被国有化，没
有任何私有产权。所有   "为人民服务
"的行业（铁路、电力、照明、电话等）都将被国有化，"私人
利润
"将从保险业中消除，通过税收没收财富的做法将被加强，最
后，一个世界政府的概念被提出：国际经济控制、国际法庭提
供管理社会事务的国际立法。

对《1848年共产党宣言》的粗略研究显示，"四大支柱   "的
"研究   "是在**哪里**进行的。虽然   "四大支柱
"专门处理英国的社会化问题，但它的许多想法已经被威尔逊
、罗斯福、约翰逊、卡特以及现在的克林顿付诸实践。工党和
社会新秩序在美国大行其道，它的革命目标在美国没有得到承
认，甚至在希特勒被作为对世界的最大威胁时也是如此。无论
我们喜欢与否，威尔逊、罗斯福、肯尼迪、约翰逊、卡特和里
根制定的政策和计划都带有   "英国制造，费边社
"的印记。克林顿的情况比以往任何一位总统的情况都要真实

。

被派往美国 "监视国家 "的拉姆斯-麦克唐纳，成为英国第一位社会主义费边社首相。麦克唐纳为未来的首相们树立了一个模式，即在他们周围有费边社的社会主义顾问，这一传统由撒切尔夫人和约翰-梅杰继承。在大西洋彼岸，费边社会主义者包围了威尔逊总统，并向他提交了一份使美国社会化的方案。对于那些在皮斯的领导下，在世纪之交着手改变世界的少数人来说，这是一个惊人的成就，他们通过充分利用 "总统顾问 "来实现这一目标。

费边社内部的新星之一是斯塔福德-克里普斯爵士，他是比阿特丽斯-韦伯的侄子。斯塔福德爵士在向美国社会主义者建议如何使美国加入第二次世界大战方面发挥了重要作用。到1929年，克里普斯已经成为上流社会进入费边主义的向导，尽管费边主义和共产主义的边缘已经变得模糊不清，而且当时几个主要的保守派警告说，费边社会主义和共产主义之间除了没有费边社会主义者的会员卡外，没有什么可供选择的。

1929年还见证了另一位明星的崛起，他注定要撼动许多国家的经济和金融政策，包括英国，但也许更重要的是，美国。约翰-梅纳德-凯恩斯通过像戈兰茨这样的人成为了费边社的一个虚拟偶像，他拥有巨大的左翼出版社和左翼图书俱乐部，以及哈罗德-约瑟夫-拉斯基（1893-1950）。

我在大英博物馆看到的罕见的费边社文件认为，如果没有拉斯基的祝福，凯恩斯不会有什么成就。拉斯基在这些报纸上被描述为 "每个人心目中的社会主义者"。

甚至伟大的H.G.威尔斯也向拉斯基屈膝，称他是 "英语世界中最伟大的社会主义知识分子"。

拉斯基出身于经济条件一般的犹太父母，据说正是希特勒的上台使他成为巴勒斯坦的犹太权利活动家。与英国社会主义首相欧内斯特-贝文的冲突频繁而激烈。1945年5月1日[er]，拉斯基作为英国工党主席发表了一次演讲，他在演讲中重申他不相信犹太教，因为他是一个马克思主义者。但现在拉斯基说，他相信犹太民族在巴勒斯坦的重生是**极**为必要的。这一点得到了本-古里安本人的证实。

1945年4月20日，拉斯基的意见被转达给杜鲁门总统和斯蒂芬-怀斯拉比。杜鲁门继承了罗斯福支持犹太人愿望的强硬路线，正如拉斯基所言，当允许犹太人在巴勒斯坦定居的问题上开始酝酿麻烦时，杜鲁门发送了一份许多人认为是费边-社会主义者关于欧洲难民营状况的报告，敦促当时的外交部长贝文允许10万犹太人从难民营移民并在巴勒斯坦定居。

杜鲁门的信息使贝文与拉斯基和杜鲁门产生了深刻的分歧。贝文对犹太人的形象既不支持也不反对。他的观点被当时的英国首相克莱门特-阿特利(Clement Attlee)的观点果断地收敛了。贝文认为，犹太人不是一个民族，而阿拉伯人是。"贝文说："犹太人不需要一个属于他们自己的国家。他告诉拉斯基，他不会对杜鲁门的建议给予丝毫关注，将其归咎于"纽约犹太人投票的压力"。贝文拒绝看问题（拉斯基和杜鲁门的方式）导致了无休止的争吵。

贝文坚持他的政策是基于他的信念，即

> "阿拉伯人基本上是该地区的本地人，而且亲英，而一个犹太**复国主**义国家意味着一个外来的、破坏性的因素的侵入，这将削弱该地区，并为共产主义打开大门。"

甚至当魏茨曼去见他时，贝文也拒绝提供超过每月1500名犹太人的配额，这些人可以前往巴勒斯坦。这必须从每个月进入巴勒斯坦的非法犹太移民的数量中扣除。这是费边社会主义和拉斯基遭受严重失败的少数几个场合之一。

据说艾恩-兰德将拉斯基作为她1943年小说《泉源》的范本，索尔-贝娄写道："我永远不会忘记莫斯比对哈罗德-拉斯基的观察：关于最高法院的包装，关于俄罗斯的清洗审判，以及**关于希特勒**"。拉斯基去世44年后，他的影**响在美国依**

然存在。他与罗斯福、杜鲁门、肯尼迪、约翰逊、小奥利弗-
温德尔-霍姆斯、路易斯-布兰代斯、费利克斯-
法兰克福特、爱德华-R-默罗、马克斯-莱纳、阿维尔-
哈里曼和大卫-
洛克菲勒的交往将深刻地改变开国元勋为这个国家设定的路线
和方向。

拉斯基在伦敦经济学院担任政治学教授，并在阿尼兰-
贝文担任首相时担任英国工党主席。拉斯基就像萧伯纳一样；
他毫不犹豫地把自己介绍给他想认识的任何人。他与那些对促
进社会主义事业最重要的人建立了友谊。与他关系密切的理查
德-克罗斯曼(Richard   Crossman)将他的个性描述为
"热情、好客，是一个靠自己崛起的人，一个公共知识分子"。
据说拉斯基为人慷慨善良，人们喜欢和他在一起，同时也是不
知疲倦的社会主义斗士。

20世纪40年代，随着贝弗里奇报告中一系列简单的题为
"社会保障
"的文章的发表，费边社会主义的进展迈出了重要一步。选择1
942年正是出于心理上的考虑。英国正面临着第二次世界大战
中最黑暗的日子。那是一个社会主义提供希望的时代。拉斯基
向美国驻圣詹姆斯宫廷大使约翰-G-
维南特提出该计划。*华盛顿邮报》*的尤金-
梅耶描述了罗斯福的关注。在英国，像帕肯汉姆勋爵这样的费
边社知名人士已经发表了数百次高调的演讲，支持废除匮乏和
贫困的奇迹。英国公众欣喜若狂。

但五年后，英国政府从美国大量   "借
"钱来经营社会保障。被费边社会主义者奉为偶像的约翰-
斯特拉奇发现，尽管他调节了社会保障的数额，在必要时增加
了它，但它仍然不足以产生购买力，因此，头号马克思主义者
和食品供应部长斯特拉奇不得不对供应进行配给。社会主义者
在1947年一年内几乎使国家破产，在他们的社会主义计划上花
费了27.5亿美元，这些钱是从美国   "借   "来的!这些   "贷款
"是拉斯基和美国财政部的哈里-德克斯特-
怀特以及一名苏联线人所为。

面对人们期待的对社会主义空想的那种资助,美国人民一直保持**沉默**,这确实让人吃惊。关于美国人民为什么不抗议,我想到的唯一原因是,很简单,真相被隐瞒了。美联储在20世纪20年代'贷款'给英国30亿美元,以便'救济'(福利)系统能够继续下去,而在国内,战争老兵的养老金每年被削减400万美元,作为部分贡献。这样的事情会不会再次发生?知情人士认为,这种情况不仅可能再次发生,而且美国人民的反应也会一样;在大多数情况下,完全无动于衷。

但是,即使有哈里-德克斯特-
怀特坚定不移的帮助,即使是非正式的帮助,社会主义也无法为其宏伟的计划提供资金,当国会最终发现怀特对社会主义英国的全部财政支持时,斯塔福德-
克里普斯爵士不得不坦白告诉英国人民,从现在开始,社会保障将不得不由所得税来资助。在1947-
49年期间,税收增加,食物变得稀缺,收入下降,尽管费边小组孜孜不倦地寻找能使社会主义发挥作用的解决方案--
除了向美国借钱之外,他们总是得出同样的结论:赤字开支或放弃费边社会主义方案,因为这不可行。

英国已经从一个有利可图的商品和服务的供应商和其他国家的经纪人,变成了一个乞丐国家。简而言之,社会主义计划对其数百年的繁荣经济的破坏负有责任。英国开始类似于一个香蕉共和国。依附于任何东西,工党(其领导人几乎都是费边社会主义者)认为它可以通过国有化和更多的配给来解决问题,但选民没有给费边社一个机会,在1950年的大选中把工党赶了出去。

费边社的遗产?在国库空虚、黄金储备耗尽和产量低下的情况下,它试图通过辩称   "费边社不是一个政党
"来与名誉扫地的工党保持距离。著名的社会主义者阿尔伯特-
爱德华兹在下议院发言时说。

> "我多年来一直在争论资本主义制度的缺陷。我不撤回这些批评。但我们已经看到这两个系统并列在一起。而那些仍然主张以社会主义作为摆脱我国资本主义缺陷的方法的人,真是瞎了眼。社会主义根本不起作用"。

然而，尽管社会主义在实践中，而不是在理论上完全失败，美国仍然有人决心把失败的社会主义政策塞进美国人民的喉咙。罗斯福、杜鲁门、肯尼迪、约翰逊、尼克松、布什和卡特似乎决心无视大西洋彼岸的社会主义大溃败，在他们的社会主义顾问的敦促下，开始了美国版本的同样失败的费边社会主义理论和政策。

社会主义者仍然通过共同的语言和遗产与英国联系在一起，他们设法通过大西洋联盟或大西洋联盟使美国参与他们的世界政府的梦想。历届美国政府无视乔治-华盛顿总统告别演说中的智慧，推行本质上是费边社会主义的世界政府项目，美国人民主行动协会（ADA）在其中发挥了重要作用。设在伦敦圣詹姆斯广场查塔姆大厦的皇家国际事务研究所（RUA），即美国对外关系委员会（CFR）的"母亲"，也在很大程度上参与了这项严格的社会主义事业。

欧文-拉蒂莫尔（Owen Lattimore）在利兹大学的出现支持了"社会主义的手穿讨海洋"运动。拉蒂莫尔是约翰-霍普金斯大学的教授，因其作为太平洋关系研究所（IPR）所长的背信弃义的行为而最为人所知，该研究所被认为煽动了美国对日本的贸易政策。这导致了对珍珠港的袭击和美国加入第二次世界大战，当时德国军队已经击溃了所谓的"盟友"，他们在欧洲眼看就要失败了。

哈罗德-威尔逊作为未来英国首相的崛起可以归功于肯尼迪政府，在像一位评论家所说的那样"用天罗地网"打发了哈罗德-麦克米伦之后，肯尼迪政府对威尔逊所说的"穿灰色法兰绒的牛津社会主义者"散发着善意和专业知识。威尔逊到美国去寻找一个靠口号当选的方法，他在麦迪逊大道的宣传人员中找到了。奇怪的是，社会主义不得不求助于资本主义，以了解事情的发展情况！

然而，威尔逊刚被任命为总理，就告诉下议院他的政策将是通常的社会主义：工业国有化，"社会正义"，当然还有税收改革，更大的公司收入份额，工资扣除和所有社会主义的东西。热情的威尔逊告诉他的费边社会主义者同伴，他们可以确保成功，因为"我们有一个美国政府的同情"。

威尔逊真正的意思是，美国政府似乎比以往任何时候都更愿意为其工党政府的奢侈的社会主义开支买单。我们再次强调了对"世界社会主义"的贡献。

威尔逊总理很好地利用了他的美国关系，从国际货币基金组织（其主要支持者是美国，现在也是）借了40亿美元。事实再次证明，社会主义方案无法承载自己的重量，就像恐龙一样，如果没有支持，就会崩溃。国际货币基金组织是由凯恩斯勋爵创建的，他将其描述为"本质上是一种社会主义设计"。

但是，美国有声音反对令人不安的社会主义对政府的渗透，这**种渗透从威尔逊**开始，在罗斯福那里加速，在肯尼迪政府那里变得更加大胆和直言不讳。其中之一是威斯康星州的参议员约瑟夫-
麦**卡**锡。作为一个真正的爱国者，麦卡锡决心铲除美国国务院中充斥着的社会主义者和共产主义变革代理人，这场战斗麦卡锡从1948年杜鲁门政府开始，在艾森豪威尔政府继续进行。

费边社开始感到震惊。它将如何捍卫其对美国政府及其机构的**渗透而不被公开曝光？**为了寻求帮助，费边社转向美国人民主行动组织，该组织开展了一场针对威斯康星州参议员的大规模抹黑运动。如果没有这股力量，毫无疑问，麦卡锡会实现他的目标，即揭露美国政府及其机构被费边社会主义接管的程度，麦卡锡将其误认为是"共产主义"。

ADA花费了数十万美元试图控制麦卡锡，甚至违反参议院规则分发了数千份该参议员的个人财务资料，这些资料被泄露给了参议院小组委员会。社会主义出版物 "新政治家"突然将注意力转向宪法和权利法案--
暗示麦卡锡的听证会危及这些
"神**圣的权利"。ADA发起的谴责麦卡锡的决议证明，民主党当时和现在一样，都在费边社的国际社会主义者手中。ADA毫不犹豫地将"阻止麦卡锡"的功劳归于自己。

随着麦卡锡参议员的倒台，费边社集体松了一口气：它从未如此暴露过。有一个可以挫败ADA攻击的人没有出现在参议院

的听证会上。据报道，约翰-F-
肯尼迪参议员是这位威斯康星州参议员的公开崇拜者，在投票
时被限制在医院的床上。没有解释他缺席的原因。肯尼迪的崛
起归功于麦卡锡，当亨利-卡伯特-
洛奇在马萨诸塞州与肯尼迪竞选时，他拒绝为其竞选。

这个鲜为人知的事实对美国的独立和它所捍卫的共和国来说是
个坏兆头。在未来，除非社会主义被彻底遏制，然后被连根拔
起，否则效忠誓词很可能是这样的。

> "我向美国国旗和它所代表的社会主义政府宣誓效忠......"

我们不要认为这很牵强。请记住，在伦敦发起运动的一小群无
足轻重的年轻人，这个运动将其危险的毒药传播到世界各地，
在他们那个时代也被认为是
"古怪的"。现在，费边社重新焕发了活力。随着麦卡锡的威胁
被消除，白宫里出现了一位年轻的新总统，他在伦敦经济学院
接受过哈罗德-拉斯基的培训，并受到约翰-肯尼思-
加尔布雷思的影响，社会主义者似乎已经准备好跃入美国政府
棘手的骨髓和肌肉中。毕竟，肯尼迪的   "新边疆
"实际上不是由伟大的社会主义者亨利-华莱士写的书吗？

华莱士毫不犹豫地提出了社会主义的目标。

> "有社会纪律的人将通过合作来增加人类的财富，并将他们
> 的发明能力应用于社会本身的改造。他们将改变（改革）
> 政府和政治机构以及价格和价值体系，以便在世界范围内
> 实现更广泛的社会正义和社会慈善（福利）的可能性......人
> 们可以正确地感到，他们正在履行与任何福音牧师一样高
> 的职能。他们不会是共产主义者、社会主义者或法西斯主
> 义者，而只是试图通过民主方法实现共产主义者、社会主
> 义者或法西斯主义者所宣称的目标的人......"

肯尼迪政府最初着手实施的方案似乎比罗斯福时代的方案更加
激进，这一点没有争议。甚至，ADA选择其内阁和顾问时，
也是在一个人之内，这是众所周知的事实。在英国，费边社会
主义者露出了灿烂的笑容：他们的时代似乎已经到来。但是，
当来自美国的消息表明肯尼迪没有达到他们的社会主义期望时
，他们的快乐开始被某种保留所抑制。

ADA^{er}的喉舌   "新共和
"在1963年6月1日发表的一篇社论中说："总的来说，肯尼迪的
表现不如肯尼迪的风格令人印象深刻。"拉斯基对英语世界的
"新耶路撒冷
"和建立一个新的社会主义社会的愿景，似乎已经被搁置了--
至少在一段时间内。拉斯基已经能够处理好工党领导人阿特利
、道尔顿、麦克唐纳、肯尼迪兄弟，问题是他的继任者是否能
够像他那样处理好 "美国方面"？

费边主义在美国的兴起可以追溯到新生活团契和后来的波士顿
贝拉米俱乐部，该俱乐部是在1883年悉尼-
韦伯和费边社历史学家R.R.皮斯（最初的四个费边人之一）访
问美国后成立的。贝拉米俱乐部是由阿瑟-
F.将军创立的。德维尔和查尔斯-E-
鲍尔斯上尉，并得到了记者赛勒斯-
菲尔德、威拉德和弗朗西斯-E-
威拉德的支持。该俱乐部的目的不是为了推进社会主义。德维
尔的主要关切是大量未受过教育的移民涌入美国，他认为美国
还没有准备好接受他们。

德维尔将军认为，必须在局势完全失控之前将其扼杀在萌芽状
态。(他不可能预见到1990年在美国发展起来的可怕的、故意
制造的移民状况--
由于社会主义政策）。当德维尔和他的朋友们准备成立波士顿
贝拉米俱乐部时，韦伯于1888年9月从英国抵**达，并与俱**乐部
的创始人取得了联系。韦伯和皮斯感觉到了一个机会，他们能
够在俱乐部的原则中加入私营工业国有化的内容，名称将改为
波士顿民族主义俱乐部。韦伯和爱德华-
贝拉米出席了开幕会议。1888年12月15日，在美国**种下了**费边
社会主义的种子，它将发芽成为一棵大树。

在艺术方面，到了1910年，萧伯纳的戏剧由哈佛社会主义俱乐
部的肯尼思-
麦高恩教授在纽约的戏剧协会上演，使用的是从莫斯科艺术剧
院学到的方法。工业民主联盟、美国人民主行动组织还在遥远
的未来，但它们的组织基础已经奠定。

肖和H.G.威尔斯在美国各地，特别是在大学城受到文学经纪人的追捧，而由诺曼-托马斯和亨利-莱德勒编辑的社会主义杂志《新共和国》和《国家》以及《我们时代的社会主义》正在兴起。

拉斯基是《新共和国》的常客，在第一次世界大战期间一直在哈佛大学任教。他不怀好意的批评者说，他因此避免了必须以任何身份为英国战争服务的可能性。伍德罗-威尔逊正是得到了 "新共和国"的支持，不仅在将美国带入这场大火中，而且在其灾难性的整个过程中都得到了支持。如果说有什么 "社会主义战争"，那就是它。新共和国 "对在俄国布尔什维克化的幌子下发生在俄国的可怕屠杀没有同样的关注。

拉斯基是费利克斯-法兰克福的热情崇拜者，他赞扬法兰克福的一些信件揭示了费边社会主义在美国法律体系中的渗透程度。在他对美国的多次访问中，拉斯基敦促ADA和其他美国社会主义者采取积极措施通过增税立法：拉斯基说，对不劳而获的高收入征收更高的、更新的税收是实现公平分配税收的途径。他还与他的朋友费利克斯-法兰克福大法官保持着经常性的联系，敦促他推动对美国宪法的'改革'，特别是行政、立法和司法部门之间的宪法分权。

拉斯基一直在法兰克福身边，不断攻击美国宪法，嘲笑地称其为 "资本主义最有力的保障，一个阶级文件"。拉斯基称罗斯福是 "反对资本主义法西斯形式的唯一堡垒"。拉斯基没有因为试图推翻美国宪法而被指控犯有叛乱罪，这是一个大错误。他是罗斯福白宫的常客，对此也非常保密，这种访问从未被媒体提及。

这些会议总是通过费利克斯-法兰克福特安排的。据他的传记作者说，在其中一次访问中，拉斯基对罗斯福说："不是资本主义就是民主必须占上风"，并敦促总统 "拯救民主"。拉斯基所说的 "民主

"显然是指社会主义，因为社会主义者早就把　　　　　　"民主"作为社会主义的标准。二战期间，拉斯基经常敦促罗斯福通过为战后社会主义奠定基础来使世界安全。据说，罗斯福从拉斯基那里接受的社会主义教育，几乎等同于约翰-F-肯尼迪在伦敦经济学院做拉斯基的学生时接受的教育。

有些人知道正在发生什么。国会议员廷卡姆于1941年1月14日将阿莫斯-平肖写的一封信纳入众议院的国会记录。平乔特的信中说。

> *"许多年轻的社会主义者宣称，一般所谓的罗斯福方案实际上是拉斯基方案，是由伦敦经济学教授和他的朋友强加给新政思想家并最终强加给总统的。"*

这个大胆的说法唯一的错误是拉斯基是政治学教授，而不是经济学教授。否则，观察是正确的。

拉斯基与法兰克福保持着长期的通信联系，敦促他保持警惕并推动费边社会主义的"政治心理学"。毫无疑问，拉斯基给法兰克福的建议为最高法院所带来的根本性变化提供了基础，这些变化完全改变了美国的进程和特征。如果说新政可以说是有一个父亲的话，这个父亲不是罗斯福，而是费边社的哈罗德-拉斯基教授。

即使在今天，也很少有美国人知道费边社的拉斯基教授对罗斯福有相当大的影响。**在珍珠港事件使美国按**计划加入第二次世界大战六个月后，埃莉诺-罗斯福邀请拉斯基在将于1942年9月举行的国际学生大会上做主旨发言，而丘吉尔曾拒绝让拉斯基参加这一大会。

密歇根州的议员伍德鲁夫说得非常简洁，他谴责拉斯基拥有"一把通往白宫后门的钥匙"。如果爱国者被允许接触拉斯基、法兰克福和罗斯福之间的私人信件，他们可能会激起足够的义愤，将拉斯基驱逐出国，这是他应得的命运。

格雷厄姆-沃拉斯是**另一位**伟大的社会主义者，据说他对法兰克福特和奥利弗-温德尔-霍姆斯法官的影**响改**变了美国的法学界。据说，拉斯基通过军情六处北美办事处主任威廉-怀斯曼（William Wisemen），将法兰克福任命为最早的纯社会主义工作组之一。工业纠纷调解委员会。

在英国，费边主义渗透到民事和军事领域的每一个角落和缝隙。社会的任何方面都无法避免其**渗透**，这就是它入侵美国时要遵循的路线。事实上，社会主义是一个比乔治-华盛顿和他的部队在美国独立战争中面对的敌人更致命的敌人。这场正在进行的战争从未停止过，日日夜夜，争夺美国民族的心**灵、思想和灵魂的**战斗仍在继续。

反对社会主义渗透的壁垒之一是基督教。成为英国首相的主要费边主义者之一克莱门特-阿特利将费边社会主义者的成功归功于他们对工作世界的渗透。但爱尔兰天主教工会从未被韦伯、肖或任何其他费边社领导人**渗透**过。今天，我们有很大的希望，因为我们要设法阻止社会主义在北美大陆的无情行进，这种行进将在共产主义奴隶营中结束，因为事实上，社会主义是通往奴隶制的道路。

为传播社会主义而采取的滑溜、粘稠和奸诈的方法，从来没有比那些从未被承认为社会主义者的杰出社会主义者更能证明。这些领导人物都担任过大权在握的职位，却从未公开承认他们的社会主义愿望。有几个名字可以说明问题：在英国……。

> 尊敬的L. S. Amery先生。在重要的教育中心利文斯顿厅做了一次讲座。

> A.D. Lindsay教授，主要教育中心Kingston Hall的讲师。安妮-贝桑特，神学研究所运动的领导人。

> 奥斯瓦尔德-莫斯利，国会议员，英国的法西斯领导人。

> 马尔科姆-穆格里奇，作家、学者、讲师。

> 伯特兰-罗素，老政治家，300人委员会，金斯威大厅的讲师。

> 威克姆-
> 斯蒂德，也许是英国广播公司（BBC）最有名的评论
> 员之一，他的观点影响了数百万BBC听众。

> 阿诺德-汤因比，金斯威堂的讲师。

> J.B. Priestly，作者。

> 丽贝卡-韦斯特，金斯威堂的讲师。

> 安东尼-韦奇伍德-本恩，金斯威堂的讲师。悉尼-
> 西尔弗曼，讲师和议员。

在美国方面，以下人物很好地隐藏了他们的社会主义信念。

> 阿奇博尔德-考克斯，水门事件特别检察官。

> 阿瑟-戈德堡，劳工部部长，联合国代表，等等。

> 亨利-斯蒂尔-康马格，作家和编辑。

> 约翰-冈瑟，作家，《生活》杂志的记者。

> 乔治-F-凯南，布尔什维克俄国问题专家。

> 约瑟夫和斯图尔特-
> 艾尔索普，作家、报纸专栏作家、意见领袖。

> 玛格丽特-米德博士，人类学家，作家。

> 马丁-路德-金，南方基督教领袖会议的民权领袖。

> 阿弗里尔-
> 哈里曼，工业家，旅行代表，著名的民主党人。

> 伯奇-贝赫，美国参议员。

> 亨利-福勒，美国财政部副部长。

> G.门宁-威廉姆斯，工业家，国务院。

> 阿德莱-史蒂文斯，政治家。

> 保罗-沃尔克，联邦储备委员会。

> 切斯特-鲍尔斯。

> ➢ 哈利-杜鲁门，美国总统。

> ➢ 洛厄尔-威克，美国参议员。

> ➢ 休伯特-汉弗莱，美国参议员。

> ➢ 沃尔特-蒙代尔，美国参议员。

> ➢ 比尔-克林顿，美国总统。

> ➢ 威廉-斯隆-科芬，教会领袖。

还有数以百计的其他名字，有的很突出，有的不那么突出，但以上这些足以说明问题了。这些人的职业非常符合安德鲁-杰克逊总统描述的敌人类型。

对社会主义在英国和美国的传播做出巨大贡献的一个人是著名的马尔科姆-穆格里奇。H.T.的儿子Muggeridge，Malcolm为 "Punch
"写了一个辉煌的职业生涯，在莫斯科有良好的关系。他是伟大的贝特丽丝-韦伯女士的侄子这一事实与此有关。穆格里奇为《新政治家》和《费边新闻》撰稿，并在该协会的周末学校中担任演讲者，受到欢迎。马尔科姆-穆格里奇成为社会主义在美国的主要名片之一，并经常在电视采访中占据突出位置。

第二章

什么是社会主义，为什么它会导致奴隶制

"就其追求的目标而言，社会主义和共产主义几乎是可以互换的术语。事实上，列宁的党一直称自己为'社会民主党'，直到1918年3月的党的第七次代表大会，当时它用'布尔什维克'一词代替，以抗议西方社会主义政党的非革命态度......."以斯拉-塔夫特-本森--*与时间赛跑*，1963年12月10日。

"通过重组，⁴，我们希望给社会主义带来第二股风。为了实现这一目标，苏联共产党正在回归布尔什维克革命的起源和原则，回归列宁主义关于建立新社会的思想。"米哈伊尔-戈尔巴乔夫1989年7月在克里姆林宫的一次演讲中。

这些非常有启发性的评论，以及我们将在后面引用的其他评论，将社会主义置于其适当的角度。今天，大多数美国人对什么是社会主义只有一个模糊的概念，把它看作是一个半良性的运动，其目标是普遍提高普通人的生活水平。没有什么能比这更符合事实了。社会主义只有一个地方可以去，那就是共产主义。我们被媒体围困，被引导相信共产主义已经死亡，但一些思考会让我们相信事实并非如此。

费边社会主义者紧跟1848年的《共产党宣言》，但以一种更优雅、更不粗糙的方式。然而，他们的目标是相同的：一场世界

---

⁴ Perestroika, 译者注.

革命，将导致一个世界政府--一个新的世界秩序--
其中资本主义将被福利国家的社会主义所取代，每个人都将在
所有生活事务中对独裁的社会主义等级制度负责。

将没有私有财产，没有宪法政府，只有专制统治。每个人的生
计都将欠下社会主义国家的债。从表面上看，这在理论上对普
通人非常有利，但对英国的社会主义实验的考察显示，该制度
是一个完全不可行的失败。正如我们在其他地方所显示的，19
94年的英国完全是因为社会主义者和他们的福利国家而崩溃的
。

费边社会主义者试图在英国和美国实现他们的目标，把知识分
子放在关键位置上，从那里他们可以对这两个国家的领导层的
变化施加不当的影响。在美国，这方面的两个主要代理人无疑
是哈罗德-拉斯基教授和约翰-肯尼思-
加尔布雷思。在此背景下，英国费边主义的　　　　　　　"守旧派
"之一格雷厄姆-沃拉斯（Graham
Wallas）是宣传部主任。他们一起写了
"费边社会主义者协会的基础知识"。

> "因此，费边社的目标是通过将土地和工业资本从个人所有
> 制中解放出来，并将其移交给社区以实现普遍利益来重组
> 社会......因此，该协会致力于消灭土地的私有制...学会还致
> 力于向社会转移易于管理的产业资本。为了实现这些目标
> ，费边社依赖于社会主义观点的传播以及由此带来的社会
> 和政治变革.......。它试图通过普遍传播有关个人与社会在经
> 济、伦理和政治方面关系的知识来实现这些目标"。

1938年，该协会的宗旨和目标有了一些修改："费边社会主义
者协会"。

> "因此，它的目标是建立一个社会，在这个社会中，个人和
> 阶级的经济权力将通过对社区经济资源的集体所有和民主
> 控制而被废除。它试图通过政治民主的方法来实现这些目
> 标。费边社隶属于工党。它的活动旨在通过组织会议、大
> 会、讨论小组、大会和暑期学校，通过促进对政治、经济
> 和社会问题的研究，通过出版期刊以及其他任何适当的方
> 式，促进社会主义并在社会主义方向上教育公众。"

人们立即对   "社区
"一词出现的次数以及对个人权利的最小化感到震惊。在这一
点上，看来费边社会主义从最初的几个成员在伦敦的聚会中就
开始反对基督教。将工业项目国有化以服务于公众的决心非常
明显，与1848年《共产党宣言》在这个问题上的表述惊人地相
似。同样清楚的是，费边社会主义的目标是建立一个共同富裕
的国家合作社会，在这个社会中，每个人都对国家的经济财富
拥有平等的权利。

波士顿贝拉米俱乐部于1888年**开业**，继承了新生活团契的神学
教义，成为美国第一个费边社会主义企业。基础》有些不同。

> "人类的兄弟情谊原则是永恒的真理之一，它支配着世界在
> 区分人性和兽性的路线上的进步。除非在实践中应用，否
> 则任何真理都不会占上风。因此，那些寻求人类福利的人
> 必须努力废除基于粗暴的竞争原则的制度，并以另一种基
> 于更崇高的联合原则的制度取而代之......"

> "我们不主张任何突然或草率的改变；我们不向那些仅仅通
> 过贯彻现在商业所依据的错误原则而积累了巨大财富的个
> 人**开战**。人们现在抱怨的联合、信托和联盟，表明了我们
> 的基本结社原则是可行的。我们只是想把这一原则再进一
> **步**，让工业为国家--有组织的人民、全体人民的有机统一--
> 的利益服务。"

这篇散文是悉尼-韦伯和费边社历史学家爱德华-
皮斯的作品，他们在19世纪80年代前往美国，建立了美国费边
社会主义。语气和选词的柔和性掩盖了其革命目标的严酷性。
使用   "改革
"一词是为了解除批评者的武装，费边主义出版物，如
"费边新闻"，主张
"改革"，这将证明对美国宪法有特别的破坏。这为正在进行的
将美国从邦联共和国转变为社会主义福利国家的革命创造了条
件（正是乔治-华盛顿将美国描述为邦联共和国）。

在1895年的   "美国费边
"中，（与那些充斥在美国参**众两院和司法部**门并充当总统顾
问的伪装的社会主义者相比），费边对美国的社会主义目标有

相当明**确的**阐述。

> "我们称我们的报纸为'美国费边人'有**两个原因**：我们称它
> 为'费边人'是因为我们希望它能代表英国费边社所做的那种
> 教育社会主义工作……。我们把我们的报纸称为
> "美国费边人"，因为我们的政策在某种程度上必须与英国
> 费边人的政策不同。英国和美国在某些方面是相似的；在
> 其他方面则有很大不同。英国的宪法很容易接受持续但渐
> 进的变化。我们的美国宪法不容易接受这种变化。因此，
> 英国几乎可以在不知不觉中走向社会主义。我们主要是个
> 人主义的宪法必须改变，以承认社会主义，而每一次改变
> 都需要有政治危机"。

因此，从一**开始就很清楚**，**在美国推行社会主义**的主要挑战是
宪法，从那天起，宪法就成了社会主义对构成美利坚合众国联
邦共和国的机**构的攻**击目标。正如我们将看到的，为此，像沃
尔特-惠特曼-
罗斯托这样顽固而无情的社会主义者被雇用来破坏国家的基础
。正如敏锐的观察家们迅速认识到的那样，费边社会主义不仅
仅是一个由受过教育的教授和女士们领导的友好辩论会，他们
用礼貌的口音说话，并投射出温和理性的气息。

费边社会主义发展了掩饰和说谎的艺术，而又不显得说谎。在
英国，许多人被欺骗，后来在美国，我们仍然在大规模地被欺
骗。但也有一些场合，社会主义领导人无法控制自己，如在19
36年东部教师职业学校春季会议上。罗杰-
鲍德温解释了费边社会主义者经常使用的词语的双重含义："
进步   "是指
"那些通过扩大公共所有权和控制权而致力于工业民主化的力
量"，而   "民主   "是指
"强大的工会，政府对企业的监管，由人民拥有为公众服务的
产业"。

雷曼参议员是另一个社会主义者，他无法抑制自己将费边社会
主义带到美国的急切心情。雷曼在美国费边联盟周年纪念研讨
会上就 "自由和福利国家 "发表讲话时说。

> "170年前，福利国家的概念被共和国的创始人转化为这个

国家的基本法律......。**开国元**勋们才是真正创造福利国家的人。"

雷曼和他在参议院的许多社会主义同事一样，对宪法没有任何概念，所以他把宪法和宪法序言混为一谈也就不奇怪了，而宪法序言从未被纳入宪法，只是因为我们的开国元勋们反对福利国家的概念。

宪法的序言："建立一个更完美的联盟，并促进总体福利......"雷曼参议员似乎把他的愿望和现实搞错了，因为这个条款不是美国宪法的一部分。他似乎还参与了社会主义最喜欢的扭曲词语及其含义的技巧。

美国宪法中有一个总福利条款，它在授权给国会的第1条第8款中找到。但在这里，它意味着所有公民的一般福利，即他们的幸福状态，这与社会主义意义上的一般施舍、权利，即由国家提供的个人福利相去甚远。

美国社会主义者第一次试图实施他们攻击工业资本的计划，可能是通过雷克斯福德-盖伊-
图格威尔提出的一个狡猾的计划。这项计划是为了任命消费者进入二十七个工业委员会，这些委员会将根据所谓的
"国家复兴法
"成立。Tugwell实际上是想消除利润动机；剥去其表面上为消费者降低价格的仁慈意图，真正的意图是减少企业家的利润并相应提高工人的工资，但该计划被最高法院的一致决定宣布为违宪。1935年，法院里还没有
"自由派"（即社会主义）的法官。罗斯福迅速采取行动，纠正这种
"不平衡"。可以说，20世纪20年代和30年代的最高法院实际上将美国从费边社会主义者的扼杀中解救出来，这些社会主义者在各级政府、银行、工业和国会中活动，其目的是要真正压倒这个国家。

社会主义者试图用所谓的   "法律
"来规避宪法，如违宪的布雷迪法案，他们不知道美国宪法是
"普通法的完美平衡或均衡"。宪法的写法是，其所有条款都在中间相遇，相互中和，这就是为什么社会主义者试图在他们可

以分裂宪法的前提下通过的法案是无效的。宪法必须作为一个整体来阅读，它不能被孤立和分割以适应像克林顿总统这样的人的怪**异愿望**。这就是拉姆齐-麦克唐纳遇到的问题，也是让拉斯基教授完全沮丧的原因。

伦敦的费边社和美国的对应机构并不以让障碍物阻挡他们的道路而闻名。为了规避宪法保障措施，美国费边联盟想出了一个主意，将他们所有违反宪法的提案付诸公投。显然，由于他们拥有相当多的资源，而且几乎所有的受雇媒体都在他们的口袋里，费边人确信他们可以动摇公众舆论，使之有利于他们。看看他们在支持乔治-布什的完全非法的海湾战争中的所作所为就知道了。

通过了解社会主义的真实性质及其目标，就更容易理解为什么布尔什维克革命被伦敦金融城和华尔街银行家收买，并得到政府行动的支持，而政府行动似乎总是帮助布尔什维克。戈尔巴乔夫所珍视的布尔什维克革命，并不是俄罗斯人民的本土革命。相反，它是**一种外国意**识形态，以数百万人的生命为代价强加给俄罗斯民族。布尔什维主义既不是俄罗斯人民想要的，也不是他们要求的；他们没有发言权，也无法抵御这股入侵他们国家的可怕的政治、社会和宗教力量。

社会主义也是如此，它迫使人类接受故意设计的、影响深远的变化，而这些变化是他们不想要的，是违背他们的意愿进行的。以所谓的《巴拿马运河条约》为例。布尔什维主义和社会主义的唯一区别是，布尔什维主义者使用蛮力和恐怖，而社会主义者则缓慢而隐蔽地工作，预定的受害者永远不知道敌人是谁，也不知道最终的结果是什么。

在   "世界革命"中，我们发现了共产主义者和他们的社会主义孪生兄弟的真正目标。

> "世界革命的目的不是破坏物质意义上的文明：统治者所期望的革命是一场道德和精神的革命，是一场思想的无政府状态，通过这场革命，十九个世纪以来建立的所有规范都将被推翻，所有尊贵的传统都被踩在脚下，最重要的是，基督教的理想将被彻底抹杀。"

对富兰克林-
罗斯福的《在路上》一书的研究，得出了大致相同的结论。

艾玛-戈德曼（Emma
Goldman）是社会主义者中一颗耀眼的明星，组织了对麦金利
总统的暗杀。这是共产主义所青睐的　　　　　　　　"直接
"方法，但在过去20年里，我们看到了那种社会主义的无政府
状态，它诉诸于诽谤、背信弃义、叛国、诽谤和诋毁众议院、
参议院和总统府的个别成员，他们试图揭露骇人听闻的约瑟夫
-麦卡锡参议员、休伊-朗参议员、副总统阿格纽--
这个名单还在继续，但这些名字应该足以说明问题。

费边社会主义者的　　　　　　　　　　　"高尚
"远非如此。他们想控制教育和出版，唯一的目的是通过错误
地改变个人和集体发表意见的前提，来改变人们的思想。一小
群费边社会主义者开始通过无声和隐蔽的行动来实现这一目标
，以便不惊动他们想要捕获的公众，使其了解他们的真实目的
。可以在一定程度上说，在1994年的今天，这个小团体已经取
得了长足的进步，几乎控制了英语世界的命运。

如果没有英国和美国的主要社会主义者的全力支持和财政资源
，布尔什维克革命就不会发生。布尔什维主义的兴起，以及它
是如何由阿尔弗雷德-
米尔纳勋爵和华尔街银行资助，并由米尔纳的使者、英国军情
六处的布鲁斯-洛克哈特和悉尼-
赖利进行日常控制的，在《欺骗的外交》中都有详细介绍。[5]

在美国，社会主义者的传播者在他们的政治窗口外挂着其他标
志。从来没有人称自己为社会主义者，至少在公开场合没有。
他们不戴徽章，把自己登记为　　"自由派"、"进步派　　"和
"温和派"。渴望权力的运动被伪装成　"和平　"和　"人道主义
"的说法。在这方面，美国社会主义者的狡猾程度不亚于他们

---

[5]　见《说谎的外交--英国和美国政府的背叛记》，约翰-科尔曼，Omnia
Veritas有限公司，www.omnia-veritas.com。

的英国控制者。他们采取了英国费边社会主义者对民族主义的态度，宣布民族主义无关紧要，对实现他们所谓的"社会平等"，即社会主义至关重要。美国社会主义者与他们的英国表亲一起宣布，打破民族主义和推进社会主义事业的最佳方式是通过累进所得税方案。

费边社会主义者可以通过他们遇到的人和他们支持的方案来识别。这个经验法则对于区分他们的秘密男女非常有用。在美国，他们的工作节奏比英国同行要慢，从来没有显示出他们的前进方向。他们中的一个人，Arthur J.曾因社会主义领导力而获得普利策奖的小施莱辛格写道。

> "通过一系列 "新协议 "在美国实施社会主义的GRADUAL（着重号）似乎没有内在障碍，这是一个向社会主义倒退的过程。"(《党派评论》1947年)

我们应该意识到，我们认为理所当然的传统自由受到了社会主义的严重威胁，它以渐进的方式带来了深刻的、破坏性的变化。同时，通过他们对图书业、一般出版业和新闻界的控制，我们受到 "心理政治学"的持续调节，接受这些社会主义强加的变化是不可避免的。从威尔逊担任总统开始，强加给美国的致命和破坏性的社会主义计划，总是看起来有益和有帮助，但实际上它们是破坏性和分裂性的。

社会主义可以被正确地描述为隐藏在改革外衣下的危险阴谋。他们的方案几乎无一例外地被描述为 "改革"，而且仍然如此。社会主义者已经 "改革"了教育，他们正在 "改革"医疗服务。他们 "改革"了银行系统，这一 "改革"给了我们联邦储备银行。他们 "改革"了贸易法，取消了保护性关税，这些关税在1913年之前提供了国家**运行所需的大部分收入**。

在教育方面，费边社会主义者试图创造一种 "平庸的大多数"，这种人表面上是受教育的，但实质上不是。

费边社会主义者发动了一场控制教育的秘密战争，这场战争始于20世纪20年代，并在1980年取得了胜利，通过了由卡特总统签署的教育部的法律。社会主义的这一伟大胜利保证了只有平庸的学生才能从高中毕业。这就是社会主义教育 "改革"的总和和实质。国外有一种误解，认为我们今天比我们的祖先更聪明。然而，如果我们看一下1857年的学校课程，就会发现这种想法是绝对错误的。高中生必须足够熟练才能毕业的科目包括。

"汤普森算术""罗宾逊代数""戴维代数""戴维几何""康斯托克哲学""威拉德历史""**卡特生理学**""布朗语法""米切尔地理""桑德系列"。

如果**你看一下**19世纪80年代末的大学课程，你会对所教科目的**复**杂性和数量感到惊讶。在那些日子里，学生们学习历史，知道所有**关于拿破**仑和亚历山大大帝的事情。没有谜语，即多选题。学生们可以回答试卷中的问题，也可以不回答。如果他们不认识这些东西，他们就会失败，必须留在学校学习更多知识。

没有选修课来应对你不知道的事情。今天，选修课一个接一个，使学生没有受过教育，对外面的世界没有准备。平庸是结果，这就是费边社会主义教育 "改革"的目标，培养一个教育水平平庸的国家。

导致美国教育衰败的社会主义大恶作剧出现在美国最高法院的"布朗诉堪萨斯州托皮卡市学校委员会"一案中。在这种情况下，社会主义者确保了教育标准的设定仅仅高于最低的共同标准，略高于阶级中最落后的因素。这是所有儿童从现在起要接受教育的水平。很明显，最聪明的学生被保留在低水平上。

美国的教育已经退步到如此地步，甚至连那些我们认为自己选出来在国会为我们服务的人都不理解美国宪法的语言，特别是我们的参议员，对宪法的理解一年比一年更无能。

让我们回到布尔什维克革命。英国社会主义领导人给人的错误印象是，这是一场 "社会主义

"革命，旨在改善俄国人民的命运，结束罗曼诺夫家族的暴政。事实上，罗曼诺夫家族是欧洲最仁慈的君主，对其人民有着真正的爱和关怀。欺骗是社会主义的标志。它的座右铭是：。

"慢慢来

"是骗人的，因为社会主义并不慢，它不是工人的朋友。社会主义是一种行动更加谨慎的共产主义，但目标是相同的，尽管在某些情况下手段不同。共产主义和社会主义的共同目标是清算真正的资本主义自由企业制度，代之以一个强大的中央政府，控制商品和服务的生产和分配的所有方面。任何阻挡他们的人都会被立即打成

"反动分子"、"右翼极端分子"、"麦卡锡反动分子"、"法西斯分子"、"宗教极端分子

"等等。当**你听到**这些话时，你知道说话者是一个社会主义者。

共产主义和社会主义的共同目标是建立一个联邦政府，一个世界政府，或者更普遍的说法是

"新世界秩序"。看看他们的领导人是怎么说的。

> "我深信社会主义是正确的。我是社会主义的追随者......当然，我们不会改变苏维埃政权，也不会放弃其基本原则，但我们认识到有必要进行变革，以加强社会主义"--戈尔巴乔夫。

> "对外关系委员会（CFR）的最终目标是建立一个单一的世界社会主义体系，并使美国成为该体系的正式组成部分。" - 参议员丹-斯穆特，《看不见的手》。

> "美国人民永远不会明知故犯地接受社会主义，但在自由主义的名义下，他们会采纳社会主义计划的每一个片段，直到有一天，美国将成为一个社会主义国家，而不知道它是如何变成这样的......与富兰克林-D-罗斯福总统时期相比，艾森豪威尔时期的美国在采用社会主义方面的进展更大。- 诺曼-托马斯。*两个世界*。

要了解弗洛伦斯-凯利的美国社会主义 "立法行动"的整个计划和目的，必须首先仔细阅读《费边社会主义者和国际社会主义原则宣言》。

> "它的目标是在国会和每个州的立法机构中获得多数席位，赢得主要的行政和司法职位，成为主导政党，并在执政后将产业转为人民所有，首先是那些公共性质的产业，如银行、保险等。"

在美国，绝大多数的社会主义者都在民主党内，共和党内有一些
"进步人士"。在这个意义上，费边社会主义是一个政党，尽管是采用的，就像它在英国接管工党时一样。人们会记得，凯利是**极具破坏性的虚假心理司法** "布兰代斯简报"的推动者，该简报改变了最高法院的决策方式。凯利是女同性恋社会主义者埃莉诺-罗斯福的密友（布兰代斯简报法完全破坏了我们的法律制度，是强加给美国人民的另一个不需要和不受欢迎的社会主义引起的变化的例子）。

在参议院1924年5月31日的国会记录第9962-9977页，我们发现社会主义者和共产主义者的目标得到了更清楚的解释。

> "总之，美国共产党人自己也承认，在这个国家不可能推动革命，除非摧毁各州的权利，在类似于欧洲那些根深蒂固的官僚阶层领导下的中央官僚机构，对于共产党人（和社会主义者）来说，是革命的基本条件。"

虽然这是以共产党人的目标为导向，但我们不要忘记，这也是社会主义者的目标，他们只是在方法和程度上有所不同。

我想补充的是，在约翰逊、卡特、布什和克林顿等总统的领导下，美国的社会主义议程已经进入高速发展阶段。克林顿只有一个任期，但他会做更多的事情来大力推动社会主义计划，并比罗斯福、艾森豪威尔或约翰逊造成更多的实际损害。

对那些寻求真理的人来说，很明显，共产主义并没有死。它只是暂时休养生息，目前正在等待社会主义的追赶。我们今天所拥有的是卡尔-马克思所说的"科学社会主义"。这也被哈罗德-拉斯基教授称为"心理政治学"。肯尼迪总统接受了"科学社会主义"--他的"新边疆"计划直接取自英国费边社的计划，即亨利-华莱士的

"新边疆"（纽约，Reynal和Hitchcock 1934）。

查尔斯-摩根在他的《心灵的自由》一书中总结了
"心理政治学"。

> "...我们都有条件接受对自由的限制...我担心在潜意识里，即使我们准备接受这种新的感染...我国广大人民群**众没有**免疫力，也没有对危险的认识......。人们可以想到许多方法，使整个人口有条件或有准备地接受这种精神变化，这种个性和身**份的丧失**"。

很难找到一个更清晰的解释来说明社会主义从内部摧毁了自己。

自1848年《共产党宣言》以来，社会主义者一直在对英国和美国的人民进行心理政治学的实践。这就是为什么在1994年，我们的参议员正在讨论   "国家健康计划"的优点，而不是另一个，而不是断然拒绝这个想法，认为这是一个社会主义噱头。是列宁说的，国家健康计划是社会主义的拱门。同样，参议院对所谓的布雷迪法案的优点进行了辩论，而不是将其作为规避美国宪法的社会主义潜规则而断然拒绝。光是这个话题就可以写一整本书。

在肯尼迪政府中有36名费边社会主义者。两个是内阁成员，三个是白宫助理，两个是副部长，一个是副国务卿。其余的人都处于极其重要的政策位置。这就是为什么肯尼迪时代的许多政策决定与美国及其人民的最佳利益背道而驰，并且似乎与肯尼迪所说的他的主张奇怪地相悖。

自肯尼迪去世后，社会主义在美国深深扎根，一直由所谓的"自由派"、"温和派   "浇灌和培育，并以   "宽容"的方式进行培育。曼德尔-豪斯上校和英国特勤局北美办事处主任威廉-怀斯曼爵士对威尔逊总统进行了"指导"，威尔逊成为坐在椭圆形办公室的第一位公开的社会主义美国总统。

费边社会主义主导了六位美国总统，从伍德罗-威尔逊开始。社会主义者的目标从未改变过，尤其是他们所说

的
"要克服的困难"，这些困难曾经存在，而且在某些情况下仍然
存在。

1. 宗教，特别是基督宗教。

2. 民族国家的民族自豪感。

3. 爱国主义。

4. 美国宪法和各州宪法。

5. 反对累进所得税。

6. 打破贸易壁垒。

这些目标在他们基于蒙昧主义的   "美国费边技术
"的总计划中得到了描述。

费边社会主义运动只对招募英国社会精英感兴趣，像克莱门特
-阿特利、斯塔福德-克里普斯爵士、赫伯特-
莫里森、伊曼纽尔-辛维尔、欧内斯特-
贝文、格雷勋爵、阿斯奎斯勋爵和拉姆齐-
麦克唐纳等人，他们继续从议会将自己的意志强加给英国。虽
然这些名字对美国读者来说可能是陌生的，但这些人在美国今
后的发展方向上发挥了关键作用，因此他们值得一提。

费边社的一个有趣的方面是，其委员会确定，不超过5%的人
口值得成为优秀的社会主义领导人。一些英国费边社会主义者
在改变美国的路线和方向方面发挥了作用，我们将回到这个方
面。后来成为英国首相的费边社会主义者麦克唐纳于1893年被
派往美国担任间谍工作。1898年1月14日回国后，麦克唐纳告
诉他的委员会成员。

> "美国社会主义进步的巨大障碍是它的成文宪法，包括联邦
> 和州宪法，它把最终权力交给了法院"。

麦克唐纳还说，必须勤奋工作，执行美国费边社会主义者爱德
华-
贝拉米的指示。我们大多数人都知道他是《汤姆叔叔的小屋》
一书的作者，这本书是他的导师托马斯-

温特沃斯上校写的，他是一个臭名昭著的废奴主义者，也是一个热情的费边社会主义者。

贝拉米是英国费边社的忠实信徒和追随者，也是费边社美国分部的早期成员。1895年2月，在麦克唐纳提交他的美国之行调查报告的三年前，贝拉米在 "美国费边 "杂志上写道。

> "......我们基本上是个人主义的宪法必须改变，以承认社会主义，而每一次改变都需要有政治危机。这意味着提出大问题"。

威尔逊不是提出了
"大问题"，罗斯福、杜鲁门、艾森豪威尔、肯尼迪、约翰逊和布什不是也做了同样的事情，克林顿不断   "提出大问题"难道不引人注目吗？这就是社会主义的方法论：提出像所谓的   "医疗改革   "这样的
"大问题"，并在这个问题所引起的尘埃背后，进行破坏美国宪法的肮脏、暗中的工作。

这就是对威尔逊、罗斯福、杜鲁门、艾森豪威尔、肯尼迪、约翰逊、布什和克林顿等总统采取的政策行动的根本解释。

麦克唐纳的建议非常紧跟贝拉米的模式。麦克唐纳强调，在费边社会主义者的思想中，修改美国宪法的必要性应该是最重要的。我们再次强调，费边社会主义与欧洲社会主义有些不同，最明显的是，它声称没有党派之分。如果我们忽视这样一个事实，即通过
"渗透和浸渍"，它接管了英国工党和自由党，现在又接管了美国的民主党，那么这就是事实。

麦克唐纳指出，美国宪法的基本原则是基于第五修正案所保障的权利，特别是财产权，这是艾萨克-
牛顿的自然法的一个推论。因此，麦克唐纳说，宪法的修订必须间接地、非常秘密地、在几年内完成。他还指出，政府三个部门之间的分权是对社会主义者的渗透和穿透战术的障碍。

麦克唐纳的话是对贝拉米在1895年2月提出的建议的回应。至少贝拉米比我们这个时代的绝大多数法官和政治家更懂宪法。他欣然承认，美国宪法并不灵活。这凸显了最近被社会主义总

统克林顿任命为最高法院法官的露丝-
金斯伯格的无知，**她在参**议院司法小组委员会的听证会上说，
宪法是不可改变的，但它是 "**灵活的**"。

19世纪90年代，费边社会主义的宏伟愿景是 "修订
"美国宪法，也就是 "改革
"宪法。虽然从表面上看，这样的任务超出了它的能力范围，
但不幸的是，费边社默默无闻、秘密工作的能力被低估和忽视
了。这让我想起弗兰克-
辛纳屈那首流行的关于雄心勃勃的蚂蚁和橡胶树的歌曲。蚂蚁
没有机会在一次行动中拿下这棵树，但它们还是完成了不可能
完成的任务，把它一叶一叶地拿下来，直到橡胶树被拆毁。我
认为这是一个很好的比喻，说明费边社会主义自1895年以来一
直在努力（这项工作仍在进行中），要把美国宪法一块一块地
拆掉。

贝拉米和麦克唐纳可能被描述为
"有远见的人"，但他们是费边社会主义的远见者，对如何成功
有具体的想法。美国社会主义者》描述的方法涉及在美国建立
一个社会主义精英，然后精英骨干学会如何利用每一个地方、
国家和州的危机来**达到社会主**义的秘密目的，并通过组织良好
的新闻渗透来获得对这些想法的支持。美国费边社会主义的具
体化从1905年**开始**认真进行。

"美国社会主义者
"还呼吁组建一支费边社会主义教授队伍，在接下来的几年里
，他们将担任一系列总统的顾问，引导他们朝着美国社会化的
伟大项目的方向前进。这些研究马克思和列宁的极左派教授主
要来自哈佛大学法学院的队伍。教育工作
"是由精英的哈佛社会主义俱乐部承担的，当它与英国费边社
叠加时--
这是他们为数不多的敢于展示他们的社会主义领子的时候--
显示出一种密切的对应关系。

哈佛社会主义俱乐部的创始成员中有沃尔特-
李普曼，他是麦克唐纳和贝拉米选定的在美国建立社会主义精
英骨干的人之一。李普曼花了多年时间渗透到商业世界。

李普曼在引导这个国家走向费边社会主义方面的作用将在另一个时间讨论。正如我们将看到的，权力内部的社会主义者是比共产主义更可怕的敌人，尽管美国公众从未被允许这样看待。正如我过去经常说的那样，"华盛顿的敌人比莫斯科的敌人更让人害怕。

普通的美国人，当他听到社会主义的标签时，就会被击退。在19世纪90年代，美国费边社是一个刚刚起步的组织，需要指导，特别是在缓慢前进和模糊其目标的技术方面。因此，当提到社会主义时，它使人联想到怪异的性行为--
今天的社会主义者努力使其在文化上被接受--
以及如何使所有人都能负担得起福利。因此，除了少数学者认为他比布尔什维克主义更危险，至少对美国来说，他没有被认真对待。

而当恩格斯--社会主义者和马克思主义者的欺骗行为的典范--
于1886年访问美国时，在宣传他那本尖锐的《家庭的起源》时犯了一个错误，这本书后来成为堕胎者、同性恋者和莫莉-雅德、**帕特里夏**-施罗德、埃莉诺-斯梅尔的所谓　"妇女解放"**运**动的圣经[6]。有证据表明，恩格斯访问的目的是为新的美国费边社会主义俱乐部奠定基础。

同样，当埃莉诺-马克思--**卡尔**-
马克思的女儿，被称为萧伯纳的情妇--
与**另一个情人**，这次是爱德华-
艾维林一起在美国巡演时，公众的反应是极其不幸的。对'自由恋爱'的呼声让欧洲社会主义者感到惊讶，他们不知道基督教价值观在当时的美国社会中是多么深入人心。他们在拥护"自由之爱"（堕胎的基础，即没有责任的自由之爱）方面失算了，他们对家庭价值观的攻击只会激起愤怒的反应。

这给美国社会主义者上了很好的一课："更急"是一**种失**败的哲学。有必要

---

[6] 妇女解放组织，MLF的祖先。译者注.

"慢慢来"。但社会主义者从未放弃，从未忘记他们的目标，其结果是，今天社会主义的罪恶在美国四面楚歌，在文化上、宗教上和社会上获得了力量，这是在恩格斯、埃莉诺-马克思和爱德华-艾维林颂扬他们的美德时从未做到的。读者可能知道，阿韦林是《资本论》（Das Kapital）的官方译者，该书是马克思最著名的作品，由德文译成英文。

为了转移对社会主义的批评，英国费边社决定在美国成立一个团体，称为美国经济协会，于1885年9月9日举行会议。只有那些有抱负的美国社会主义者的精英骨干被邀请参加。(正是在这次会议之后，英国费边社的社会主义者决定，麦克-唐纳德应该去美国，以确定哪些问题阻碍了社会主义，以及如何克服这些问题）。

1885年9月9日，美国经济协会吸引了当时所有的主要社会主义领导人和有抱负的社会主义者来到纽约的萨拉托加。正如纽约报纸所描述的那样，许多   "尊贵的客人"是主要的社会主义教授，包括伍德罗-威尔逊，他将成为美国第一位公开的社会主义总统。

其他与会者有伊利教授、H.R.亚当斯教授、约翰-R.康芒斯教授和E.詹姆斯教授、哥伦比亚的E.R.塞利格曼博士、阿尔伯特-肖博士和E.W.贝米斯，他们后来成为美国社会主义的主要弟子。詹姆斯、哥伦比亚的E.R.塞利格曼博士、阿尔伯特-肖博士和E.W.贝米斯，他们后来成为美国社会主义的主要弟子。他们中没有一个人在其狭窄的学术圈子之外出名，社会主义也没有被视为对美国生活方式的严重威胁。这是一个在未来会犯很多次的错误，这个错误今天正在重复。从这个小的开端，美国的社会主义之树成长起来，其蔓延的枝叶威胁着今天的美国联邦共和国。当时在布林莫尔学院的威尔逊，于1902年在费城大学的扩展课程中，伪装成政治学，教授社会主义。

在那里，他与其他领先的社会主义者一起沉浸在促进社会主义教育思想中。在社会主义教师的名单中，有英国费边社成员悉

尼-韦伯、R.W.奥尔登和爱德华-
R.皮斯；伊利和亚当斯，我们已经提到他的两位美国伙伴。向
威尔逊灌输社会主义思想的其他著名的美国社会主义者有莫里
斯-希尔基特和厄普顿-
辛克莱尔。他们与英国费边社会主义者的接触延伸到1805年至
1901年在牛津举行的会议。

哥伦比亚大学的塞利格曼博士赞助了这些会议，并被认为有远
见，让威尔逊担任主席。威尔逊和克林顿的崛起之间的相似性
相当显著：两人都有社会主义信仰，两人身边都有大量的社会
主义知识分子，两人都通过与牛津大学的接触受到了社会主义
理想的不可磨灭的影响。

威尔逊深受费边社会主义出版物（如《新自由》）的影响。此
外，他是第一位接受大学教授作为顾问的美国总统--
这与过去的传统截然不同，是一种纯粹的社会主义策略--
一种将不需要的和不可接受的变化强加给美国人民的方法。其
理由是，没有人会怀疑学术界有邪恶的意图。

阿尔伯特-
肖，通过分裂选票使威尔逊当选，以独立票的形式竞选西奥多
-
罗斯福，即牛魔王党。正如西摩博士当时所说，"罗斯福的叛
逃使威尔逊入主白宫"。潜规则是让豪斯 "谴责 "罗斯福是
"一个狂热的激进分子"，这招很管用。威尔逊成为美国总统，
他的朋友阿尔伯特-
肖在威尔逊进入白宫时被任命为劳工委员会成员，作为奖励。

尽管小心翼翼地对公众隐瞒，但英国费边社会主义者还是选择
了威尔逊，因为他有对社会主义问题感兴趣的倾向，而且在豪
斯的强烈推荐下，他的妹夫悉尼-
梅兹博士是英国费边协会的长期会员，也是纽约城市学院的院
长。梅兹在第一次世界大战前后的社会主义规划中发挥了主导
作用。

除此之外，费边社的成员中有很大一部分是马克思主义者，伦
敦费边社中最著名的一位是哈罗德-
拉斯基教授，他后来在美国的社会化进程中发挥了深刻的破坏

作用，直到1952年去世。没有争议的是，在威尔逊在白宫的几年中成为他的绝对控制者的伯纳德-
巴鲁克也是一个马克思主义者。

伍德罗-
威尔逊担任总统期间的整个计划是由这里和英国的社会主义顾问起草的。威尔逊最初的社会主义努力之一是将禁止联邦政府行使的权力联邦化，保留给各个州。这包括美国宪法第十修正案所保障的各州的卫生、教育、劳动和警察保护等警察权力。

后来，哈罗德-
拉斯基教授对罗斯福总统施加了强大的压力，通过行政命令打破和破坏政府的立法、行政和司法部门之间的权力分立。这是破坏和使宪法 "无效
"的后门的关键。威尔逊方案的要点之一是破坏关税，在1913年之前，**关税**为美国提供了足够的收入来支付国家的账单，并且仍有盈余。隐藏的议程是摧毁这一收入来源，并以马克思主义启发的累进所得税取代。除了任何其他结果，马克思主义的累进所得税是为了永远压倒中产阶级。人们会记得，据拉姆齐-
麦克唐纳说，需要克服的主要障碍之一是对累进所得税的抵制。由于威尔逊总统，英国费边社得以将这一沉重的负担强加给美国人民，从而实现了其最珍视的野心之一。

需要说的是，而且要大声地说：共产主义虽然发起了，但并没有在美国引入累进所得税。这只是英国费边社的工作。在过去的76年里，美国人民一直被愚弄，相信共产主义是对自由世界的最大危险。我们希望这本书的书页将包含足够的证据，表明社会主义的危险性超越了迄今为止所见的共产主义的任何东西。社会主义对美国造成的损害比共产主义的损害大一千倍。

两次被美国最高法院认为违宪的累进所得税是由英国费边协会向威尔逊提出的，在美国费边社会主义者的鼓励下，终于在1916年获得通过，正好赶上支付第一次世界大战。当美国人民的注意力集中在欧洲的事件上时，第十六条修正案在一大批社会主义立法者的帮助和怂恿下，在国会悄悄通过。

第十六条修正案从未得到所有州的批准，所以它仍然在宪法之

外，但这并没有阻止其社会主义支持者做他们想做的事。威尔逊试图将民主等同于民主党，而事实上不可能有这样的政党。正确的标题应该是民主党。在邦联共和国或立宪共和国，我们不可能有一个 "民主党"。

威尔逊的《新自由》一书（实际上是由社会主义者威廉-B-海尔写的）谴责了资本主义。"这与普通人背道而驰"，威尔逊说。在美国享受前所未有的繁荣和工业进步的时候，威尔逊称经济
"停滞不前"，并提出了一场革命以使事情重新发展。推理确实很有趣--如果你忘了威尔逊在宣扬铁杆社会主义的话。

> "我们正处于一场革命之中--
> 不是一场血腥的革命，美国不是为流血而生的--
> 而是一场无声的革命，通过这场革命，美国将坚持在实践中恢**复她一直宣称的理想，确保一个致力于普遍利益而不**是特殊利益的政府。"

讲话中谴漏的最重要的　点是，这将是一场社会主义革命，一场基于英国费边社会主义理想和原则的欺骗性无极限的隐蔽革命。

然后，威尔逊做出了一个预言--
至少，表面上是预言，但仔细一看，他只是在陈述美国的社会主义方案。

> "...我们正处在一个时代的门槛上，在这个时代里，国家的系统性生活将得到政府活动的支持，或者至少是补充，在各个方面。我们现在必须确定它将是什么样的政府活动；首先，它是否将由政府本身指导，或者它是否将是间接的，通过已经形成并准备取代政府的工具"。

美国人民在很大程度上仍然不知道有一股邪恶的力量在发挥作用，它与他们自己和宪法完全格格不入，它以某种方式通过将行政长官安置在白宫而悄然上台，这个领导人完全听命于一个无情的、渴望权力的集团，比如在世界任何地方都可以找到的--包括布尔什维克的俄国--
那个权力将费边社会主义者带到英国和美国。

这一趋势一直持续到今天，而且正如我们所看到的，克林顿总统现在是其热情而热切的首席执行官。试图占领橡胶树的蚂蚁的 "厚望"正在缓慢而不可阻挡地实现。一个伟大的国家，美利坚合众国，似乎完全没有意识到社会主义背后的犯罪行为，对其目标一无所知，因此没有准备好阻止发生在其政府内部的犯罪掠夺行为。

威尔逊怎么能在累进所得税这样一个畸形的问题上欺骗美国人民呢？"累进所得税"是与宪法相悖的东西，而这个国家在1913年以前一直可以不征收。要回答这个问题，我们必须再次看看社会主义者通过隐蔽、欺骗和谎言实施其计划的能力，同时用语言来掩饰，似乎表明他们烹制的毒菜是为了人民的利益。

威尔逊必须克服的第一个障碍是取消关税，这些关税保护了美国的贸易，并使其成为一个繁荣的国家，拥有令世界羡慕的生活水平。1789年7月4日，乔治-华盛顿总统告诉第一届美国国会。

> "一个自由的民族必须促进那些能使他们在基本供应，特别是军事供应方面独立于他人的制造。"

这些至理名言引发了一个关税壁垒体系，对希望向美国市场出售其商品的国家征收关税，这是所谓的 "自由贸易"的对立面，它只不过是亚当-斯密设计的一个诡计，允许英国向市场倾销其商品而不对美国商品在英国市场进行互惠。人们以某种方式培养了一种印象--也许是通过对新闻界的控制--认为美国在 "自由贸易"的基础上提高了人民的生活水平，而事实上情况正好相反。

我们看到这种欺骗行为在佩罗-戈尔的辩论中暴露无遗，当时戈尔对美国人民怀有恶意，指责关税保护主义是1929年华尔街大崩溃的原因。佩罗不了解《斯穆特-霍利法案》，无法为其辩护，以抵制副总统的谎言。

自由贸易"在马克思1848年的一次演讲中被定义为马克思主义学说。这

不是什么新鲜事，而是亚当-
斯密首次提出的破坏年轻美国国家经济的想法。聪明的华盛顿明白需要保护美国的新兴产业。这一明智的保护政策被林肯、加菲尔德和麦金利所延续。125年来，美国人从这一明智的政策中获益良多，直到威尔逊的社会主义破坏球被用来改变美国的面貌。

即使到了第二次世界大战，美国经济中也只有2%依赖对外贸易。然而，听他现在说，如果不消除我们明智的关税壁垒的最后残余，美国将灭亡。威尔逊的所作所为是叛国行为，国会接受他对美国人民生活水平的破坏性攻击，是犯了煽动罪。

在大多数情况下，威尔逊政府滥用了宪法。威尔逊刚被费边社会主义者选出来，他就要求召开国会联席会议。到1900年，占多数的共和党政府维持了现有的贸易壁垒，并建立了新的壁垒以保护美国农民、工业和商品生产者。反对保护性关税壁垒的鼓动起源于伦敦的社会主义费边协会成员，该协会控制着皇家国际事务研究所（RIIA）。打破关税壁垒的想法通过具有煽动性的曼德尔大厦直接从伦敦传给了威尔逊。

从伦敦源源不断地涌出的反关税宣传，从1897年就开始认真进行，这就是一个例子。

> "美国制造商在1907年达到了效率低下的最高水平，在1897年开始的明显下降之后，在几个重要领域，美国制造商无法在国内市场上与外国竞争者抗衡。这一事实应该引起美国人民的注意，因为由于关税的存在，他们为商品支付的价格要比取消阻碍贸易的关税壁垒时的价格高。'所有信托之母'这一短语可能是描述保护主义的一种有用方式，特别是如果它与可归因于保护主义政策的生活成本增加有关"。

注：费边社的研究部门开始制作他们称之为 "小册子"的文件，仿佛他们与基督教传教士的努力是一致的。这些成千上万的 "小册子"后来被收集成书和立场文件。上述引文来自1914年出版的一份小册子。

这种误导性的宣传没有说的是，1897年至1902年期间生活费用的增加之间没有任何联系，因为关税对国内价格没有影响。但这并没有阻止各大外资报纸（尤其是《纽约时报》）的一致攻击，谴责关税保护是生活成本上升的原因。伦敦经济学家》和其他由伦敦市银行家拥有的杂志也对此表示赞同。

煽动罪并不限于民主党人。许多所谓的 "进步的"共和党人（"进步的 "和 "温和的"一直意味着社会主义）加入了对保护性关税的攻击。社会主义者是如何说服国会同意他们的计划，毁掉我们举世羡慕的贸易的？他们通过将社会学与政治结合起来来做到这一点，这种技术将社会主义者推向高位，在那里他们可以对重要的国家问题施加最大的不正当影响。

作为一个例子，考虑对野蛮的布尔什维克政府的外交承认问题。通过阿瑟-
亨德森的斡旋，英国在1929年承认布尔什维克屠夫为俄国的合法政府。然后他们把注意力转向美国，并且由于高层的社会主义者，让美国也这样做。英语世界领人的这些行动使布尔什维克获得了他们显然无权享有的威望和尊重，并打开了外交、商业和经济接触的大门，否则这些大门将在几十年内，甚至永远牢牢关闭。

费边社会主义者，无论是在美国还是在英国，都显得如此良善，他们高度的文化背景和巨大的个人魅力让人很难相信那些警告说这个和蔼可亲的社会精英是一个意图压制财产权并威胁要把美国宪法一块一块拿走的颠覆性团体的人。根本不可能把这些精英看作是革命者和无政府主义者，而他们确实是这样。

爱德华-曼德尔-
豪斯上校是一个很好的例子，他不仅在各种意义上都很合适，而且在举止和言语上也很保守--
至少当他在公众耳边时是这样，但他的活动圈子与人们想象中的无政府主义团体相去甚远。

正是这群 "和蔼可亲的无政府主义者 "选出了伍德罗-威尔逊。根据豪斯的说法，美国公民只不过是可以被表面现象所愚弄的**傻瓜而已。豪斯确信**选民不会把威尔逊的提名看作是"英国制造

"的候选人，因此在威尔逊在1912年巴尔的摩民主党大会上被提名的当天，豪斯就乘船前往欧洲。"我觉得没有必要关注辩论，"豪斯告诉沃尔特-
海因斯，后者在前一年将他介绍给威尔逊。抵达英国后，豪斯在RIIA的费边社会主义者聚会上说："我相信美国人民会毫不怀疑地接受威尔逊"。而他们确实做到了。

随后，威尔逊成为总统，他的主要任务是按照拉姆齐-
麦克唐纳的授权破坏宪法，而美国人民从未意识到这一点，这是真正的费边社会主义风格。豪斯在与他的华尔街秘密支持者的私下讨论中经常表达他对宪法的憎恨。他称美国宪法是
"18世纪思想的产物，不仅过时，而且怪诞"，并补充说，"应该立即废除它"。我们回到被威尔逊称为他最伟大的朋友的那个人。

正如豪斯所说，"威尔逊当选是为了在不惊动人民的情况下执行社会主义计划。如何做到这一点，在费边社会主义者的长期目标总计划的虚构版本中作了规定。"行政长官菲利普-德鲁
"是对社会主义计划和策略的显著表白，用来对付美国人民，非常**揭示了社会主**义者如何期望美国总统职位被颠覆和破坏。

由费边社会主义者B.W.Huebsch编辑的这本书本应在整个美国敲**响警钟**，但不幸的是，它没能让美国人民了解豪斯所代表的东西。它列出了威尔逊总统任期内的议程，就像它是由众议院亲自提交给国会的一样清楚。"菲利普-
德鲁"（实际上是豪斯）提议通过一系列的行政命令成为美国的领袖。德鲁
"为自己设定的任务之一是成立一个经济学家小组，致力于破坏《**关税法**》，**最终**
"导致废除作为公共政策的保护理论"。该集团还将制定一个累进所得税制度，并制定新的银行法。请注意   "理论
"这个词的狡猾使用。保护性关税不仅仅是一种理论：关税使美国**达到了令世界羡慕**的生活水平。贸易保护是由乔治-
华盛顿确立的理论，经过了125年的尝试和检验，并不只是一**种理论**。

德鲁   "怎**么能**说关税保护是一种   "理论

"呢？显然，这是在试图诋毁和贬低这一概念，为社会主义的
"自由贸易
"理想铺平道路，这将开始美国人民生活水平的下降。这也是
威尔逊得到的关于征收所得税的想法，一旦征收，将进一步侵
蚀中产阶级的生活水平。

威尔逊至少50次违反了他维护美国宪法的誓言。在威尔逊身上
，300人委员会找到了开始美国社会化的理想人选，就像他们
后来在比尔-
克林顿身上找到了实现其无政府主义目标的另一个理想人选一
样。威尔逊和克林顿的第二个相似之处在于他们身边的顾问类
型。

在威尔逊的核心圈子里有著名的无政府主义者、社会主义者和
共产主义者。Louis D. Brandeis, Felix Frankfurter, Walter
Lippmann, Bernard Baruch, Sydney Hillman, Florence
Kelley，当然还有Edward   Mandel
House。豪斯是罗斯福母亲的密友，他住在离纽约州长富兰克
林-D-
罗斯福两个街区的地方，经常见面，就如何为他未来的社会主
义计划提供资金建议。

对宪法的第一次攻击是拉姆齐-
麦克唐纳宣布应修改宪法。第二次攻击是由豪斯领导的，他的
父亲在内战期间为罗斯柴尔德家族和沃伯格家族工作，赚了数
百万美元。1911年，通过沃尔特-
海因斯的斡旋，豪斯与威尔逊会面后，他确信自己找到了合适
的人选，可以完成麦克唐纳1898年1月14日要求的修改美国宪
法的工作。

豪斯**开始培养威**尔逊，他对这个似乎认识华盛顿所有人的人的
关注感到受宠若惊。豪斯和帕梅拉-
哈里曼夫人之间有一个明显的平行关系，她把克林顿看作是在
不**惊**动人民的情况下进行各种社会主义改革的理想人物。哈里
曼也认识华盛顿的所有人。

豪斯知道，威尔逊将需要一个坚定的社会主义者的帮助。于是
他安排他与哈佛大学法律教授路易斯-D-

布兰代斯会面。这次会议被证明是对国家未来福祉的不祥之兆，因为布兰代斯承诺通过立法使宪法无法实施。布兰代斯已经把他的偏爱写进了法律，他根据社会学前提，而不是宪法法律，对宪法进行了 "解释"，使其无法实施。

费边社会主义者对美国宪法的第三次攻击是在1920年1月由费边社会主义者菲利普-洛维特成立的美国公民自由联盟（ACLU）。管理员菲利普-德鲁》的编辑休布施是这个社会主义组织的创始成员之一，他的主要生活目标是通过弗洛伦斯-凯利所说的 "立法途径"修改美国宪法。

虽然被否认，但调查显示，美国公民自由联盟董事会中有四名已知的共产主义者。在20世纪20年代，凯利和他的同伙通过一系列虚假的幌子，如全国妇女选民联盟，努力破坏美国宪法，我们将在后面回到这个问题。这就是社会主义者对妇女 "去女性化 "的**开始**。

美国几个最重要的社会主义（和共产主义）领导人与美国公民自由联盟关系密切，有些人甚至在其全国委员会任职。其中一个是罗伯特-莫斯-洛维特，他是诺曼-托马斯和保罗-布兰查德的董事和密友，他们与 "新教徒和其他美国人争取政教分**离**联盟 "结盟。

托马斯曾是一名神职人员，后转为共产党员。洛维特迷人的举止和愉快的神态掩盖了这样一个事实：在他和蔼可亲的态度下，隐藏着一个危险的无政府主义激进分子。在一次愤怒中，洛维特有一次爆发了，暴露了他的真实本性。

> "我恨美国，我愿意看到整个世界爆炸，如果它能摧毁美国。"

洛维特是费边社会主义者非常危险的一面的化身。

在研究共产党人针对美国的声明时，我从来没有找到一个像美国公民自由联盟的洛维特那样意图毒辣的声明。在本书的这一点上，简要介绍一下美国公民自由联盟的历史可能是有用的。

美国公民自由联盟是从1914-

1918年的公民自由局发展而来的，该局反对军国主义。它的第一批董事之一是罗杰-
鲍德温，他曾因逃避兵役而在监狱中度过。在一封写给美国公民自由联盟成员、附属机构和朋友的非常露骨的资料信中，鲍德温使用了费边社会主义者的传统欺骗手段来掩盖美国公民自由联盟的真实意图和目的。

> "避免给人以这是一个社会主义企业的印象。我们也希望在我们所做的一切中看起来是爱国的。我们希望有相当数量的旗帜，大量谈论宪法和我们的祖先想对国家做什么，并表明我们是真正代表我们机构精神的人。"

如果说英国费边社未来有什么合适的标志的话，那就是这个--披着羊皮的狼的杰出代表。

1923年，鲍德温忘记了自己的忠告，露出了他的真面目。

> "我相信革命--
> 不一定是在武装冲突中以武力夺取政权，而是不断增长的阶级运动的过程，决心没收资本家阶级并控制所有社会物品。作为一个和平主义者--
> 因为我相信，从长远来看，非暴力手段是实现持久结果的最佳计算方法，我反对革命的暴力。但我宁愿看到暴力革命也不愿看到没有革命，尽管我个人不会支持它，因为我认为其他手段要好得多。即使是血腥革命的可怕代价，也比在现行制度的既定暴力下继续剥削和沉沦人类生命的代价更便宜。"

1936年，鲍德温解释了费边社会主义者使用的一些术语。

> "我所说的进步，是指那些通过扩大公有制和控制权而致力于工业民主化的力量，只有这样才能废除那些相对较少的、拥有财富的人的权力......。真正的民主意味着强大的工会，政府对企业的监管，为公众服务的行业由人民拥有。"

人们只需参观任何一家工厂，就能看到社会主义者在奴役美国方面取得了多大进展。在办公室的墙上，你可以看到一系列令人困惑的
"许可证"，授权做这样或那样的事情。OSHA、EPA和
"平等机会   "检查员有   "权利

"在任何时候突击检查，打断甚至停止操作，而他们正在检查是否违反了他们"许可证"中的条件。

鲍德温使用的欺骗性语言并不意味着普通美国人认为的意思。鲍德温正在对一个精英   "后卫"团体进行费边社会主义技术的实践，该团体将温和地引导美国走上奴隶制的道路。这是最糟糕的社会主义。没有人能够比美国公民自由联盟的主席更好地解释社会主义的目标和方法，该联盟今天没有丝毫改变其立场和方法。虽然在1920年至1930年期间，其成员人数从未超过5000人，但美国公民自由联盟还是设法渗透到美国生活的各个方面，然后将其颠覆。

美国公民自由联盟在20世纪20年代的主要任务是在法律上阻止对共产主义者和无政府主义者的大量逮捕和递解。20世纪20年代初，社会主义者开始了他们通过后门颠覆美国宪法的活动，利用外国人传教--
并实施煽动行为。哈佛大学社会主义教授费利克斯-法兰克福担任美国公民自由联盟的法律指导，该联盟的罗杰-鲍德温将无政府主义者、共产主义者和煽动者描述为
"法律的受害者，劳工和福利运动的成员，他们被打着爱国主义幌子的无耻之徒阴险地攻击。

法兰克福--在哈罗德-拉斯基的幕后**帮助**下--
帮助威尔逊总统成立了一个调解委员会，该委员会在法兰克福的怂恿下，不断利用宪法来限定煽动者、无政府主义者、美国的公**开**敌人，以获得美国宪法的保护。这是一种肮脏的策略，效果非常好：自1920年以来，滥用美国宪法，将   "权利"和保护赋予每一个试图破坏邦联共和国的迪克、汤姆和哈里的行为已经发展到令人震惊的程度。

其他人，如老阿瑟-M-
施莱辛格教授和威尔逊的女婿、哈佛大学法学教授弗朗西斯-B-赛尔，则把他们的力量投向   "受迫害的移民   "和"法律的受害者"，这一类人包括所有的左派、纵火犯、种族主义者等等。威尔逊的女婿赛尔把他们的力量投向
"受迫害的移民   "和"法律的受害者"，这一类人包括所有的左派、纵火犯、社会主

义煽动者、杀人犯和煽动者。这是一场践踏美国宪法的真正目的和意图的巨大运动的开始，它的成功超出了这个国家的社会主义工兵的最疯狂的梦想。

当时，美国正试图摆脱大量的共产主义者，这些人为了实现国家的共产化和社会化而来实施煽动行为。社会主义者厄普顿-辛克莱尔（Upton Sinclair）为铁杆煽动者写了大量的辩护词，哈佛大学法学院也派出了一些最优秀的社会主义者参加战斗，包括院长罗斯科-庞德（Roscoe Pound）。新闻媒体，包括"国家"和"新共和国"这样的杂志，竭力用不断提到"红色恐慌"来搅浑法律水。

1919年，美国参议院奥弗曼布尔什维主义委员会经过详尽的调查，得出结论：费边社会主义对美国公民，特别是妇女和儿童**构成**严重威胁。

美国公民自由联盟在   "妇女权利"的幌子下，一直处于对妇女进行   "去女性化"的前沿。美国公民自由联盟成功地保护了社会主义的主要参与者，**每当他**们担心社会主义的真正领导人和目标被暴露时，就急于为他们辩护。这就是美国公民自由联盟的主要目的。为了转移对社会主义知识分子领导层、具有   "良好愿望   "的"改革者"和背后的哈佛大学法律教授的攻击。

自1920年以来，美国公民自由联盟的工作方式一直没有改变，用它自己来形容最为恰当。

> "反对联邦、州和地方不分青红皂白的措施，这些措施虽然针对共产主义（注意排除社会主义），但威胁到所有美国人的公民自由；使有效的公民权利方案成为国家的法律；反对政府和私人压力集团对电影、书籍、戏剧、报纸、杂志和广播的审查；促进审判、国会听证和行政听证的公平程序。"

美国公民自由联盟毫无疑问地表示，它打算   "通过立法"重写宪法。也没有任何疑问，这个重要的社会主义机构改变了美国的面貌。在接受《外交事务》杂志的法里德-扎**卡里**亚采访时，新加坡前总理李光耀被问到。

"你认为美国的制度出了什么问题？"

"我的工作不是告诉人们他们的系统有什么问题。我的作用是告诉人们不要以歧视性的方式将他们的制度强加给社会，因为这样做是行不通的。"尤文回答说。

扎卡里亚接着问道："难道你不认为美国是其他国家的榜样吗？"，对此，李回答说。

"...但作为一个全球系统，我发现它（美国）的部分内容是完全不可接受的。挥霍无度，在公共场合的不体面行为，个人行为权利的扩大，都是以牺牲一个有秩序的社会为代价的。在东方，主要目标是建立一个有秩序的社会，使每个人都能充分享受他们的自由。这种自由只存在于有序的状态中，而不是在争端和无政府的自然状态下"。

"...个人不可侵犯的想法（在美国）已经变成了教条。然而，没有人反对军队出去抓捕另一个州的总统，把他带到佛罗里达并把他关进监狱（这是指前总统乔治-布什绑架巴拿马诺列加将军的强盗行为）。"

扎卡里亚接着问道。

"如果说你比25年前更崇拜美国，这是否公平？你认为哪里出了问题？"

李回答说。

"是的，事情已经改变。我想说，这与社会道德基础的侵蚀和个人责任的减弱有很大关系。第二次世界大战后发展起来的自由主义思想传统宣称，人类已经达到了这种完美的状态，如果让他们做自己的事情并蓬勃发展，每个人都会过得更好。它没有起作用，我怀疑它会起作用。人类本性中有些基本要素是不会改变的。人需要某种道德上的是非感。邪恶是存在的，它不是作为社会受害者的结果."

毫无疑问，美国公民自由联盟在扩展现有 "权利"和发明宪法中不存在的权利方面发挥了至关重要的作用，以至于美国现在实际上处于一种无政府状态。以1994年6月19日父亲节周日在旧金山举行的同性恋自豪大游行为例。

日期的选择不是偶然的，而是对基督教、婚姻和家庭传统的蓄意和研究的侮辱。游行队伍包括骑着摩托车飞驰的女同性恋者，裸体或半裸（被称为
"自行车上的女同性恋者"），穿着淫秽的跨性别服装的男子，以及成群结队的其他男子，他们的生殖器完全暴露，四处奔跑。这是在城市的街道上进行的彻底令人厌恶的粗俗展示，这在以前是不会被容忍的，现在也不应该被容忍。

但是，如果有人提到令人厌恶的
"游行"，也许会建议采取适当的行动来限制今后这种丑陋和完全卑劣的示威，他们肯定会发现美国公民自由联盟在保护人口中最无道德的部分的
"公民权利"。*旧金山纪事报*》赞扬了这次可悲的
"游行"，该报还对一部关于两个女同性恋者　　　　　　　　"相爱
"的电影发表了精彩的评论。该报将这篇令人厌恶的无道德作品描述为
"适合异性恋者"。所以我们这个社会已经沉到了社会主义粪坑的底部。费边社会主义者一直都是卡尔-
马克思的忠实崇拜者。他们不轻易承认这种
"英雄崇拜"，以免他们所鄙视的羊群变得惊恐。在伦敦大英博物馆的五年强化学习中，我深入研究了马克思的经济著作。我之所以能够做到这一点，是因为卡尔-
马克思在那家大英博物馆学习了30年，我的一些导师知道他最喜欢和最喜欢读哪些书，并告诉我哪些书。

我发现他的著作中，很少有原创性的思想。这是大多数伟大的社会主义　　　　　　　　　　　　"思想家
"所共有的。马克思关于经济学的所有理论，剥去围绕它们的密集的言语，可以简化为七八个基本的数学方程，我在八年级就能做。

马克思的理论归结为这样一个前提：为企业提供资金的资本家最终从工人那里偷走了大量的钱。这完全忽视了一个真正的前提，即在承担了所有的风险来创办企业后，投资者有权获得他的利润。从本质上讲，这就是马克思的理论和他的言语的总和和实质。

工业民主联盟（LID）的排名仅次于美国公民自由联盟。该联盟成立于1905年，是校际社会主义协会的一个分支，在扭曲教育、工业和劳工方面发挥了重要作用。ILS得到了埃莉诺-罗斯福一生的支持，佛罗伦萨-凯利和弗朗西斯-**帕金斯也是如此。埃莉诺**-罗斯福与她丈夫的纽约州劳工专员、社会主义法官哈兰-史蒂文斯的密友弗朗西斯-**帕金斯一起在**组织内外推广"社会民主"。

莫里斯-希尔奎特在1908年至1915年期间担任LID的财务主管。洛维特作为美国公民自由联盟的领导人，长期以来一直与工业化民主联盟保持密切联系，他曾称自己社会主义生涯的这段时期是"我一生中最快乐的日子"。莫里斯-希尔奎特在其社会主义生涯的早期曾主张 "工业社会主义"。

Hillquit和Eugene V.德布斯始终遵循伦敦费边社的模式，不设节目和平台，而是利用教育机**构作**为俘房，用社会主义思想和理念启发学生，以便他们以后能渗透到现有的政党中。至少在20世纪初，社会主义课程被悄悄引入，但在20世纪70年代，按照真正的费边社会主义正统观念，这一进程在许多教育机构中被大大加快了。

据说工业民主联盟重振了美国的社会主义，而美国的社会主义到1900年已经衰落。当时，美国社会精英中的几位杰出成员访问了英国的费边社会主义者。他们当中有宗教领袖、教师和政治家。保罗-道格拉斯，后来成为道格拉斯参议员；阿瑟-M-施莱辛格，他的儿子在肯尼迪和约翰逊政府中表现突出；演员梅尔文-道格拉斯和他的妻子海伦-道格拉斯；以及纽约第二浸信会教堂的前牧师沃尔特-劳申布什。劳申布什是朱塞佩-马志尼、约翰-罗斯金、爱德华-贝拉米和马克思的忠实追随者。马志尼是共济会的世界领袖。罗斯金自称是"老派共产主义者"，在牛津大学任教。贝拉米是当时美国的主要社会主义者。

劳森布什放弃了宣扬基督教，转而宣扬社会主义政治，他试图向尽可能多的浸信会同胞灌输这种政治。LID被美国陆军情报局列为颠覆组织，但像许多类似的社会主义和共产主义组织一样，伍德罗-
威尔逊命令军队销毁其持有的名单，这一损失永远无法弥补。威尔逊根据宪法没有权力下达这样的命令，这一事实被他在哈佛和华尔街的政府中的社会主义者视为无关紧要。

但是，这不是第一次世界大战的德国特工，也不是冷战时期的俄罗斯特工，而是渗透到政府、机构和总统府本身的各个方面的英国费边社会主义者。由于教育被认为是推进社会主义的手段，因此为占领 "学生市场"做出了巨大努力。当Lusk委员会调查纽约的Rand学校时，提到了这一点。

> "我们已经提请注意费边社是一个非常有趣的知识分子团体，他们从事着非常出色的宣传活动。"

显然，卢斯克委员会在某种程度上被弥漫在LID出版物中的虚假的坦率空气所蒙蔽，没有任何暴力革命类型的人被允许玷污其成员名单。心不在焉、追求共产主义的卢斯克委员会--
就像美国无休止地做的那样--
完全忽略了**极具**颠覆性和危险性的LID。观察家们从来没有停止过对社会主义者设法转移注意力的技巧的惊讶，他们反复提到
"红色恐慌"，并诋毁所有确保国内安全的努力，认为其基础是不存在的
"共产主义威胁"。在1994年，我们在很大程度上仍然被欺骗，就像卢斯克委员会在1920年那样。

第一次世界大战后，LID与美国几个著名的社会主义组织建立了联系，包括美国公民自由联盟、联邦出版社和加兰基金，该基金被军事情报部门指为善于资助共产主义者和一些明显的社会主义组织。美国公民自由联盟的罗伯特-莫斯-
洛维特是上述所有组织的主任，包括
"新教徒和其他美国人支持政教分**离**联盟"。

LID成员被鼓励在公开场合否定社会主义，并否定他们的母体--由悉尼和比阿特丽斯-

韦伯创立的费边社。这是标准的社会主义做法：否认、否认、
否认。当费边社最尊贵的成员之一被问及他是否是社会主义者
时，约翰-肯尼斯-
加尔布雷思回答说'当然不是'。在第二次世界大战期间，当罗
斯福显然会不惜一切代价让美国加入对德战争时，LID认为应
该改变其立场，并于1943年发表声明说，LID的目标是通过教
育提高对民主的理解，而不是发动战争。

LID没有说的是，它心目中的'民主'是**卡尔-**
马克思所说的'科学社会主义民主'。美国是共和制而非民主制
的事实被简单地搁置一边。因此，通过潜规则、隐蔽和狡猾，
LID成为美国主要的社会主义组织，致力于共和国的垮台。LI
D的历史表明，它在推动威尔逊和罗斯福政府的社会主义
"改革 "中发挥了关键作用。

罗斯福担任纽约州长时，任命弗朗西斯-
帕金斯为工业专员。(我们在关于女性社会主义者的章节中介
绍了珀金斯的杰出成就）。珀金斯呼吁LID经济学家保罗-H-
道格拉斯起草一**份消除失**业的方案，该方案被罗斯福州长采纳
。他的合作者之一是伊萨多-
卢宾博士，一个坚定的社会主义者，他和帕金斯一起游说对苏
联给予优惠待遇，罗斯福很快接受了这个建议。

帕金斯和卢宾开始了基于英国费边社会主义战略的漫长过程，
通过福利国家将美国从资本主义国家转变为社会主义国家。这
包括直接来自苏联的
"国家健康保险计划"。应该指出，"医疗保健改革"、国家**养老**
金和失业保险都是改变美国结构计划的一部分，其中最重要的
是 "社会保障"。

1994年，我们有另一位女性社会主义者希拉里-
克林顿，她抓住 "健康改革
"这个短语作为自己的发明，而事实上，这是美国舞台上最敬业
的女性社会主义者之一普罗索托尼亚-马丁-
曼使用的短语，她自己从英国费边社会主义领导人悉尼-
韦伯那里借来的。这句话是应用心理学的杰作，还有另一个旨
在欺骗的应用心理学，即

"社会保障法"，在英国发明并由瑞安神父带到这个国家。费边社会主义计划后来由普雷斯托尼亚-
马丁根据美国的情况进行了调整，正如我们在她的《禁止贫困》一书中所看到的那样，由埃莉诺-罗斯福倡导的。

LID从未宣称它在幕后参与了**帕金斯**和马丁的工作，就像它从未宣称费利克斯-
法兰克福特是它的一员一样。鉴于LID的规模相对较小，它在美国造成的相当大的损害是引人注目的。这正是费边社会主义的**运作方式**--
混入后台，**渗透到所有重要的政府和决策机构，然后（再次从**后台）提拔一个正在崛起的政治明星，推出社会主义设计的方案。

这就是社会主义在20世纪20年代的**运作方式，在美国仍然如此**
，这就是社会主义者和他们的马克思主义/共产主义盟友在20世纪20年代和30年代初危险地接近接管美国的方式。威尔逊、罗斯福、约翰逊、布什以及现在的克林顿总统和他的妻子希拉里-
克林顿，几乎都是社会主义通过崛起的政治家发挥作用的完美例子。克林顿是由英国费边协会选定的，但　　　　　"给他打气"的任务被秘密交给了社会主义者帕梅拉-哈里曼。

克林顿总统是一位任期只有一年的总统，他的任务是强行通过具有破坏性和深远影响的社会主义计划。他在1994年中期的成就包括世界上最大的所得税增长，一个世界的政府贸易协定，以及可能的
"国家卫生改革"。英国费边社会主义已经三次利用领导团体和总统
"顾问"，并通过法院，改变了美国的面貌，以实现社会主义目标。正是LID为帕金斯和罗斯福提供了实施新政所需的人员。值得注意的是，新政是英国社会主义费边书的翻版。第四次美国社会化**运动**是在克林顿担任总统期间。

LID的　　　　　　　　　　　"大男孩　　　　　　　　　　"之一是沃尔特-卢瑟。但是，以典型的社会主义方式，卢瑟选择否认他是一个社会主义者。1953年，在接受　　　　　　　　　　"面向全国

"的采访时，鲁瑟被问及他的社会主义背景。他以标准的社会主义借口出来了。

"......我是在非常年轻和非常愚蠢的时候，我很快就摆脱了它，对此我非常感激"。

但这远远不是事实。事实上，鲁瑟曾在一个LID委员会任职，他从1940年代初起就是该委员会的成员。1949年，他是伦敦费边社会主义晚宴的嘉宾。

LID成员在推动社会主义议程通过参议院方面发挥了主导作用，他们对学校的影响是无止境的。西奥多-索伦森（Theodore 'Ted' Sorenson）后来成为肯尼迪政府的关键人物，他是一个终生的社会主义者，通过LID参议员保罗-道格拉斯（Paul Douglas）获得任命。其他有资格成为LID社会主义者的美国参议员有雷曼、汉弗莱、纽伯格和莫尔斯（来自"保守的俄勒冈州"）。 参议员雅各布-贾维茨和菲利普-哈特也可以列入名单。尽管他们极力否认，但在1950年，前司法部长弗朗西斯-比德尔（美国人民主行动协会（ADA）继任者的前主席）将他们列为LID及其继任者ADA的已知成员。

对贾维特的参议院投票记录的审查表明，在他投票的87项社会主义措施中，有82项支持LID和ADA。贾维茨的父母是在纽约下东区服装区定居的东欧人，他在成年早期加入了LID，并成为LID最受欢迎的演讲者之一，同时断然否认他的个人信仰与社会主义有任何联系，以及他与LID等社会主义团体的关系。无论如何，贾维茨是1952年LID主办的题为"需要，美国的道德觉醒 "的研讨会的主旨发言人。沃尔特-卢瑟，一个"非社会主义者"，也参加了这次活动，活动小心翼翼地避免讨论工作场所的腐败问题，同时大力攻击雇主的公司和一般的商业。

1962年10月的国会记录参议院，包含了一长串政府、卫生保健、教育、妇女权利运动、宗教和劳工领域的杰出社会主义者名单。该名单包含了来自全国一些最富盛名的学院和大学的100

多名教授和教育工作者的名字。该名单包含300多名现任和前任LID成员的名字，他们已经扩散并渗透到政府、法律、教育、外交政策顾问、教会和所谓的妇女权利组织的所有部门。当LID改名为美国人民主行动组织（ADA）时，许多前LID成员发现自己在ADA的成员名单上。

在LID之前的校际社会主义协会（ISS）**打开了大学的大门**，为在易受影响的学生中传播社会主义计划提供了机会。这就是隐藏的社会主义议程，它将改变美国教育的面貌。

这一切在这个费边社会主义企业诞生时都不明显。国际社会保障协会的第一次会议于1905年9月12日在纽约的佩克餐厅举行。在场的有托马斯-温特沃斯上校、克拉伦斯-**达**罗、莫里斯-希尔奎特和两位年轻的社会主义作家厄普顿-辛克莱尔和杰克-伦敦。两位作者都是热情的社会主义者，他们在全国各地的大学和社会主义俱乐部宣扬费边社会主义的福音。

参加佩克餐厅晚宴的另一位气质略显粗犷的知名人士是威廉-Z-福斯特，他后来在美国共产党中发挥了领导作用。福斯特，他后来在美国共产党中发挥了领导作用。福斯特对卡尔-马克思的热爱在几年前就已经充分体现出来了。这场晚宴的真正目的直到25年后才被披露：事实上，这是美国费边社的第一次会议。

希尔奎特将作为1902年成立的美国社会主义党的推动者而被人们记住。两年后，社会党在选举中赢得了40万张选票--大部分是19世纪90年代初从俄国涌入美国的服装贸易工人，他们带来了各种各样的革命者和无政府主义者。然而，尽管美国社会主义党的革命面孔乏善可陈，却吸引了数量惊人的纽约社会精英的成员。但英国的费边社会主义者建议谨慎行事--这么快就冲进去会带来灾难，因此这个 "党 "被悄悄解散了。

正如伦敦费边社秘书爱德华-R-皮斯所说。

> "拥有伟大首都的欧洲国家都有发达的国家大脑。美洲，像低等生物一样，在其巨大的框架的不同部分有用于各种目的的神经节"。

皮斯是费边社的精英之一，他无法忍受美国，从未原谅过殖民者对乔治三世的军队造成的如此严重的失败。尽管有这种被研究的侮辱，一些著名的美国人还是去了伦敦，与费边社会主义者签约。

英国费边社与美国有关的长期目标仍有待确定和发展。还没有找到并任命一位对社会主义思想非常开放的总统，这样就可以实施隐蔽性很强的社会主义技术，通过隐蔽性获得权力。正如拉姆齐-麦克唐纳所说，美国将很难实现社会化--
但并非不可能。

主要的绊脚石当然是宪法。此外，该国幅员辽阔，有六个不同的**种族群体，其宗教信仰非常不同**。人们认为，教育和高薪工作是必须克服的另外两个障碍。正如韦伯所说，"母爱和苹果派
"是社会主义的雄心勃勃的推动者的障碍。伦敦命令社会党解散并消亡，在其方法能保证成功的时候以另一个名字重新组合。

组建一个政党并不在社会主义者的议程上。他们必须遵循国际空间站的   "联盟   "和   "社团
"的模式。通过潜规则，他们希望能收编现有的政党，但他们绝不会再试图组建自己的政党。因此，1921年，工业民主联盟（LID）和国际空间站成立，成为英国费边社在美国的社会主义总部。

美国社会主义者掩盖其意图和轨迹的最微妙方式之一是任命社会主义教授为总统政策制定者。这种技术从威尔逊开始，一直延续到现在。决策者们很少宣布他们的方案，而是撰写立场文件并签字。这些报纸的发行量受到严格限制，这使一般公众无法了解。

在教授圈子之外，其他知名人士在威尔逊的总统任期内也发挥了重要作用。在这些人中，沃尔特-
李普曼的地位高于其他人。这位接受过英国培训的费边社会主义者被认为是他们在美国的头号使徒，他与曼德尔-
豪斯一起制定了   "14点"，这是美国总统塑造   "世界新秩序
"的第一次尝试。人们普遍认为，威尔逊1917年4月6日在美国

国会发表的战争演说拉下了旧秩序的帷幕，迫使美国在通往奴隶制的漫长社会主义道路上迈出了第一步。

威尔逊为美国社会主义赖以建立的谎言奠定了基础。美国人是这个星球上最爱撒谎的人。自从威尔逊进入政治舞台以来，当然甚至在此之前，整个社会主义结构都是由一个又一个的谎言和其他谎言组成的。最大的谎言之一是，我们属于联合国。其他的谎言还有：堕胎是合法的，校车和所谓的 "枪支管制"是合法的；关贸总协定、北美自由贸易区、海湾战争、韦科、联邦紧急事务管理局、"国王 "乔治-布什突袭巴拿马并绑架其国家元首，以及曼德拉统治南非，这些只是社会主义多层谎言中巨大冰山的一角。

也许它最奇特的一个大谎言是，社会主义努力改善普通人的命运，与资本主义不同，社会主义者对个人财富不感兴趣。社会主义者总是在宣扬资本主义的罪恶。但是，只要看一下一些领先的社会主义者，很快就会发现他们的领导人来自我们社会中最精英的部分，这些人利用社会主义事业来满足自己的口袋。

对于富兰克林-D-罗斯福和他的家人来说，没有什么是太低的，也没有什么是太深的，可以让他们在追求金钱的过程中探寻。德拉诺家族（罗斯福娶了萨拉-德拉诺）从鸦片贸易中发了财。罗斯福最亲密的 "顾问"之一伯纳德-巴鲁克和他的伙伴垄断了铜业，这使得巴鲁克能够从第一次世界大战中赚取数百万美元，而 "普通人"却在法国战壕的泥泞和鲜血中数以百万计地死去。

罗斯福在成为纽约州长之前一直在国际银行家协会的董事会任职。在他担任银行家期间，他为欧洲国家争取到了数十亿美元的贷款，而当时美国工人正为支付抵押贷款而挣扎，后来在大萧条时期又为寻找就业而努力。罗斯福是一个完美的社会主义骗子，他们中最好的人也是如此。他没有告诉美国人民，由于他的前任威尔逊废除了关税壁垒，这些钱将流向银行家，他们的工厂将生产商品在美国市场销售。由于威尔逊-罗斯福对我们旨在保护美国就业的贸易壁垒的攻击，估计有12

00万人失去了工作。

罗斯福成千上万个大谎言的一个明显的例子可以在第9832-9840页找到，国会记录，参议院，1935年5月25日。

> "......由于他在大会上宣布他百分之百支持民主党的纲领，如果他和他顺从的国会在1200万人失业的情况下立即降低**关税**（对进口农产品和辅助制成品征税），很难想象人民会理解。因此，他和他的银行家朋友以及大公司（即300家公司委员会）立即构思推出N.R.A.--
> 所谓的《国家复苏法》，今天更被称为 "国家毁灭法"。

> "据报道，伯纳德-
> 巴鲁克和他的朋友们在外国建立了1800家工厂，共和党的**关税有点太高了**，他们用廉价的外国劳动力来满足他们的大钱思想，使我们的市场。那么，为什么不在抗击大萧条的幌子下把全国敲诈勒索协会传给人民，让巴尼-
> 巴鲁克的伙伴'裂缝'约翰逊准将负责确保价格提高到1928年的水平，同时在1911年至1914年期间固定农业价格。"

> "农民不会注意到这种差距，如果他们注意到了--
> 因为在这种情况下，他可以用纳税人的钱控制报纸、广播、电影和所有向人民提供信息的渠道，用他想要的宣传来填满他们的耳朵......"

美国社会主义领袖罗斯福和他的国际银行家朋友，在美联储犯下的叛乱行为的帮助下，拿全国人民的生命做赌注，故意带来了1922年的经济衰退、1929年的华尔街大崩盘、第二次世界大战以及其他。罗斯福希望作为总统拥有比其权力狂的前任威尔逊更多的权力。

尽管美国人民不知道--而且数百万人仍然不知道--威尔逊将美国拖入了第一次世界大战，他的非民选顾问曼德尔-
豪斯为第二次世界大战创造了条件。罗斯福确保了国际银行向欧洲列强借出数十亿美元以发动战争的过程得以继续。根据我在大英博物馆得到的文件，英国伟大的费边社会主义者比弗布鲁克勋爵几乎把白宫作为他的华盛顿办公室，向罗斯福展示如何向德国注入数十亿和数十亿的美元，以资助希特勒上台。

威尔逊毫无顾忌地将直言不讳的社会主义者安排在他的政府中担任重要职位，他们可以在这些职位上尽最大努力推动美国的社会主义事业。威尔逊任命的社会主义者之一弗雷德-C-豪被任命为纽约的移民专员。他最喜欢的消遣是释放被关押在纽约港等待驱逐出境的叛乱分子和无政府主义者。

众议院的另一项 "当然 "任命是沃尔特-李普曼（Walter Lippmann）担任一个 "头脑风暴 "小组的秘书，该小组的成立是为了发明合理的战争目标和美国应该参加第一次世界大战的理由。正是李普曼提出了 "没有胜利的和平 "的口号，这成为朝鲜战争和越南战争的基础。在《凡尔赛条约》谈判期间，任命丑闻缠身的雷-斯坦纳德-贝克（Ray Stannard Baker）为威尔逊的秘密通讯员，是这些 "**关**键任命 "中的**另一**项。

据说贝克是威尔逊依赖英国费边社的主要原因，以至于他在巴黎和会上不先征求费边社创始人悉尼-韦伯、格雷厄姆-瓦拉斯、伯特兰-罗素和乔治-兰斯伯里的意见，就不能独自做出任何决定。正是这个团体不断地将威尔逊的政府称为 "民主"。贝克在华盛顿给威尔逊的信中特意提到了 "**你们的民主政府**"。

巴黎和会在宪法问题上失败了。大约59名**开明的参**议员完全了解社会主义者的意图，拒绝通过国联条约，承认它是一份试图将国联置于美国宪法之上的单一世界政府文件。据报道，当时豪斯对悉尼-韦伯说，规避美国宪法的唯一办法是让未来所有的美国政府都有**关**键的社会主义者，他们将采取 "**两党合作的方式**处理重大问题"。自从这些话说出来后，"**两党方法** "已经成为对美国人民至关重要的问题采取社会主义方法的一**种委婉**说法。

为了将新的 "**两党** "思想付诸实施，豪斯于1919年5月19日在巴黎的Majestic酒店为部分美国费边主义者和社会主义者组织了一次晚宴。客人中有詹姆斯-肖特韦尔教授、罗杰-兰辛（威尔逊的国务卿）、约翰-福斯特和艾伦-杜勒斯、塔斯克-布利斯和克里斯蒂安-赫特，后者后来在中国将毛泽东带入政权。在英国方面，约翰-梅纳德-凯恩斯（John Maynard Keynes）、阿诺德-汤因比（Arnold Toynbee）和R.W. Tawney，都是费边社会主义的伟大实践者和标准制定者，也出席了会议。

该组织表示，为了规避美国宪法，有必要在美国建立一个由皇家国际事务研究所（RIIA）领导的组织。美国分部将被称为国际事务研究所。它的任务是由其伦敦总部赋予的，即"促进对国际事务的科学研究"。费边国际局将作为RIIA及其美国表亲的顾问，后者在1921年改名为对外关系委员会（CFR）。

这三个机构的创建有四个主要目标。

1. 围绕美国宪法制造混乱。

2. 利用这些组织来影响和欺骗美国国会和公众。

3. 通过"**两党研究委**员会"的潜规则，在众议院和参议院分化对社会主义事业的反对。

4. 按照哈罗德-拉斯基教授的建议，破坏政府立法、行政和司法部门之间的分权。

曼德楼是"炉边谈话"的始作俑者，这是罗斯福广泛使用的一个关键宣传工具，他"建议"了大多数社会主义内阁的任命。在许多情况下，他咨询了哈佛大学教授查尔斯-W-埃利奥特--那片社会主义的温床，在我们的历史上发挥了如此关键、甚至是秘密的作用。这并不奇怪，因为哈佛大学完全由费边社会主义者哈罗德-

拉斯基主导，他经常在哈佛大学讲课，为强烈的社会主义导向的教学方法奠定了基调。

豪斯的大部分观点都发表在《新共和》杂志上，这是一本受美国社会主义者欢迎的杂志，包括威尔逊本人。豪斯在社会主义登记册中拥有许多社会主义的亲密伙伴。其中一个叫约瑟夫-费尔斯的人在豪斯的劝说下向列宁和托洛茨基借了500英镑，当时他们在会见阿尔弗雷德-米尔纳勋爵之前滞留在伦敦。巴鲁克曾经说过，"豪斯在**每一**个内阁任命和每一个其他重要任命中都有参与"。这的确是一**种**轻描淡写的说法。

据信，威尔逊很清楚社会主义者尼纳-尼采的活动，他是在美国活动的德国间谍的首席财务官。这显然没有困扰威尔逊或豪斯，后来也没有影响肯尼迪和约翰逊总统的判断，他们任命尼娜的弟弟保罗-尼采为两届政府的海军部长和各种裁军会议的首席发言人。众所周知，在他代表美国参加的**每一次裁**军会议上，尼采都将权力的天平倾向于俄罗斯。

根据大英博物馆的文件，希特勒的融资是通过大西洋两岸的沃伯格家族完成的；在欧洲，主要是通过荷兰阿姆斯特丹的社会主义门德尔松银行、伦敦和德国法兰克福的施罗德银行，而同一银行通过其纽约分行处理希特勒的融资计划。这些交易由300人委员会的律师事务所沙利文和克伦威尔控制，其高级合伙人是杜勒斯家族的艾伦-杜勒斯。杜勒斯兄弟控制了参议院和国务院，以确保那些可能偶然发现这一安排的人的不同声音在他们能够提醒国家之前被压制。

这种财务安排在第二次世界大战前也很常见。在五年的学习中，我在伦敦的大英博物馆发现了与社会主义者在两边的工作方式有**关的文件**。**德国**驻华盛顿大使发给他在柏林外交部的上司的电报显示，从1915年起，威廉-伯德-黑尔（J. William Byrd Hale）是他们自己人，受雇于德国外交部，年薪为15,000美元。

黑尔是海龟湾的核心成员之一，海龟湾是美国社会主义精英阶

层居住的专属夏季殖民地。其中包括罗伯特-
洛维特教授和其他许多哈佛大学法学院的教授。房子住在不远处的曼彻斯特。所有这些人都被当时崇拜的媒体描述为
"哈佛和格罗顿的光鲜产品",但媒体被这些迷人的人所蒙蔽,以至于没有提到他们也是来自费边-
美国协会高层的社会主义者。洛维特喜欢约翰-
罗斯金的作品,他自称是   "老派共产主义者",还有威廉-
莫里斯。

黑尔是一个虔诚的   "基督教
"社会主义者,通过为他的主要社会主义同事策划盗窃墨西哥的石油,在墨西哥与威尔逊打成一片。(见
"欺骗的外交",以了解这一从墨西哥人民那里盗取的无耻行为的全部情况)。事实证明,在1918年6月23日之前,黑尔实际上代表着德国外交部,当时成千上万的美国公民民兵正在
"为自由事业   "而牺牲。之后,这位   "基督教
"社会主义者去了德国,担任美国新闻社的通讯员。他的亲社会主义、带有严重偏见的报道在当时的报纸上占据了显著位置,这些报纸可以在大英博物馆的档案中找到。

通过这些交易,社会主义世界的精英们变得富有。并不是说这些令人厌恶的安排有什么新意。随着内战的临近,在整个战争期间,共产主义和社会主义在美国取得了巨大的进展,这是我们的历史书中没有提到的事实,而且在关于这场最悲惨的战争的巨大的好莱坞特技剧中,对公众隐藏得很好。

贯穿费边社会主义运动的一条共同主线是:对拆毁和破坏一切的热情渴望。这一点在1927年2月23日《国会记录》第4594-4595页上得到确认,标题为
"一般赤字法案"。我们历史的这一页描述了社会主义者和共产主义者以及他们为摧毁美利坚合众国邦联共和国所做的努力。在《美国的**关**键人物》这本小册子中,你会发现很多关于社会主义者如何与他们的共产主义兄弟合作的信息。

社会主义是一场世界性的革命,比共产主义要多得多,但速度较慢,水平也比较沉稳。但社会主义者所期望的革命是一样的:精神上的无政府状态,十九个世纪的西方文明的毁灭,传统

的散失和基督教的终结。如果读者对此表示怀疑，那么阅读一下富兰克林-D-
罗斯福的《在路上》一书，就会使怀疑者相信，社会主义与共产主义的区别仅仅在于方法。

布尔什维主义是试图使俄罗斯摆脱基督教的暴力和激进的实验：在美国，采用了其他更微妙的手段，如在学校禁止祈祷，所谓的
"政教分**离**"，在课堂上，无数的社会主义教师对学生进行洗脑，宣传社会主义者所领导的无声革命。布尔什维主义，马克思主义。社会主义，都有一个共同的目标，它们与
"自由主义"、"和平主义"、"宽容"、"进步主义"、"温和"、"和平"、"民主"、"人民
"以及用于掩盖和伪装社会主义真正目标的潜规则齐头并进。

这些术语是为了欺骗不了解情况的人，使社会主义不与革命相联系。但社会主义和布尔什维克主义的目的是一样的：摧毁建立在十九个世纪的传统和基督教基础上的文明。社会主义的目标是。

1. 废除政府。

2. 爱国主义的废除。

3. 废除产权。(共产主义者会直接禁止，而社会主义者则选择隐蔽和暗中的方式，对私有产权征税，使其消失）
。

4. 废除继承权。(同样，共产主义者会直接禁止它，社会主义者则通过遗产税法来禁止它）。

5. 废除婚姻和家庭。

6. 废除宗教，特别是基督教。

7. 破坏各国的国家主权和民族爱国主义。

伍德罗-
威尔逊知道这些目标，但他没有回避，毫不犹豫地成为国际社会主义者的工具，热情地拥抱美国的社会主义方案，为此他需

要美国宪法没有赋予他的权力。威尔逊毫不犹豫地使用社会主义者的暗中手段来实现其目标。例如，他设法让美国参加第一次世界大战，称保卫美国是一种
"爱国责任"，而美国从来没有受到德国的威胁！这就是他的目的。

威尔逊不是第一个渴望权力的总统，尽管他是第一个公开的社会主义者。林肯总统获得了攫取权力的可疑荣誉，他是第一个发布公告的人，现在称为行政命令。乔治-布什总统追随罗斯福的脚步，使用同样的违宪方法来滋养自己的**巢穴**，**潜入每一个可以**赚钱的粪坑，牺牲美国人民的利益。

作为一个所谓的 "共和党人"，布什对美国 "普通人"的伤害不亚于罗斯福，也不亚于威尔逊在他之前所做的。谨防党的标签。乔治-华盛顿称政党是
"不体面的、无用的"，现代历史表明，它们是分裂的。暴君之所以成功，是因为有政党和他们的 "分而治之"的心态。美国宪法规定对威尔逊、罗斯福和布什等人进行弹劾。事实上，爱国的国会议员亨利-冈萨雷斯在海湾战争期间对布什提出了六项弹劾条款，但党派政治阻止了第2条第4款、第1条第3款被用来将乔治-布什绳之以法。

有很多理由可以弹劾布什，其中最重要的是他没有维护宪法，没有得到**适当起草的**战争宣言。其次，他违宪免除70亿美元的埃及债务，贿赂叙利亚和其他加入他对伊拉克国家发动的
"沙漠风暴
"的国家：他继续违反宪法滥用三个部门，以及他自封为武装部门的总司令（他并不是），也是可以起诉的。

值得重申的是，海湾战争是非法的。它是在没有宣战的情况下进行的，是对宪法的蔑视。国会在很大程度上受党派情绪的影**响**，试图起草某种决议--不是宣战--
声称给布什的行动带来一些合法的影子。但是，国会对美国人民来说是雪上加霜，它错误地按照联合国给布什的授权，而不是按照美国宪法起草了它的宣战版本。

这绝对是错误的：美国从未按宪法规定加入联合国，这个世界

政府机构的宣战不可能出现在同一文书上，甚至不可能与国会的宣战联系起来。美国宪法第1条第9款否认和或限制国会的立法权。国会没有绝对的立法权，只能按照宪法的规定进行立法。

国会通过的 "一半一半"的决议，布什试图在其背后为他的非法战争获得合法的假象，是在美国宪法的框架和精神之外，并不构成宣战。对国会投票情况的分析表明，几乎所有的人都知道，充斥在众议院和参议院的数百名社会主义者投票支持布什，允许他继续蔑视宪法。布什本应受到弹劾和审判。如果在这样的诉讼中遵循宪法，毫无疑问，他将被监禁，因为他理应被监禁。

总统的权力载于《美国宪法》第二节。第二节中没有包含的行动是对任意权力的行使。社会主义者，从House、Frankfurter和Brandeis开始，随后是Katzenbach等人，声称政府的三个部门是平等的。这是一个谎言--构成巨大冰山的另一个谎言，如果我们不改变方向，这个国家将在冰山上沉没。哈罗德-拉斯基教授是这一谎言的主要煽动者，这被认为是削弱美国宪法规定的分权的第一步。

政府的三个部门并不平等，也从未平等过。众议院和参议院创建了司法机构，而众议院和参议院从未打算赋予他们平等的权力。当然，如果这一点被人所知，社会主义 "通过立法"劫持宪法的做法就会被抛出窗外。也许美国人民会在为时已晚之前对法官在宪法上乱写乱画的行为有所觉悟。

国会拥有优越的权力--其中之一是支出权。摆脱社会主义法官的另一个简单方法是执行第三条第一款，其中规定法官不得"为其服务接受任何报酬，该报酬在其任期内不得减少。

这意味着，根据法律，美国最高法院的法官不能用贬值的货币支付工资，而贬值的 "货币"最好的例子莫过于美联储的纸币，通常（而且错误地）称为"美元"。如果我们人民因缺乏资金而关闭最高法院，这对凯利主义的继承人来说是多么大的打击。

威尔逊也应该被弹劾。他的疯狂夺权是由曼德尔-豪斯唆使的，他是美国人民的大社会主义敌人，他在暗中进行着**阴险**、丑陋和邪恶的计划，以推翻和摧毁美利坚合众国的联邦共和国。为此，豪斯让威尔逊任命各种精英社会主义者担任重要职务。

美国社会主义的目标在过去被很好地掩盖了，特别是在第二次世界大战前的时期。很明显，社会主义已经实现了它的许多目标。它通过形成旨在打破美国道德的运动来做到这一点，"自由之爱"（没有责任的爱）的惊人增长就是证明，到目前为止，已经有超过2600万被谋杀的婴儿付出了生命的代价，得到了支持堕胎的最高法院裁决的认可，所有这些裁决都是100%违宪的，因为宪法对堕胎问题没有规定。当宪法对某项权力保持**沉默**时，它就是对该权力的一种禁止。

克林顿总统是杀婴的坚定信仰者，而且，他是个好的社会主义者，在他的政府中**每一盎司都支持堕胎**。**有趣的是，第一次想**到堕胎诊所是费边社教授拉斯基的妻子拉斯基大人开始在英国建立节育诊所时。拉斯基夫人的战术采用了臭名昭著的共产主义政委亚历山大-科隆泰同志的方法。

当社会主义者通过不同的策略推进共产主义事业而受到对抗和暴露时，他们会大声抗议。但是，"打伤了共产党人，社会主义者就会流血"这句老话从未像今天这样正确。我们在美国拥有的是一个秘密的、高级别的、平行的社会主义政府，称为外交关系委员会，由大社会主义者曼德尔-豪斯和沃尔特-李普曼于1919年成立，由伦敦的RIIA指导和控制。

我们经常在报刊上看到共产党人和社会主义者之间公开分歧的故事。这样做是为了愚弄不明真相的人，让那些被骗的人相信"进步派"、"自由派"、"温和派"的真正含义不是社会主义者的意思。通过这种方式，他们能够使大量的人保持一致，否则，如果他们知道自己在推动世界革命政府的目标，他们会震惊地退缩。我们的新总统被指责为一个花天酒地、道德沦丧的自由主义者，却被数百万不是社会主义者的美国人所接受，这是费边社会主义方法的一个胜利。

他们的方法是如此微妙，以至于他们的目标不一定能在第一时间被识别。最近有很多关于否决权是总统权利的讨论（其中很多是低级别的讨论，显示出大多数参议员对美国宪法缺乏了解）。这纯粹是违宪的社会主义宣传，是威尔逊总统时期社会主义者开始的将通常属于立法部门的权利让给总统的进程的继续。社会主义者的目标是赋予总统他所没有的、无权拥有的权力，这样他们就可以把宪法从他们的新世界秩序的计划中碾压出来。

社会主义者希望总统在'强化终止'的情况下拥有宪法没有赋予的否决权。按照社会主义传统，他们不会直接说
"我们希望总统能够否决参众两院通过的法案的任何部分"。这就是 "条款否决权 "的含义。

这种潜规则遵循佛罗伦萨-
凯利的指示，即如果不能通过宪法手段实现，就必须提前'通过立法手段'进行改变。正如我们在本书其他地方看到的那样，哈罗德-拉斯基教授花了很多时间与费利克斯-
法兰克福和罗斯福总统讨论如何颠覆宪法规定，即宪法赋予政府**每个部门**的权力不能转让。拉斯基经常抨击这种通过
"立法途径
"推动社会主义的绊脚石。社会主义者坚持严格执行所谓
"政教分**离**
"的理念，其令人震**惊的虚**伪性显露无疑。显然，对鹅来说是酱油，对人来说不是酱油。

将这种权力交给总统是一种自杀行为--
而且很可能是叛国行为。这里真正的问题是权力，以及社会主义者如何通过他们推入白宫的一个爪牙来夺取越来越多的权力。没有什**么比社会主**义者希望赋予总统为众议院和参议院保留的权力更危险的了，这将产生超级威尔逊、罗斯福、布什和克林顿，并将使美国陷入社会主义独裁统治--
这实际上已经是一种情况。

否决权将成为政党的政治争吵，恐吓各州人民派回华盛顿的立法者，让他们做各州人民--而不是联邦政府--
希望他们做的事。将否决权交给国会，将保证未来的暴君崛起

，甚至比乔治-
布什更糟糕，他为英国王室和代表英国王室进行的私人战争已经耗费了数百名美国人的生命和2000亿美元。总统的否决将是佛罗伦萨-凯利的一次伟大胜利。

给予总统对某一条款的否决权会使众议院和参议院感到困惑，使他们的努力陷于瘫痪，并普遍加速这个国家政府的崩溃--这都是社会主义者的既定目标。立法部门之间的紧张关系和激情将高涨，使国会完全屈从于一个好战的总统，一心想要遵循社会主义议程。美国宪法将成为一张白纸，制衡机制沦为一片燃烧的废墟。

这个国家已经从他们推举的社会主义总统（威尔逊、罗斯福、肯尼迪、约翰逊、卡特、艾森豪威尔、布什和克林顿）的过度行为中遭受了太多的痛苦。这些总统使国家陷入了我们本不应该卷入的杀人战争，付出了数百万人的生命代价，更不用说这些战争产生的数十亿美元，数十亿美元流入了华尔街和伦敦市的银行家、国际清算银行、世界银行等。

否决权和所谓的非法行政命令将使未来像罗斯福和布什那样的暴君总统成为国王，就像这个称号被授予他们一样肯定。赋予总统否决国会法案的宪法权力，需要对美国宪法进行修正。这三个部门不能立法或以其他方式将职能或权力转移给政府的另一个部门。开国元勋们写这一条款是为了防止潜在的暴君通过这种方法夺取权力。

如果我们想要一个暴政的例子，我们不需要再看，联邦政府完全违反美国宪法，对韦科的一个基督教教堂进行攻击。在韦科，有87人被谋杀。天安门广场
"大屠杀"（社会主义媒体对该事件的描述）造成74名中国人死亡。然而，克林顿愿意为天安门广场上反对北京政府的起义所造成的侵犯   "人权"行为与中国交恶，但迄今为止却没有采取任何措施将华科的犯罪者绳之以法。这是典型的真正社会主义者的公然虚伪。

美国宪法中哪里说联邦政府有权干预各州并迫害一个宗教团体？无处可去!联邦政府无权干涉国家事务，尤其是在涉及警察权力时。第10条修正案在这一点上非常明确：对卫生、教育和

警察保护的警察权力完全属于各州。如果大卫教派偶然犯了罪，需要警察对他们采取行动，那么这种行动就应该由当地警察来采取，而不是其他人。韦科市警察局在适当保护教堂内的大卫人的职责方面严重失败。

联邦政府再次表现出对美国宪法的傲慢态度，违反了美国宪法《权利法案》第1条，该条规定：。

> "国会不得制定有**关宗教信仰的法律，或禁止宗教信仰的自**由活动；不得限制言论或出版自由；不得限制人民和平集会和向政府申诉的权利"。

在韦科发生的事情是，联邦政府拿着它没有的权力，到韦科去，**明确表示要禁止宗教信仰的自由行使和表达自由。这是世俗人文主义在作祟，在我们的宪法中没有地位。社会主义者非常热衷于   "政教分**离"--当它**适合他们**的时候。在韦科，"政教分离"怎**么了？它不在那里**！

联邦政府决定，它可以简化宗教，这是一个复杂的主题，无法简单化。在E7151页，国会记录，众议院，1968年7月31日，道格拉斯法官这样说。

> "......政府不可能**划清是非界限（世俗人文主**义的鼻祖），为了忠实于宪法，最好不要有这种想法。"

联邦政府没有听取自己的社会主义法官的意见，而是决定它有权决定   "好   "的宗教和   "坏"的宗教。在韦科当地的政府人员自作主张地将宗教的复杂性过度简化。几个世纪以来的经验表明，宗教不能被简化。此外，它不属于政治问题的范畴，也从来没有想过要简化。

美国宪法的前10条修正案**构成了**对联邦政府的限制。此外，美国宪法第1条第9款规定，联邦政府无权对宗教事务进行立法。**众**议院和参议院的主要权力见于第1条第8节第1-18款。请记住，联邦政府没有绝对的权力。联邦政府无权决定**什**么是教会，什么是邪教。显然，在韦科当地的政府人员在某种   "邪教解**创**师"的**帮助下做出了**这一判断。这种行为的想法是令人厌恶的，如果不是完全非法的话。

如果联邦政府有这种权力--它没有--它将有权力摧毁所有宗教--这是社会主义计划的一个要素，也是世界革命的目标之一。这项权力不包含在美国宪法第一修正案中，也不包含在国会的授权或第1条第8节第1-18款中的国会主要权力中。当美国宪法对某项权力保持沉默时，它就是对该权力的禁止。

那么，联邦调查局和ATF从**哪里得到攻**击基督教教堂的权力？显然是来自总统和司法部长，他们都没有这样的权力，既然他们都承认对韦科的骇人听闻的行为负有责任，他们应该被弹劾。死在韦科的美国人比死在天安门广场的中国学生多。美国小报称中国学生是   "邪教"吗？当然不是。联邦政府也无权称一个基督教运动为 "邪教"。

美国宪法因联邦政府在韦科的行动而受到损害。美国宪法是不能妥协的。任何政府机构都不能凌驾于宪法之上，参与韦科袭击事件的联邦政府机构都违反了法律。他们没有宪法权利来干预属于德克萨斯州管辖范围的事情，但不属于联邦政府的管辖范围。联邦政府称大卫教派为 "恐怖分子"，但在**划界上不**应该有发言权。这取决于德克萨斯州是否能做到这一点。

在《权利法案》中，联邦政府无权给基督教会贴上   "恐怖"组织的标签。在第1条第8款第1-18条中没有找到攻击韦科的授权。这需要宪法修正案授权联邦政府对韦科的大卫教派教堂发动武装攻击。为了充分了解韦科的恐怖，人们必须阅读《独立宣言》，其中有对英王乔治三世对殖民者犯下的暴行的复述。韦科是乔治三世国王的重现--只是更糟。

国会（**众**议院和参议院）有权力纠正这一错误。它可以命令进行全面的国会听证。国会也可以切断对参与这次现代乔治三世国王对美国公民的攻击的联邦机构的资助。迫切需要弹劾条款。国会必须承担大部分的责任。参与袭击大卫教的联邦特工可能认为他们是在法律的授权下行事，而他们并没有。国会应该知道这一点，国会应该纠正这种情况，以免它在其他地方继续下去。来自印第安纳州的前社会主义参议员伯奇-贝赫被费边社利用来破坏美国宪法，他一有机会就会这样做，读一读参议院的《国会记录》S16610-S16614页就会明白。

在第1条第8款或授权给国会的权力中，哪里说过联邦政府有权使用军车攻击教堂？哪里说联邦探员有权给教会贴上　"邪教"的标签？这次对大卫教分支的攻击违反了第一、第四和第五修正案，**构成了**对韦科的美国公民的起诉。联邦政府的立法部门、行政部门和司法部门都无权给一个基督教会--或任何教会--贴上　　　　　　　　　　　　　　　　　"邪教"的标签。从什么时候开始，联邦政府有权力决定这些复杂的宗教问题了？从什么时候开始，联邦政府可以行使自裁权了？

联邦政府在韦科的所作所为是把一个复杂的宗教问题变成它不喜欢的一个简单的　　　　　　　　　　　　　　　"邪教"问题。根据美国宪法第二条，行政部门无权攻击总统和他的司法部长所称的"邪教"。这不是联邦政府第一次对它不喜欢的宗教团体发起攻击。仅仅说总统和他的司法部长对违法行为负责，这不是一个借口。

在第1195-1209页，国会记录，参议院1882年2月16日，我们看到，参议院试图像上帝一样，任命一个五人委员会来阻止摩门教徒投票，仅仅因为他们是摩门教徒。这是公然违反自诉法的行为。这段可怕的历史插曲的唯一好处是，参议院进行了辩论。在韦科，联邦政府的受害者没有这种权利。关于阻止摩门教徒投票的努力，我们在第1197页发现--这与韦科袭击事件非常相关，我们读到："这项权利早在宪法通过之前就属于美国的文明和法律。"

这项权利在殖民时代就已经存在，携带武器的权利也是如此，除了原始文书中的权利外，这些权利还通过一系列的修正案被纳入宪法。这些修正案的目的是保护权利。它们只是保障了在宪法之前已经存在的权利，而宪法本身并不是权利的创造者。联邦政府在韦科的所作所为与国际社会主义者卡尔-

马克思所倡导的那种行动并无多大区别--
中国政府在天安门广场观察到了这种情况。在韦科火灾中死亡的公民被剥夺了宪法规定的公平审判和第五修正案规定的正当法律程序的权利。

我继续阅读来自国会记录，参议院，1882年2月16日，第1200页。

"例如，我们推测，没有人会认为国会可以在任何领土上制定任何**关于建立宗教或自由信奉宗教的法律，或限制言论**或新闻自由，或领土上的人民和平集会和向政府请愿以纠正冤情的权利。国会也不能剥夺人民持有和携带武器的权利，或由陪审团审判的权利，或强迫任何人在刑事诉讼中做对自己不利的证词。这些与个人权利有关的权力，没有必要在此列举，以明确和肯定的措辞否认了总政府的权力；而私人财产权必须以同样的谨慎态度加以维护"。

在韦科发生的事情是不受约束的社会主义行动，严重蔑视了美国宪法。既然很明显，无论是国会（众议院和参议院）、司法部门，还是行政部门（总统）都没有任何宪法权利来命令武装袭击韦科的大卫教派，那么问题是：国会正在做什么来纠正这**种**严重违反宪法的行为，它正在做什么来将联邦政府内部的肇事者绳之以法？

在一个社会主义/马克思主义国家，韦科本来只是政府权力的行使而已。但是，由于美国的宪法，它不是一个社会主义/马克思主义国家；它仍然是一个邦联共和国，尽管哈罗德-拉斯基、费利克斯-法兰克福、雨果-布莱克、富兰克林-罗斯福、德怀特-艾森豪威尔、乔治-布什以及现在的威廉-杰斐逊-克林顿总统等社会主义费边主义者对它进行了可怕的攻击。韦科事件是对未授予政府司法或行政部门的权力的玩世不恭的行使，似乎与过去的宗教不容忍的过度行为相提并论。

回到社会主义者将权力从政府的一个部门转移到另一个部门的企图。即使没有否决权，我们也已经有了一个国王而不是一个总统。我说的是 "国王" 乔治-布什，他对权力的渴望带来了更多的权力，直到国家被他疯狂夺取权力的浪潮所淹没，并陷入一场美国历史上最违宪的战争中。

在**众**议院和参议院关于是否 "赋予"总统这种权力的辩论中，人们完全没有注意到的是，由于100%的违宪，这需要对美国宪法进行修正。国会（众议院和参议院）无权给予总统对某一具体条款的否决权：国会无法做到这一点，只能通过宪法修正案。

开国元勋们希望防止宪法被三个部门来回传递权力所规避。美国宪法第1条第9款否认或严格限制国会的立法权。没有宪法修正案，国会不能将其职能转移给最高法院或总统。这项规定旨在防止像威尔逊、罗斯福和布什这样的权力狂的社会主义者使国家陷入一场又一场的战争，但它并没有阻止威尔逊、罗斯福和布什这样做。

克林顿正在等待机会发动一场新的战争。他刚刚错过了对付朝鲜的机会，但在他的一个任期结束之前可能会轮到他。部门否决权是朝着 "使美国宪法失去效力"的社会主义目标迈出的又一步。总统的宪法权力见于美国宪法第二节。他没有其他权力。

费边社延续了英王乔治三世的军队所失去的战争。他们挑起了内战和此后的所有战争，希望推翻美国联邦共和国的统治。国会年鉴》、《国会球报》和《国会记录》提供了大量的信息和细节，支持这一观点。在1862年7月12日**众**议院《国会环球报》第326页，我们看到F.W.凯洛格阁下的一篇演讲，题为 "叛乱的起源"："……。

> "国家的自豪感得到了满足，也得到了权力的增加，而且可以肯定的是，再过半个世纪，美国一定是迄今为止地球上最强大的国家。但是，欧洲的大国对这种迅速的增长感到震惊；**而保**卫美国，它在任何时候都没有受到过德国人的威胁！"。"

现代美国社会主义者的错误行为是巨大的。雅各布-贾维茨将他所谓的 "民权问题"视为一个黄金机会，通过将社会主义者渗透到平等机会委员会等**关键**政府机构中来搅动种族问题。在国际舞台上，贾维茨利用社会主义者最擅长的欺凌手段，负责创建所谓的 "国际银行"，然后让国会以完全违宪的方式为其提供资金。

在这个国家，社会主义的另一个伟大的推动者是亚伯-"修理工"福塔斯法官，他比任何其他社会主义者都要对大量淫秽文学和色情制品的 "合法化"负责。这一措施是为了进一步削弱国家的道德水平。福塔斯对美国最高法院在 "言论自由"的幌子下允许色情的完全错误的决定投了决定性的一票。心理学家和精神病学家告诉我们，这直接导致了犯罪的大量增加，因为这种类型的 "娱乐"挑逗了大脑的低级中心。

众议院和参议院的成员必须为这种情况以及失业和犯罪的惊人同**步增**长承担他们的责任。众议院和参议院可以通过三分之二的投票推翻最高法院的任何决定，他们应该在十年前就这样做，而不是等待局势失控，然后让他们中间的社会主义者把问题归咎于 "枪"。在**众**议院和参议院中有一些非常热的社会主义者。众议员比尔-理查森是一个明显的例子：在1991年7月31日星期三的国会记录第E2788-E2790页上，理查森开始赞扬世界上最糟糕的社会主义者之一：当时的众议员斯蒂芬-索拉兹，他曾插手罗得西亚、南非、菲律宾、韩国和太阳下所有非左派国家的事务。如果这还不够，调查众议院银行丑闻的调查人员发现，索拉兹开出的坏支票最多。

其他社会主义 "圣人"对这个国家造成了无限的伤害，不仅造成了我们经济、政治和司法系统的崩溃，而且还积极寻求以美国人民为代价推进社会主义议程，他们是。哈利-德克斯特-怀特、约翰-肯尼思-加尔布雷思、阿瑟-施莱辛格、特尔福德-泰勒、罗伯特-斯特兰奇-麦克纳马拉、大卫-C-威廉姆斯、乔治-鲍尔、费利克斯-法兰克福、伯纳德-巴鲁克、阿瑟-戈德堡、阿尔杰-希斯、格塞尔法官、拉尔夫-邦奇、尼古拉斯-

卡岑巴赫、科拉-韦斯、路易斯-布兰迪斯、麦乔治-
邦迪、亨利-基辛格、艾伦和约翰-福斯特-杜勒斯、山姆-
纽豪斯和沃尔特-怀特曼-罗斯托。这些人和其他社会主义
"战士   "中的一些人在   "社会主义天空的星星
"等章节中都有介绍，并对他们的行动进行了说明。

他们的计划和目标是缓慢地、阴险地将美国推向社会主义，以
轻松的步骤，不被人们注意。该方案是由伦敦的费边协会制定
的，由其主要参与者拉斯基教授、格雷厄姆-沃拉斯和肯尼思-
加尔布雷思详细说明。这些计划是为了配合或符合
"自由主义者
"在美国的所作所为，特别是在教育、削弱美国宪法、基于健
全货币和保护性贸易关税的美国政治经济体系等方面。

这些计划在很大程度上与国际社会主义者关于最终形成一个世
界政府--
新世界秩序的计划相吻合。对于英国的费边人来说，使他们的
计划适应美国的时间表是一项重大的任务。他们的成功可以用
以下事实来衡量：在20世纪20年代和30年代之间，他们几乎成
功地使美国完全社会化。

第三章

社会主义控制的教育：通往奴役之路

在美国，被费边社会主义完全收编的一个生活领域是教育。在他们将美国社会化的努力中，没有哪个领域比费边社会主义接管这个国家的教育系统的长征更成功，他们的方法是间接的、隐蔽的、秘密的。社会主义者接管了耶鲁大学、哈佛大学、哥伦比亚大学和其他许多大学，这些大学应该是直接为社会主义服务的。它们将成为美国社会主义者未来的教育中心和"精修学校"，就像英国的牛津和剑桥是费边社的一样。

在这些大学里，形成了一层高水平的精英教育家，他们与英国费边主义的联系非常紧密。在这个精英团体中，最著名的成员有沃尔特-李普曼和约翰-里德，后者被埋葬在莫斯科的克里姆林宫。社会主义对教育的压力蔓延开来，左派/社会主义教授威胁要给保守派学生的错误答案打分--只要与费边社会主义思想相抵触就会错。因此，传统的美国基督教保守派观点遭受了可怕的侵蚀。在加州一个学区进行的为期**两年的**调查（1962-1964年）表明，在由社会主义教师组成的教室里，所施加的压力与全国各地的大学相同。家长们不愿意投诉，因为在向学校董事会投诉的情况下，他们的孩子成绩低下，失去学分。

从拉姆斯-麦克唐纳访问美国时起，伦敦的费边社会主义者就知道，对美国教育的正面攻击是不可能的。1905年在纽约佩克餐厅举行的**众多社会主**义会议中最令人难忘的一次，校际社会主义协会（ISS）成立了。这是一个桥头堡，将为美国的费边社会主义者提供一条通往他们接管教育系统的高速公路。

费边社选择在美国实现教育社会化的人是约翰-
杜威，纽约哥伦比亚大学的哲学教授。杜威被称为进步（社会主义）教育之父，他认同马克思主义组织，如工业民主联盟（LID），他是该组织的主席。杜威在师范学院林肯学院任教时首次引起了社会主义高层的注意，该学院是由普通教育委员会支持的马克思主义-自由主义教育的温床。

正是在这里，杜威认识了纳尔逊-奥尔德里奇和大卫-
洛克菲勒。在这两个人中，据说杜威说，大卫是彻底的社会化，全心全意地接受了他的哲学。非美委员会将杜威列为15个马克思主义前沿组织的成员。几年后，洛克菲勒为了奖励杜威，任命他为纽约州州长和对外关系委员会（CFR）成员。虽然杜威后来担任了大多数政治职务，但纳尔逊和大卫-
洛克菲勒对社会主义和马克思主义的灌输造成了最大的伤害，因为后来他们捐献了数百万美元，在最高法院打 "宗教条款"学校案件，破坏教育，使美国学校系统感染社会主义病毒。

美国宪法第十修正案为各州保留了教育、卫生和警察保护方面的警察权力。联邦政府的权力是由各州委托的权力。美国宪法的前10条修正案是对权力的禁止，其中最严格的一条是，教育是一个州的责任。

在他们能够取得立法进展之前，正如弗洛伦斯-
凯利（本名韦斯纽茨基）所宣称的那样，美国费边社会主义者要以典型的费边方式努力破坏美国的教育。在佩克餐厅举行的校际社会主义协会（ISS）会议，是在不透露方向的情况下，向教育领域渗透、渗透的第一个缓慢步骤。当我们回想起国际空间站看似缓慢和几乎犹豫不决的形成时，很难相信创造它的美国费边社会主义运动今天正在飞奔，拖着我们的教育系统前进。

其他人则认为，像道格拉斯大法官、费利克斯-
法兰克福、弗兰克-墨菲、威廉-J-布伦南、阿瑟-
戈德堡、雨果-布莱克大法官和阿比-
福塔斯。除了是热心的社会主义者外，道格拉斯、墨菲和布伦南还是高级共济会员。正是在1910-

1930年期间，最高法院开始密切关注所谓的 "宗教条款"学校教育案件，至少在20年里，它一直与这些案件保持距离。正是在这一时期，美国的教育系统受到了最大的损害，使社会主义取得了巨大的进展，而这在以前似乎是不可能的。

虽然最高法院禁止宗教教育--特别是学校的祈祷--但他们的共济会兄弟在用社会主义共济会文献渗透和灌输学校方面非常成功。1959年，富兰克林-W-**帕特森**说服俄勒冈州贝克市一所高中的校长，在学校使用社会主义导向的教科书。同样的事情发生在北卡罗来纳州，共济会的社会主义文献被分发到夏洛特市每所学校的每间教室。

正如**众**议院银行委员会主席路易斯-T-麦克法登所说。

> "在教育问题上，费边光照派遵循的理论不是别的，正是十八世纪巴伐利亚光照派的推动者尼古拉提出的理论。在获得国家学校董事会的职位后，费边社会主义者很容易将他们的教育和非基督教化原则灌输到学校课程中。他们对宗教教育的攻击是微妙而致命的，1902年的《教育法案》就是证明"。

他们公开吹嘘在他们的队伍中有几位主教和神学家，名单中的头号人物是海德勒姆主教，他是最初的费边人之一。在费边社的教育项目中，包括组建 "托儿所"教育小组，后者被设计为一种潜在的非常年轻的社会主义者的培训学校。(阿肯色州州长克林顿的社会主义 "州长学校"就是以这个模式为蓝本的）......但迄今为止，费边社在教育领域采取的最重要的措施是在现有的大学中成立"社会主义大学社团"。费边主义在教育方面的胜利的高潮是在伦敦大学建立了伦敦经济和政治科学学院，该学院的主要讲师之一就是现在的社会主义者哈罗德-拉斯基......"。

社会主义计划可以说是用一种病毒感染了教育领域，他们希望这种病毒能够传播并从根本上改变我们的社会秩序。这种"病毒"将渗透到 "社会研究" 和 "社会科学"的脊髓中，使所有研究都向左倾斜。这是全国教育协会的基本前提，在1936年的第14本年鉴中指出，社会主义教育工作者从未偏离这一立场："我们支持个人的社会化。"

有鉴于此，在20世纪20年代，像蝗虫云一样席卷美国的社会主义者打算在教育立法中尽可能多地实施1848年《共产党宣言》中的思想。他们希望通过Florence Kelley所说的 "立法行动"来规避宪法。在1927年2月23日《国会记录》第4583-4604页，在 "一般赤字拨款法案"的标题下，我们发现他们的方法被概述。

> "...共产主义团体必须向儿童展示如何将秘密的仇恨和压抑的愤怒转化为有意识的斗争......最重要的是与学校纪律的暴政作斗争"。

约翰-
杜威和他的追随者试图限制学校里的词汇学习，他们知道教育的深度与一个人的词汇量成正比。词汇应该教给儿童，即使只是从字典上教。所有申请公务员职位的人都应该被要求参加英语词汇测试，这一点可以扩展到国家工作申请人。即使是福利申请人也应该被要求参加英语词汇测试。这将否定社会主义在教育方面的效果，并挫败社会主义的目标，即培养大多数平庸的儿童，他们长大后将成为平庸的成年人，成为支持社会主义政权的 "福利领取者"。

另一个专门的策略是通过不负责任的支出浪费国家的物质，使'破坏性'成为时代的主流。这产生了稳步增加高等教育成本的效果。我们可以看到约翰-梅纳德-
凯恩斯政策的累积效应，即不上大学的学生，以及那些因为学费太高而辍学的学生的数量。这样一来，具有未来领导素质的学生的数量就会有意无意地**减少**。

社会主义 "教育"的整个理念是尽可能地将智力降低到最低限度，同时促进平庸的人。当然，这并不适用于他们自己从最优秀和最聪明的社会主义者中挑选出来的未来领导人，他们被送到牛津大学的"精修学校"，成为罗德斯学者。关于教育是混淆共产主义和社会主义的手段的一个很好的提法，见于国会记录，众议院，1884年6月26日，第336页，附录。

> "我相信，智力是我们政府形式的支柱，这就是为什么我大力提倡普及教育。丹尼尔-

韦伯斯特表达了这一观点，历史证明了这一观点的真实性，他说："是智慧让我们国家荣耀的庄严柱子升起，也是智慧能让它们不落入灰烬。情报的传播必须是政府--它不仅是对政治和金融权力集中的保护，而且是我们对共产主义、虚无主义和革命倾向的安全和可靠的防御"。

"但随着人口密集、财富积累和某种女权主义的出现，新的危险正在出现，我们必须依靠教育和智慧来尽可能地抵制它们，因为'**种瓜得瓜，种豆得豆**'**既适用于国家，也适用于**男人。继基督教之后，人类最伟大的文明者是学校。公立学校，像其他一切一样，受到批评，但在设计出更好的东西之前，我赞成保留和扩大它们..."

这个伟大的演讲是由阿肯色州的詹姆斯-K-琼斯阁下发表的。阿肯色州的琼斯，表明我们的代表在19世纪比现在坐在国会里的人要先进得多。它还以最清晰的方式表明，为什么社会主义者感到不得不为了自己的险恶目的而接管教育，为什么他们也觉得有必要否定基督教。很显然，道德、教育和宗教是相辅相成的，社会主义者也知道这一点。

社会主义者成功地使他们最重要的主角之一，雨果-拉斐特-布莱克被任命为最高法院法官。布莱克是一元论（无神论）教会的成员和共济会成员，他本不应该得到确认，因为他违反了参议院的所有规则。参议员威廉-博拉（R.ID）和沃伦-奥斯汀（R.NH）提出了布莱克的任命所带来的严重情况。他们指出，布莱克在宪法上没有资格，因为当国会颁布提高最高法院法官工资的法律时，他是一名国会议员，因此不能被提拔到一个工资高于他作为国会议员所得的职位。

在这一点上，宪法是非常明确的。

"参议员或众议员在其当选期间，不得被任命为美国权力机**构下的任何文职**，该文职应是在该期间设立的，或其薪酬已增加。"

在布莱克被任命时，他作为国会议员的工资是109,000美元，而法官的工资则被提高到每年20,000美元。然而，尽管这明显违反了法律，罗斯福的司法部长霍默-**卡明斯却裁定，布莱克在最高法院的任命是合法的！他说："**

我认为这是对的。

社会主义者和共济会之间的联盟需要布莱克在最高法院任职，因为他们知道布莱克同情他们的事业，在 "宗教条款"下的教育案件中总是会做出有利于他们的裁决，而他们对布莱克的信任得到了充分的回报。布莱克与塞缪尔-翁特迈尔、肖菲尔德、贡纳尔-米尔达尔、大法官厄尔-沃伦和路易斯-D-布兰代斯、罗斯福和弗洛伦斯-凯利结成联盟，他们都在努力将教育置于社会主义的控制之下。

国家的最高和有机法律是基于基督教**圣**经教义的法律。不遵守它，美国最高法院就会有越轨行为。基于最高法院的决定，现代教育已经违反了圣经的法律。学校和学院已经成为让我们的年轻人在无人监督和无人看管的情况下最危险的地方。社会主义者占上风的方式之一是不承认宗教学校，特别是天主教学校。

在这种情况下，非法任命的雨果-布莱克法官的服务在裁决美国宪法的敌人根据所谓的"宗教条款"提起的案件中是非常宝贵的。布莱克以其激进的反天主教主义和反对一般的学校教育而闻名，在他的法庭裁决中一味地遵循共济会的"原则"；事实上，其中大部分直接取自共济会的文献。布莱克做出决定所依据的最值得注意的"原则"如下。

原则1："为全体人民的所有儿童提供公共教育。

原则5："政教完全分**离，反**对任何直接或间接挪用公共资金支持教派或私人机**构的企**图"。

我们将在涉及宪法腐败的章节中看到，在布莱克被任命后的两年内，最高法院做出了巨大的左转，宣布国家对宗教学校的资助是违宪的，其依据是杰斐逊的《宗教自由法案》这一完全错误的前提，该法案不在宪法中，而是保留给弗吉尼亚州。因此，完全违宪的 "政教分**离墙**"诞生了，它建立在欺骗和赤裸裸的欺诈之上。

1940年，格雷厄姆-巴登议员再次提出了对宗教学校的 "联邦"援助问题。巴顿是一名社会主义共济会员，随着我们的深入，我们将看到共济会和社会主义是如何结合起来破坏美国的教育的。巴登法案的意图是控制学校，以便可以自由地教授社会主义。这一点得到了Cloyd H.博士的证实。乔治-华盛顿大学校长马文在1944年5月11日给众议院世界大战退伍军人委员会的信中说。伯登所要做的是取消退伍军人进入神学院的权利，特别是天主教神学院，如果他们愿意的话。巴顿曾在1941年参加过教育协会代表费边会议，该会议是共济会和社会主义的一个工具。

马文博士认为，不应该有公立学校，因为用他的话说，"我们不能维持两个系统来干扰正常的教育政策"。这是泥瓦匠记录中最清晰的案例之一，是教育协会代表会议的推动力。虽然表面上看，所讨论的法案主要是关于G.I.法案，但其影响却非常广泛，因为众议员。巴顿试图通过大兵法案将私立宗教学校排除在上大学的退伍军人之外。

马文博士不是普通的教育家。他是一个终生的社会主义者，也是一个33级共济会会员。在乔治-华盛顿大学，他能够发挥强大的影响力，因为他从共济会的苏格兰仪式中获得了10万美元的资助。马文在雨果-布莱克大法官那里找到了一个朋友，他在最高法院的地位归功于共济会。在他离开参议院后，社会主义者让阿拉巴马州的李斯特-希尔填补了布莱克的参议院席位，他是一个正规的社会主义讨伐者和一个坚定的共济会员。多年来，希尔能够阻止联邦对公立学校，特别是宗教学校的资助。希尔被列入国会名录，第79届国会第一届会议，1985年8月，第18页，作为第32级共济会会员。

社会主义对教育的压力最强烈的表现莫过于通过全国教育协会（NEA）。随着GI法案的通过，又有人试图无条件地取消联邦对公立学校的资助，条件仍然掌握在NEA手中。1945年1月10日，全国教育协会提出新的立法，不允许联邦资助公立学校。该立法是由雨果-

布莱克法官起草的。该措施的目的是通过省略而不是直接排除来实现国家能源局的预期目标。这是一项起草得很巧妙的立法。1940年，在起草所谓的"政教分离"立法时，也表现出同样的技巧。

从1935年到1965年，主导最高法院的社会主义-独裁主义大法官的决定有效地禁止了公立学校的基督教教育计划。在20世纪40年代战时歇斯底里的气氛中，没有人认为有必要指出，联邦政府对教育的任何干预都明显违反了第十修正案。法院对所谓的"政教分离"做出的影响深远的决定是完全非法的，在宪法中也找不到。被用来摧毁学校宗教教育基础的"政教分离"没有任何宪法依据。

接受这一有偏见的立法，是对"我们人民"的宪法权利的强烈攻击，对美国教育的质量产生了直接影响，在这一欺诈性和违宪的决定之后，美国教育立即崩溃了。随后，美国教育被各种不存在的"权利"的教学所入侵，"妇女权利"、"公民权利"和"同性恋权利"。在学校禁止宗教教育和约翰-杜威引入"人文主义"之后，几乎立即出现了暴力犯罪的巨大增长。

建立在基督教基础上的美国，已经被绑架、赎金、强奸，被社会主义野蛮行为所害，被打得遍体鳞伤，在20世纪90年代勉强能够跪地爬行，与开国元勋们设定的国家相差甚远。在这场对正义的美国共和国的野蛮攻击中，共济会对教育的社会主义控制，从第一年开始，就发挥了主导作用。

事实一再证明，儿童从小学一年级、二年级、三年级开始学习。在更重视学习的中产阶级家庭中，父母会帮助孩子阅读，但在下层家庭中，父母总是不帮助孩子，结果是阅读能力差的孩子倾向于犯罪活动。总有例外，但没有被"少数人"蒙蔽的教育工作者认识到，上述情况通常是真实的。

在社会主义者和哈里-杜鲁门总统之间的腐朽阴谋中，普莱西诉弗格森案，即"分开但平等"的教育理论，被杜鲁门总统破坏了，同时暗中假装支持它。

真正的问题是，杜鲁门或联邦政府的任何其他人都无权干涉教育事务，因为正如我们在其他地方所说，美国宪法第十修正案将教育权力保留给各州。联邦政府被禁止干预教育，这完全属于各州。

我们国家教育可怕的衰落的主要原因之一可以在1943年10月5日提交给新泽西州最高法院的埃弗森诉教育委员会这一里程碑式的案件中找到。此案源于格雷厄姆-巴登议员在1940年提出的**关于宗教学校接受政府**补贴的问题。埃弗森案是巴登失败法案的翻版。正如我前面指出的，社会主义者坚持不懈地努力推翻美国宪法，他们认为这是他们热衷于将这个国家的人民社会化的主要绊脚石。

埃弗森案**涉及新**泽西州允许尤因镇支付接送（自愿的，不是义务的）学童到所有学校的费用，包括宗教学校。原告Arch Everson曾反对为参加宗教学校的儿童提供交通经费。他在这方面得到了共济会和美国公民自由联盟（ACLU）的支持，尽管ACLU没有参与州法院的诉讼。表面上看，反对意见只针对这些诉讼中的埃弗森先生。社会主义者需要赢得此案，以便将其作为基石，为今后计划对教育领域的   "宗教条款"案件进行攻击创造先例，如果埃弗森获胜，他们计划将其作为先例。

新泽西州最高法院审理了此案，允许尤因镇继续资助儿童到所有学校的交通。在直言不讳的美国公民自由联盟和共济会的支持下，埃弗森将他的案件提交给最高法院。对布莱克来说，这是一个终生难忘的机会，可以证明他对宪法的无知和对基督教的偏见，同时为社会主义带来打击。最高法院判决新泽西州政府败诉，美国公民自由联盟公然以   "法庭之友"的**身份出面。美国公民自由**联盟的简报几乎是几年前艾尔默-罗杰斯（Elmer Rogers）在梅森（Mason）的一句话的复制品。叠加在梅森的这句话上，美国公民自由联盟的简报几乎是一个完美的选择。

法院的多数裁决是由雨果-布莱克法官撰写的。法院充满了社会主义者和共济会成员，他们几乎不可能对其成员的偏见作出裁决，这些仇恨者激烈地反

对在接受所谓 "联邦 "援助的学校中教授基督教信仰。

在1946年之前，"政教之墙
"几乎从未在法律论证中使用过。毕竟，这只是托马斯-
杰斐逊的话，一个简单的短语，在宪法中没有找到。但在埃弗
森案中，雨果-
布莱克法官被提升为最高法院法官，专门对原告埃弗森作出有
利的裁决，此后，法院对基督教，特别是对学校的宗教教育发
动了一股侮辱性的言论。

法院取缔了学校的祈祷，禁止口述圣经，宣布无神论和世俗人
文主义是受第一修正案保护的宗教，并取消了允许儿童在校园
内参加祈祷仪式的习俗，这一切都违背了长期以来的传统和习
俗，如唱圣诞颂歌，禁止教师进行宗教教育，而且正如我们将
在有**关法律的章**节中看到的，超越了宪法。最高法院把杰斐逊
说过的一句话，即'政教分**离之墙**'，这句话没有任何宪法价值
，并把它插入宪法，从而把美利坚合众国变成了一个不允许基
督教在国家事务中发挥任何作用的社会，这当然不是开国元勋
们的意图。

布莱克是如此公然的偏见，以至于他的法官同事们有机会用不
光彩的语言来写他。在1948年3月9日的日记中，法兰克福写道
，哈罗德-O-伯顿大法官
"不知道像布莱克和道格拉斯这样的人的恶性，他们不仅可以
，而且是变态的。这一点在埃弗森案中很明显，布莱克在该案
中表现出他的偏见，憎恨基督的决心，认为宗教不应该在我们
国家的生活中发挥作用。腐败始于埃弗森，继续于布朗诉教育
委员会案，以及不可避免的罗伊诉韦德案，该案至今仍是费边
社会主义者对美国宪法和美国人民取得的最大胜利和胜利。最
高法院随着布莱克的出现而变得腐败，并从那时起一直如此。

从来没有一个比埃弗森判决更明**确的**违反第九修正案的案例。
第九修正案禁止法官将自己的想法纳入宪法中没有规定的法律
事务中。这就是所谓的先发制人，而这正是布莱克和他的同事
们在Everson案中所做的事情。他们扭曲和压缩宪法，以适应
他们自己的恶臭偏见，站在社会主义砖石的一边，完全玷污了
宪法。

社会主义者即将把堪萨斯州托皮卡市的布朗诉学校委员会案告上最高法院。文森法官曾告诉杜鲁门，布朗诉学校董事会案将得到解决，"**分开但平等**"的教育将继续存在。文森这样做，完全知道这不是真的。因此，当首席大法官厄尔-沃伦（Earl Warren），一个社会主义者和33级共济会员，宣读关于布朗诉校董会的裁决时，听众们惊讶地叫了起来，其中一些人消息灵通，他们是来听法院维护普莱西诉弗格森的。

在那个决定性的日子里，法庭上很少有人能意识到对"标准化"、"社会化"教育的巨大打击，这是迄今为止对宪法最公然的违反。诚然，过去曾有几次试图通过社会主义者弗洛伦斯-凯利（Weschnewetsky）提出的 "立法行动"规避宪法。1924年提出了一项法案，其意图和目的是违反美国宪法第十修正案，因为该法案旨在建立一个教育部，其名称来自布尔什维克俄国的共产主义教育部。他们的想法是在美国将教育"国有化"、"标准化"和"联邦化"，如同在苏联一样。

该法案旨在强迫所有美国儿童阅读相同的 "标准化"教科书，其中包括健康的马克思主义、社会主义和列宁主义教科书，以便孩子们从学校系统出来时，成为准备好迈向一个世界政府--新世界秩序的优秀小社会主义者。费边社的主要社会主义者一直说，教育标准化是打破美国社会主义自然障碍的最快方式，由于面积、地理、气候、地方习俗、地方学校委员会的原因。韦伯已经注意到，多样性是社会主义的一个问题，而多样性在美国大量存在，使得这个国家难以用马克思主义、共产主义、社会主义来渗透。

这就是为什么我们的开国元勋们以他们的远见和智慧，确保了教育的权力仍然掌握在各州手中，而不是联邦政府的禁区。这**种国家教育体系是防止国家无政府主义和虚无主义的保障**。虽然他们在这个案例中失败了，但社会主义者从未放弃控制教育的企图，他们的机会随着吉米-**卡特**总统和参众两院的煽动者的背叛行为而来，他们违反第十修正案，推动了一项教育联邦化的法案。因此，非法的美国教育部应运而生。

卡特将作为一个大规模叛国和叛乱的总统而载入史册。"我不会对你们撒谎，"**卡特**说，然后着手实施社会主义立法，阻止各州做出自己的教育决定，并拒绝让全国人民使用巴拿马运河。美国宪法第13、14和15条修正案从未得到批准，因此国会根据这些修正案通过的任何立法都超出了宪法的控制和范围。威廉-H-欧文博士会喜欢卡特。欧文是伊利诺伊州芝加哥市芝加哥师范学院的院长，也是全国教育协会的主席，他被选为代表全国教育协会出席1923年6月23日在旧金山举行的世界教育会议。他在演讲中说，除此之外，他还说。

> "...尽管我们写了什么，说了什么，但世界并不认为教育作为一种社会控制的形式，可以与军队、海军和政治家相提并论......。我们应该把我们的时间和精力用于分享一个建设性的教育方案，这将表明教育作为一种可与军队相媲美的社会控制形式所能起到的作用......"。

以上说明了为什么把教育交给联邦政府支配是如此危险，特别是随着社会主义者伍德罗-威尔逊的出现，他的政府以数量上的飞跃集合了社会主义者，直到今天我们的克林顿政府充满了社会主义者，事实上，它与英国的社会主义工党政府没有什么区别。我们的开国元勋们很明智地预见到，像威尔逊、肯尼迪、约翰逊、卡特、布什和克林顿这样的社会主义代理人，以及像欧文这样伪装成 "教育家"的社会主义者，将试图通过他们煽动性的 "教育"计划将我们的国家引向左翼，因此他们确保教育的权力不受联邦政府的限制。

然而，利用最高法院规避宪法是一个危险的发展，开国元勋们不可能预见到。他们知道在他们的时代存在着叛徒，但他们不可能知道像首席大法官厄尔-沃伦这样的人会出现，对宪法进行嘲弄。据说，沃伦使美国宪法第14条修正案具有 "任何东西"的含义。正是通过这种可怕的潜规则、未经批准的修正案和

被心怀叛乱的法官扼杀的最高法院，可憎的布朗诉教育委员会案的裁决成为一项
"法律"，它不是，但各州仍有义务遵守它。

另一个丑陋的潜规则和彻头彻尾的欺骗是沃伦使用了贡纳尔-米尔达尔博士挖掘出来的完全带有偏见的社会学数据，米尔达尔是一个社会主义的恶棍，他的经济理论使瑞典损失了数十亿美元，我们将在适当的时候回到这个骗子身上。

设立教育部是为了从各州手中夺取教育控制权，用一种确保儿童在社会主义形式下成长并成为政治领袖的制度来取代美国教育，以社会主义方式促进基于苏联制度的新政治秩序，这将导致一个世界政府--新世界秩序。

沃伦法院在   "布朗诉教育委员会"一案中试图做的，以及其他最高法院法官也试图做的，是将第14条修正案的第1款从整个宪法中分离出来，这样它就可以意味着他们想读进去的东西--
这是第儿修正案所禁止的典型偏向。宪法的任何部分都必须根据整个宪法来解释，不能支离破碎。屠宰场的决定是对沃伦的
"布朗诉教育委员会"案的嘲弄，如果他观察到这一点，就会发现沃伦的错误。

沃伦大法官决定不读屠宰场的判决，所以他根据1964年的《民权法案》对   "布朗诉教育委员会"案做出了判决。我们将在有关宪法的章节中更详细地讨论这个问题。在布朗诉教育委员会一案中，我们看到了美国的教育公社化。强制将儿童运出其所在地与将政治犯运到西伯利亚的古拉格集中营，或将定居者运到英国受审之间有什么区别，托马斯对此发起了怒火。

没有任何区别!黑人和白人儿童都被强行运往其他地方。这是对生命、自由和财产的侵犯，也是对正当程序的侵犯，而布朗诉教育委员会案拒绝了这些孩子和家长。仅就这一点而言，"布朗对教育委员会
"案是100%的违宪。为什么父母和孩子们要承受对第五修正案权利的侵犯，以完成社会主义教育家和他们在法庭上的朋友的社会主义设计？我们的孩子因为他们的种族而被送到他们所在

地区以外的磁铁学校、平价学校等，遭受
"残忍和不寻常的惩罚"。他们没有得到陪审团的审判，没有适
当的程序，只是在**极**权主义、共产主义式的　　　　　"法律
"下被赶上巴士。

儿童和他们的父母是各州的公民，第一：第四条第2款第1部分
。**每个州的公民都有**权享受几个州的公民和美国公民的所有特
权和豁免，第二。第14条修正案虽然没有被批准，但仍然是对
联邦政府的限制，所以各州保留了自己的主权，不能被联邦政
府征收教育税。

在**涉及学校宗教的案件中**，**法官面**临着巨大的压力，要求他们
做出有利于美国公民自由联盟（ACLU）的裁决。美国公民自
由联盟提交了23份这样的简报，在费利克斯-
法兰克福特大法官审理的案件中，他总是做出有利于美国公民
自由联盟的裁决。美国公民自由联盟的盟友之一是一元论教会
的戴维斯牧师，雨果-
布莱克法官是该教会的成员。以下是戴维斯对　　　"宗教条款
"学校案件的看法。

> "像**圣保罗**的自由一样，宗教自由必须以高价购买。而对于
> 那些最充分地行使它，坚持为他们的孩子提供宗教教育，
> 并在我们的宪法条款中混入世俗主义的人来说，其代价比
> 其他人更大......信条宗教已经过时了，其主张的基础随着昨
> 天的到来而过期。"

雨果-
布莱克大法官100%赞成用社会主义法官填补美国最高法院，
罗斯福和杜鲁门当然也是这样做的。

雨果-
布莱克法官是一个坚定的共济会会员，人们必须假设他热衷于
共济会在教育方面的帐篷。

> "除此之外，有学问的文学社团的形式最适合我们的目的，
> 如果共济会不存在，就会采用这个幌子，它可不仅仅是一
> 个幌子，它在我们手中可以成为一个强大的引擎。通过建
> 立阅读协会和订阅图书馆，将它们置于我们的指导之下，
> 并以我们的工作为它们提供支持，我们可以将公众的思想

推向我们想要的方向......。我们必须在每个角落赢得普通人的支持。我们将主要通过学校来实现这一目标,并通过公开和热情的行为、对他们的偏见的欢迎和宽容,在闲暇时消灭和消除他们......。我们必须获得教育和教会管理的方向--从专业的讲坛和祭坛上"。

真正令人惊讶的是,如果我们把比阿特丽斯和悉尼-韦伯的著作,叠加在共济会的教育观点上,我们会发现它们几乎都是一样的!"。对美国教育的攻击是由塔维斯托克人类关系研究所领导的,该研究所是世界上最重要的洗脑机构,其"教育家"库尔特-卢因、玛格丽特-米德、H.V.迪克斯、理查德-克罗斯曼和W.R.比恩。这些美国共和国的敌人被释放在无辜和毫无戒心的公众身上,给教育带来了灾难性的后果。

他们在美国学校的"新科学"项目包括研究手淫、同性恋、异装癖、女同性恋、卖淫、异国宗教、邪教和宗教原教旨主义。

1870年的所谓"民权法案",本来是为了执行从未得到适当批准的第15条修正案,专门适用于由鸦片走私者和哈里曼家族这样的铁路大亨带来的中国人,今天应该没有影响,因为第15条修正案从未得到适当批准。暗示第14条修正案第1款中的"法律的平等保护"意味着每个人都有相同的智力水平--这甚至超过了最糟糕的星空自由主义者所能坚持的事实但这恰恰是布朗对教育委员会试图做的事情--将所有的思想拉平到一个平均或平均水平。这是"布朗对教育委员会"案的核心,是平等主义的体现。

教育领域的叛乱与"枪支管制"一样,是参议员梅斯滕鲍姆和众议员所实施的叛乱的现实。通过歪曲教育,首先通过建立一个联邦政府的教育部门,然后通过最高法院对布朗诉教育委员会的命令采取行动,叛国和煽动行为正在发生。摧毁美国的教育体系,用马克思主义/列宁主义/社会主义体系取而代之,将导致国家从内部腐烂。沃伦法官是一位世俗人文主义者,当他允许布朗诉教育委员会案成

为 "法律 "时，他犯了叛国罪。

全国教育协会（NEA）是一个100%的社会主义-
马克思主义组织。它的第一项任务是将历史、地理和公民的正**确教学从学校中**删除，取而代之的是亲共产主义的社会研究。
全国教育协会是一个社会主义组织，自20世纪20年代以来一直
积极从事破坏美国的教育。他们无疑是1954年
"布朗诉董事会教育案　　　"的先锋，是厄尔-沃伦法官以阿比-
福塔斯的方式 "安排 "的。

随着社会主义对美国学校的接管，新的课程被引入，儿童被记
入肥皂剧和无意义的　　　　　　　　　　　"环境问题
"等课程。"塔维斯托克研究所总共招募了4000名新的社会科学
家，致力于使美国教育远离传统价值观。他们努力的结果可以
从青少年暴力犯罪、校**园犯罪**、强奸的巨大增长中看到。这些
统计数据反映了塔维斯托克研究所的方法的成功。

在社会主义者招募的　　　　　　　　　　　　　　"教育家
"中，有来自瑞典的社会主义者贡纳尔-
米尔达尔和他的妻子。梅尔达尔家族对社会主义/马克思主义
思想的忠诚由来已久。米达尔博士曾在日内瓦的联合国欧洲经
济委员会担任公开的社会主义者沃尔特-惠特曼-
罗斯托的助理。本书的其他章节叙述了罗斯托的叛国活动。在
加入罗斯托之前，米尔达尔曾在瑞典担任贸易部长，在这个职
位上，他以真正的社会主义支出风格对瑞典经济造成了几乎无
法弥补的损害。

米**达**尔被社会主义的卡内基基金会选中，对美国的种族关系进
行研究，拨款25万美元。人们认为，由于米尔达尔没有与黑人
打交道的经验，因为瑞典没有黑人，他的研究将是没有偏见的
。当时没有意识到的是，整个事情是一个圈套：米尔达尔要提
出一套调查结果，用于著名的布朗诉教育委员会案。Myrdal编
写了一**份**报告，其中充满了完全虚假的社会政治发现，实质上
声称黑人在教育方面受到了亏待。Myrdal的研究结果充满了漏
洞。

此外，米尔达尔远不是一个无私的科学家，他是美国宪法的公
开敌人，他把美国宪法描述为一个

"一个几乎是拜物教的崇拜……一部150年的宪法（在许多方面）不切实际，不适合现代条件……现代历史研究显示，制宪会议只不过是一个反对人民的阴谋。直到最近，宪法一直被用来阻止民**众的意愿**"。

米**达**尔和他的妻子在社会主义者本杰明-马尔兹伯格的主持下，在美国进行了巡回演出。在米尔达尔发表的许多贬低性言论中，有一条是他将美国人民描述为"心胸狭窄的白人，由福音派宗教主导"，而南方白人则是"贫穷、未受教育、粗鲁和肮脏"。正是这个人写了一份"公正的   "社会学报告，据说该报告使首席大法官厄尔-沃伦能够对 "布朗诉教育委员会 "案作出裁决。

在20世纪20年代和50年代，摧毁美国教育系统的伟大社会主义**运**动背后是什么？它可以用几个词来概括：中心思想是"制造新思想"，因为只有通过新思想，人类才能重塑自己--这是社会主义教育的高级牧师之一埃里克-特里斯特所说的，他还说新思想将排除对基**督**教的信仰。正如Myrdal所说，"还有什么地方比学校更适合开始呢？ ".

为了将布朗诉校董会案告上最高法院，有色人种协进会从各种渠道获得了1000万美元，包括社会主义幌子组织政治行动小组和共济会。有色人种协进会的律师收到了佛罗伦萨-凯利和玛丽-怀特-欧文顿的详细指示。凯利是 "布兰代斯简报"的发起人，该简报由数百个社会学意见组成，其内容往往不超过两页的法律参考资料。布兰代斯书信法是最高法院今后决定所有**涉及**宪法问题的案件的方式。

美国社会上腐败的学校课程并没有教授宪法，因为如果孩子们被教授宪法，他们就必须被告知，宪法的存在是对联邦政府和像乔治-布什和比尔-克林顿这样的总统的第一道防线，如果不受宪法的约束，他们**会渴望成**为暴君。社会主义教育家的目标是逐步侵蚀保障所有公民的生命、自由和财产的宪法保障措施，并以极权社会主义取代它们。

只有基于**圣**经的教育系统才是好的。所有其他系统都是由人设计的，因此必然是不完美的。我们的学校已经落入影响深远的人手中，他们的主要生活目标是把学校变成社会主义堡垒。他们在这方面得到了司法部门的支持。其目的是通过改变学校教学的重点和方向，以真正的社会主义风格，缓慢地走向社会主义/马克思主义政府。如果社会主义者像过去三十年一样继续进步，到2010年，我们将有一个由青壮年和中年公民组成的国家，他们将对社会主义独裁政权的中央权力的秘密议程没有异议，并有国家警察部队的支持。

显然，社会主义者已经实现的目标之一是对阅读缺乏兴趣。如果把美国儿童放在例如伦敦的大英博物馆或巴黎的卢浮宫的图书馆里，他们就会完全迷失。伟大的作家和艺术家对他们没有什么可说的。书籍不再像我们历史初期那样是儿童的朋友。我们的教育系统已经看到了这一点。即使是狄更斯，对大多数美国学生来说也是陌生的。

缺乏真正的教育导致儿童和年轻人在电影、摇滚乐中寻求灵感，这本是件好事。对抗这种阴险的、蠕动的瘫痪的唯一方法是定期和有力地进行干预。20世纪60年代的所谓 "反对种族偏见"的斗争**极大地影响了我**们年轻人的思想和态度。过去三十年来，我们学校和大学的所谓民主化是对其内部结构的直接攻击，随之而来的是方向和重点的丧失。

所谓的 "女权主义"运动是1848年共产主义宣言和贡纳尔-米尔达尔（Gunnar Myrdal）以及塔维斯托克研究所的新科学科学家的扭曲思想的直接产物。其结果是，学生对上帝赋予的生物性别提出质疑。同样，对 "历史"的歪曲在20世纪90年代也非常活跃。一群学童被问及谁是世界上最邪恶的人；他们毫不犹豫地回答："希特勒"。这群人对斯大林一无所知，当然不知道他是人类有史以来最伟大的屠夫，他杀的人比希特勒杀的人多十倍。这样的说法让他们脸上露出了疑惑的神情。

小学生和学生的英雄不是历史上的伟大人物；他们的 "偶像"反而是那些颓废、邪恶、肮脏、吸毒的"流行明星"。贝多芬和勃拉姆斯对他们来说毫无意义，但当"摇滚

"音乐的狰狞声音充满空气时，他们立即表现出真正的兴趣。**另一方面，大多数学生都知道**马克思，但他们并不真正知道他代表什么。**我**们的学校教育已经到了一个地步，"改革"被置于学习之上。在20世纪90年代，几乎所有的教育问题都与 "改革 "一词有关。

由于   "改革"而出现的最大转变莫过于性教育。共产党人决定，即使是最年轻的学生也应该被强迫学习性知识。季诺维也夫夫人在布尔什维克俄国负责这个项目，她试图将其转移到美国，但在20世纪20年代被尚未由社会主义法官组成的最高法院以及美国革命女儿会的警惕所阻挠。女权主义法庭"的产物现在将婚姻视为一种单纯的契约。性不再是神秘的，所以今天的学生不愿意在**沉迷于**   "自由恋爱"之前花时间形成一种情感关系。我们知道，这些想法是由科隆泰夫人在布尔什维克俄国准备的，然后移植到美国。

我们有缺陷的教育系统惜养出不适合社会的女孩，涉及少女的犯罪统计数据证实了这一说法的真实性。毒品文化在90年代的年轻人中根深蒂固。精神问题已经被赶出了我们的学校。今天，我们的年轻学生正处于   "社会主义启蒙"的边缘，只要感觉好，什么都可以。

在所有科学中，政治学是最古老的，可以追溯到古希腊。**政治**学包含了对正义的热爱，它解释了为什么人们想要治理。但在我们的教育机构中，政治学并没有被正确地教授，现在的教育**机构教授的是一种被称**为社会主义的变态形式。如果我们的学校和大学能够适当地教授政治学，沃伦法官就不会如此轻松地将   "布朗诉教育委员会"案强加于我们的喉咙。因此，通过狡猾、隐蔽和欺骗，社会主义者在   "布朗对董事会教育案"的决定中大显身手，将美国的教育重新引向社会主义/马克思主义/共产主义的渠道。

洛克菲勒和**卡内基基金会**资助了一个由新科学人类学家玛格丽特-米德和兰斯-李克特组成的研究小组，提议修订所有受圣经法律管辖的教育

政策。米德女士使用塔维斯托克研究所的逆向心理学技术来克服报告中所说的
"教学问题"。这份报告对美国的教育产生了破坏性的影响，至今仍是机密。米德-
李克特研究的结果之一是国家培训实验室（NTL）的出现，它拥有超过400万名成员。其附属机构之一是全国教育协会（NEA），这是世界上最大的教师组织。

由于这个组织和数十万名社会主义教师的努力，世俗和人文主义教育从1940年的缓慢起步走了一圈。20世纪90年代，社会主义者在最高法院赢得了许多令人印象深刻的胜利，以至于他们不再掩饰其将教育完全世俗化的意图。这个新项目，虽然除了标题的选择之外，并不真正是新的，但它将使美国教育蒙尘，我们的孩子成为世界上最没有教育的人。

前面我们提到了英国苏塞克斯大学的塔维斯托克人际关系研究所，以及它在国家的经济、政治、宗教和教育生活中发挥的关键作用。这个组织在美国不为人知，直到我在1970年代发表了**关于它的工作**。塔维斯托克受英国最有权势的社会主义人物的直接控制，并与英国共济会紧密结盟。它与国家教育协会有着最密切的联系，该协会的高级工作人员曾在国家培训实验室接受过培训。正是在这个层面上，"地缘政治"已经进入教师层面的教育。

这个   "新   "系统被称为"基于结果的教育"（OBE）。OBE所要做的是教导我们的孩子，不需要学习正确的阅读和写作，不需要在教育方面取得优异成绩；重要的是他们如何与其他种族的孩子相处。

什么是OBE？这是一个惩罚优秀、奖励平庸的系统。OBE的目的是使我们的孩子成为一个层次的学生，在这里，主流的规范是平庸的。为什么会有这样的愿望？明显的答案是，一个绝大多数人都接受过最低限度的教育的国家，将很容易被引导到社会主义独裁政权。布朗诉教育委员会案确立了OBE的基础，从真正意义上讲，它将教育水平"固定"在最低的共同标准上。

欧倍特的做法是把美国的基督教儿童变成异教徒，不尊重父母，不热爱国家，孩子们会鄙视国家认同和爱国主义。对国家的

爱被变成了丑陋的东西，要不惜一切代价避免。OBE教授马克思主义概念，认为传统家庭生活已经过时。这正是科隆泰夫人在20世纪20年代试图在美国强加的东西；这也是社会主义者贝贝尔和恩格斯试图在美国的传统教育中引入的东西。今天，他们最疯狂的期望正在通过OBE得到实现。

奇怪的是，甚至令人不安的是，OBE是如何**复制**贝贝尔、恩格斯、科隆泰和马克思的著作的--
几乎是家庭生活和婚姻神**圣性的**敌人的碳拷贝。令人不安的是，OBE提出的制度在1848年的《共产党宣言》中几乎一字不差。我们只能说，在埃弗斯和布朗对董事会教育的惊人成功之后，美国的教育社会化就像飓风一样起飞了，显然今天没有什么能阻止它。

布莱克和道格拉斯大法官如果还在我们身边，布兰代斯、法兰克福和厄尔-
沃伦也会感到高兴。OBE已经接管了这些学校。现在，我们有的不是教师，而是变革者，他们强迫接受群体观点，而他们这些促进者则将这些观点从学生的头脑中洗掉。主持人领导的
"改革
"使孩子们反对他们的父母和家庭价值观。教室里的小组长取代了家长的位置。总是有　　　"内在改革　"或　"内在需要
"的概念必须得到满足，而这些　　　　　　　　　　"需要
"的意思是团体领袖所说的任何意思。

旧的社会主义　　　　　　　　　　　　　　　　　"性教育
"技术被采取，远远超过了以前的任何做法。在OBE中，有一些小组配对，有明确的感性训练，并且积极鼓励滥交。没有试图鼓励人们的历史感。关于过去给世界带来文明的伟大领袖，没有任何教育。重点是现在，"现在就做　　　　　　　　　　"和
"如果感觉好就做"。欧倍特要对青少年犯罪的大幅增长负责。现在和未来一代被教授OBE方法的年轻人将成为今天
"法国大革命
"的街头暴民，在不远的将来，他们将被用于同样的目的。

毫无疑问，OBE项目是从1986年的世界课程和奥尔德斯-
赫胥黎的《勇敢的新世界》一书中发展起来的，他在书中认为

，一个完美的世界将是一个没有家庭、没有孩子、没有父母的世界，在这个世界里，"父亲　　　　　"和　　　　"母亲"这两个词将被厌恶和反感，孩子们将由国家社会机构来照顾，孩子们将完全效忠于国家。对这样一个社会的追求可以追溯到很久之前，在　　　　　　　　　　　"世界课程"和赫胥黎之前。共产党人贝贝尔写下了他认为应该如何看待儿童的版本--

作为国家的监护人。马克思、恩格斯，特别是科隆泰夫人，她的《共产主义与家庭》一书是赫胥黎《勇敢的新世界》的大部分内容来源。

孩子们会通过试管来，实验室会对精子进行匹配，使其具有较高的智力水平，中等智力和较低智力。在他们的成年生活中，这些人将被分配到一个奴隶世界中的各种角色，正如我在《300人委员会》一书中所描述的。[7]如果这对读者来说似乎太难接受，请记住，试管婴儿已经在我们中间。他们已经被社会所接受，却没有意识到这一不正当发展背后的险恶目的。社会主义需要大量的白痴和少数智力超群的人。在社会主义的奴隶世界里，广大的低能儿们会做这些工作，因为智慧阶层掌握着权力。在这样一个世界里，我们将有一个

"种族隔离"，以至于南非版本看起来像是一个善意的黄金时代。

正如人们所期望的那样，读者对这一信息的反应将是怀疑的态度。然而，我们需要看看现实情况，所以让我们看看欧倍特在多大程度上与赫胥黎、科隆泰、恩格斯和贝贝尔相匹配。众议院法案HR　　　　　　　485是教育　　　　　　"改革"的社会主义议程的一部分。克林顿总统被选中进行大量的改革--

他正在以**极大的速度和效率**进行改革，因为他知道自己将是一个任期的总统。社会主义的

7　见《*阴谋家的等级制度--300人委员会的历史*》，约翰-科尔曼，Omnia Veritas有限公司，www.omnia-veritas.com。

"家长当老师"（PAT）计划已经在40个州展**开**。**所谓的**
"共同**养育计划**"（COP）始于1981年密苏里州圣路易斯市的一
个试点计划。COP的真正意图是用COP的社会工作者来代替父
母的权威，最好是在产前阶段。

受奥尔德斯-赫胥黎的**启**发，劳拉-
罗杰斯写了一本名为《密苏里州的勇敢的新家庭》的书，她在
书中声称，TAP只用了四年时间就被密苏里州的立法机构接受
，TAP的概念已经传播到欧洲，并在美国40个州实施。这就是
现实吗？它与我们在本章中所概述的教育　　　　　　　"改革
"是否有可比性？社会主义者打算　　　　　　　　"改革
"教育，使其产生赫胥黎《勇敢的新世界》所预言的那种气候
。而且他们现在正在做，就在我们眼前。

根据TAP，一个所谓的　"教育家　"将依附于一个家庭--真的--
并**开始改**变父母和孩子的态度以符合社会主义理想的过程。罗
杰斯在他的文章《密苏里州勇敢的新家庭》中解释了如何做到
这一点。

第一**步**。"家长教育者
"以促进孩子的教育为借口，到学校和家庭中去与家庭
"**沟通**"。

第二**步**。**孩子**们会收到一个电脑识别号码，这个号码将是永久
性的。

第三**步**。改变者　　　　　　　　"将通过　　　　　　"指导计划
"努力改变孩子和父母之间的关系，正如牛津社会主义大学所
做的那样。

第四**步**。家长教育工作者必须通过拨打为此目的而设立的特别
"热线"，报告他们认为是"敌对行为"或虐待的任何情况。

第5**步**。**法官**对　　　　　　　　　　　　　　　"直线案件
"进行裁决，如果孩子被认为处于危险之中，孩子可能会被从
父母的照顾下带走。

第6步。**如果父母拒**绝　　　　　　　　　　"家长教育者
"**关于精神健康服务**的建议，例如关于药物治疗的建议，国家

可以将孩子从父母的照顾下带走。孩子可能被安置在寄宿治疗中心，父母可能被法院命令接受 "心理咨询"，只要"家长教育者"认为有必要。

PAT的做法是将自己设定为法官和陪审团，决定谁是合适的和不合**适的父母**!为了做到这一点，TAP使用罗杰斯所谓的"风险因素定义"，这些定义已经成为衡量父母是否适合抚养孩子的标准，请记住，这些标准目前在40个州使用。

> "父母无力应对（未定义的）儿童的不适当行为（如严重咬人、破坏性行为、冷漠）"。

> "低功能的父母。他们被认为是潜在的虐待性父母。在这个类别中，家长-
> 教师有广泛的选择。几乎所有的父母都可能属于
> "低功能父母"的范畴。

> "压力过大，对家庭功能产生不利影响"。这给了教书育人的家长一个几乎无限的选择，以引用 "虐待"的危险信号，包括低收入。

> "其他...这可能是各种各样的情况，如过敏，在家里大量吸烟（R.J.
> Reynolds知道这个吗？），有听力损失的家族史......"

从上述情况可以看出，美国的教育社会主义已经进入了成熟期。科隆泰夫人、恩格斯、贝贝尔和赫胥黎认为最理想的东西现在已经实现了。教育是打败社会主义的手段，正如我们19世纪的许多政治家所明确指出的那样，但在错误的手中，它是一个强大的武器，社会主义将无情地挥舞它，使人们渴望的新世界秩序的奴隶状态得以实现。如果没有最高法院的背叛和背信弃义，特别是道格拉斯和布莱克法官的毒辣态度，这一切都不可能发生，他们应该作为这个国家历史上最卑鄙的两个叛徒载入史册。

第四章

妇女的转变

在整个历史上，妇女发挥了决定性的作用。在20世纪之前，他们通常在后台观察，给予建议和鼓励，从不张扬，即使有也很少公开。但这种情况在19世纪末发生了变化，而变化的载体是费边社和国际社会主义。

当面容姣好的悉尼-韦伯遇到身材高挑的玛莎-贝特丽丝-波特时，火花开始四溅。(两人都承认对方在组织和处理日常事务方面有特殊的大才。安东尼和克利奥帕特拉更有魅力，示巴女王和所罗门更有威严，希特勒和爱娃-布劳恩更有戏剧性，但与韦伯夫妇相比，他们对世界的影响较小。在另外两人成为单纯的历史人物后很久，韦伯夫妇造成的伤害仍然回荡在世界各地。

悉尼-韦伯在1890年认识了比阿特丽斯-波特。她在身体上和经济上都很有天赋。另一方面，他又小又矮，没有钱。比阿特丽斯来自加拿大铁路大亨的家庭，她的父亲有自己的收入。也许使悉尼和比阿特丽斯走到一起的原因是他们的虚荣心，他们从来都不屑于隐藏。她向约瑟夫-张伯伦（Joseph Chamberlain）--一个上层阶级的男人提出的爱被拒绝，引起了比阿特丽斯的愤怒和苦闷，这似乎是推动她 "阶级仇恨"的燃料。韦伯在英国殖民地办公室担任办事员，这在维多利亚时代的英国生活中被认为是一个相当低的职位。

1898年，比阿特丽斯和她的丈夫将注意力转向美国，进行了为期三周的 "大旅行"。在这段时间里，韦伯夫妇没有与普通的工会成员或

纽约服装区辛勤工作的女士们见面。相反，他们寻找并得到了纽约社会主义精英的接待，包括简-
亚当斯小姐和普雷斯托尼亚-
马丁，两人都来自社会注册组织。

这是所有社会主义/布尔什维克领导人在未来的岁月里都会遵循的模式。1900年，在很大程度上由于比阿特丽斯的工作，伦敦大学的皇家委员会宣布，经济学将从此被提升到科学的地位。在比阿特丽斯和她丈夫举办的午餐会上，比阿特丽斯不失时机地向著名戏剧家格兰维尔-巴克和威尔逊总统的私人代表雷-斯坦纳德-贝克介绍这一伟大的成就。

韦伯-
波特的合作**关系**变成了婚姻，并开始了一对夫妻的时尚，他们私下里对社会主义的奉献多于对彼此的奉献，但在表面上，却是一对非常忠诚的夫妇。这被证明是吸引妇女进入社会事业和政治行列的重要财富，可以说是激进女权主义的诞生。Clements
Inn是费边社的所在地，是1891年首次出版的《费边新闻》的来源。Beatrice是共同作者，**她的**钱支付了印刷费用。

对于比阿特丽斯来说，自然是通过国家的精英阶层来宣传他们的理想，这是最好的方式。如果普通人擅长比利-
格雷厄姆式的
"集会"，那**么能把事情做好的就是精英**们。在这方面，比阿特丽斯从未失去她的势利眼。对她来说，必须先让精英们改过自新，其他的才会跟上。这就是布尔什维克领导人后来采用的模式。当赫鲁晓夫访问英国和其他西欧国家时，人们从来没有看到他住在码头工人的小屋里，也没有看到他与工会的基层人员见面。赫鲁晓夫密切关注的总是精英阶层--
意大利的阿涅利、美国的洛克菲勒--
所有社会主义领导人都是如此。

比阿特丽斯开始关注牛津大学的富人和名人的儿子们，这并不令人**惊讶**。她的工作质量可以通过一些上流社会的叛徒来判断，他们是牛津和剑桥的产物，为了促进他们的社会主义世界革命目标而甘愿背叛西方，其中伯吉斯、姆克莱恩、菲尔比、安

东尼-布朗特、罗杰-
霍利斯是最有名的，但肯定不是唯一的。在社会 "改革
"的外衣下，隐藏着一个致命而危险的毒瘤，正在侵蚀基督教
西方的理想，这就是费边社会主义。它最早的著名皈依者之一
是沃尔特-李普曼（Walter Lippmann），是比阿特丽斯-韦伯
"诱导 "他加入费边社的。

到1910年，比阿特丽斯和她的钱已经建立了几个中心，费边主
义的宣传从这里开始传播。当时的作家、戏剧家和政治家都开
始向**她的圈子靠拢**。据《新政治家》报道，普遍的看法是，比
阿特丽斯领导了一场自由和同情的文化运动。百万富翁夏洛特
-佩恩-
汤申德成为比阿特丽斯的朋友，她被要求把她介绍给乔治-
伯纳德-
肖，之后夏洛特把他当成了一个诚实的人。现在，这两位男性
领导人有能力将所有的时间用于促进社会主义，这要感谢他们
各自配偶的钱。

人们经常注意到的是，这两位妇女一生都在攻击为其活动提供
资金的系统。比阿特丽斯-
韦伯是接管工党的推动力，正如另一位社会主义者帕梅拉-
哈里曼后来控制了美国的民主党，并将一位社会主义议程是将
国家带入一个世界社会主义政府--新世界秩序的总统推上台。

当然，比阿特丽斯-
韦伯孜孜不倦地破坏经济政策，拆解有秩序的英国的社会和经
济秩序。令我惊讶的是，韦伯夫妇没有像 "红色 "教授哈罗德-
拉斯基那样，以煽动和叛国罪被捕。如果发生了这种情况，它
可能会使美国免于社会主义导向的抽搐，这种抽搐一直持续到
今天。比阿特丽斯当时的朋友包括一位伯爵夫人和当时伦敦社
会的许多著名女士，包括斯塔福德-
克里普斯爵士的妻子。这些激进的女权主义者为社会主义事业
的茶会和周末务虚会开放了自己的家。

在**她漫长的统治期间**，比阿特丽斯-
韦伯从未动摇过对布尔什维克的支持，这似乎并没有干扰到她
的一长串上流社会的联系人，包括威廉-

贝弗里奇爵士，他对英国和美国的政治产生了巨大的影响（贝弗里奇计划成为美国社会保障的模式）。当比阿特丽斯在1943年去世时，她对社会主义的贡献以一种奇怪的方式得到了认可--玛莎-比阿特丽斯-韦伯的骨灰被埋葬在威斯敏斯特大教堂--对于一个公开的无神论者来说，这是一个奇怪的地方。

由费边社会主义者介绍给世界的激进、反婚姻、反家庭的女权**运动**的母老虎是亚历山大-科隆泰夫人。不知道比阿特丽斯-韦伯在频繁的莫斯科之行中是否见过科隆泰。科隆泰夫人是谁？在1924年5月31日参议院的国会记录第9962-9977页中，我们发现以下内容。

"科隆泰夫人现在是苏联驻挪威的部长，在她的多事之秋，包括八位丈夫，**两次担任人民委员**，第一次是福利委员，**两次**访问美国（1915年和1916年），在1914年被作为危险的革命者从三个欧洲国家驱逐后，她是德国社会主义的鼓动者......"

然后，在第4582-4604页中，这位强硬的共产主义世界革命激进女权主义者还有一个介绍。

"...最近，苏联大使亚历山德拉-科隆泰来到了墨西哥。据说她在世界革命运动中担任了28年的领导人；她在1916年因其努力而在三个不同的国家被捕，1917年**她**访问了美国，在全国各地演讲。它在路德维希-罗尔的领导下，现在是美国著名的共产主义者。科隆泰在1916年和1917年访问美国的目的和宗旨是煽动这个国家的社会主义者，如果美国进入抵抗体系所发生的事情，就会阻碍我们的活动。亚历山德拉-科隆泰是世界上最伟大的"自由恋爱"和儿童国有化的传播者。她为此来到墨西哥，对美国人民来说不是个好兆头。"

科隆泰的《共产主义与家庭》一书，是有史以来对婚姻和家庭最猛烈、最野蛮的攻击，超过了弗雷德里克-恩格斯的《家庭的起源》的颓废邪恶。科隆泰的　"自由之爱

"激进追随者曾自称为
"国际和平与自由联盟"。但他们经历了多次改名，以掩盖他们的议程仍然与亚历山德拉-
科隆泰的议程相同的事实：今天他们自称为
"全国妇女选民联盟"   "和
"全国堕胎权利联盟"（NARL）。他们还厚颜无耻地自称
"支持选择"，这意味着他们可以选择是否谋杀未出生的孩子。

马克思主义/社会主义的   "自由女权主义者"--
更多地被称为激进女权主义者--
的目标是在20世纪20年代至30年代**确定的**，**他**们没有改变。对"妇女权利
"的要求是没有责任的爱的同义词，即按需堕胎。他们和他们在**众**议院和参议院的煽动性社会主义者与媒体的豺狼形成了一个邪恶的联盟，这个联盟始于佛罗伦萨-凯利的时代。

科隆泰是今天这个国家被诅咒的激进女权主义者的标准代言人。美国的布尔什维克主义问题奥弗曼委员会报告如下。

> 俄罗斯布尔什维克政府的明显目的是使俄罗斯公民，特别是妇女和儿童，依赖于该政府......它破坏了自然的野心，使人们无法履行照顾孩子的道德义务，无法充分保护孩子免受孤儿和寡妇的不幸......。他颁布了有关结婚和离婚的法令，实际上是确立了'自由恋爱'"。参议院文件第61页，第一届会议，第36-37页国会记录。

上述内容与费边社会主义的宗旨和目标完全吻合。今天在美国猖獗和释放的激进女权主义，是一种社会主义教义。费边社的社会主义模式允许，甚至鼓励激进的女权主义，同时将其掩盖在家庭的面纱之下。虽然比阿特丽斯-
韦伯和她的伙伴们未能建立公开的堕胎诊所，但值得重复的是，社会主义圈子里的大人物之一、拉斯基教授的妻子哈罗德-拉斯基夫人是第一个在英国推动节育咨询中心的想法。

安**妮**-贝桑特博士通过伦敦的自由党圈子为贝特丽丝-韦伯所熟知。贝桑特是布拉瓦茨基夫人的继任者，继承了她的神学学会，其信徒都是维多利亚时代英国权力圈中的富人和名人。贝桑特在通过沙龙煽动鼓动方面发挥了重要作用，他的第

一次冒险是对英国主要工业中心兰开夏的工业进行攻击。

作为与三K党
"Clarte"（与美国的三K党没有**关系**）和巴黎大东方会九姐妹会结盟的共济会负责人，贝桑特非常积极地推动她所谓的
"社会民主"，但在任何时候她都受巴黎大东方会的控制，她从该会获得了最高委员会副主席和英国最高委员会大法师的称号。正是在这里，共济会、神智学和宗教联盟的融合变得清晰可辨。

H.G.威尔斯相信贝桑特的观念，可能是因为他和伊内兹-
米尔霍兰一样，是三K党   "克拉特
"的成员。两位社会主义女士都为妇女的选举权事业努力工作
，悉尼-
韦伯敏锐地看到，在为工党和自由党争取选票时，妇女的选举权是未来的浪潮。

贝桑特的成就要归功于彼得罗娃-
布拉瓦茨基夫人，而布拉瓦茨基夫人又要归功于赫伯特-
伯罗斯，他通过物理研究协会促进了她的
"才能"，该协会是维多利亚时代伦敦圈子里富人、贵族和政治强人的精选俱乐部。H.G.威尔斯和柯南-道尔（后来的阿瑟-柯南-
道尔爵士）都经常出入这些圈子。威尔斯将布拉瓦茨基描述为
"世界上最有成就、最巧妙和最有趣的冒牌货之一"。

布拉瓦茨基是由意大利的**碳酸**盐共济会的无可争议的领导人，伟大的马志尼发起的。她还与加里波第关系密切，在维特布鲁和门塔纳战役中与他在一起。对她的生活影响很大的两个人是维克多-
米格尔和里亚夫利，他们都是东方大教堂的革命共济会员。她于1891年去世，是一个顽固的、确定的社会主义者。

苏珊-劳伦斯是通过费边社战士艾伦-威尔金森和艾米莉-
潘克赫斯特领导的女权运动的工作而被选入议会的首批三名工党候选人之一。劳伦斯因她的声明而成名："我不宣扬阶级斗争，我生活在其中。玛格丽特-
科尔在为费边社担任研究员时，培养了她对激进女权主义的直

觉。之后，她在英国劳工部工作时，能够将她所学到的东西很好地利用起来，而**她的丈夫G.D.H.**科尔则在一连串的工党政府中崭露头角。与韦伯夫妇一样，科尔夫妇也保持着表面上的家庭幸福，但他们的婚姻是一种社会主义的便利。

比阿特丽斯-韦伯的明星学生之一是玛格丽特-科尔，她写了《费边社会主义的故事》，其中对激进女权主义的目标进行了糖衣炮弹般的宣传，以吸引苍蝇。科尔对费边社会主义在美国的大部分渗透和渗透负责。费边社会主义研究人员认为，纽约州长艾尔-史密斯的否决权推翻了卢斯克报告，这完全符合费边社会主义的箴言："要求社会主义者为你做肮脏的工作"。科尔是国际自由工会联合会驻联合国代表团的成员。

在美国，最重要的女性社会主义者之一是佛罗伦萨-凯利。她的真名是韦谢内夫茨基。似乎没有人了解她，只知道凯利在瑞士学习过列宁和马克思，瑞士是革命者的国际避难所。**她喜**欢称自己为"贵格会马克思主义者"。费边社会主义者知道的一件事是，凯利正在领导美国的"改革"行动。她有时通过说服罗斯福加入社会主义的全国消费者联盟（NCL），使**她更著名的朋友埃莉诺-**罗斯福黯然失色，她是该联盟的创始成员之一。

NCL是一个专门的社会主义机构，是一个决心让联邦政府进入根据美国宪法第十修正案属于各州的卫生、教育和警察权力领域的组织。事实证明，凯利在这方面是个天才。她被认为是制定了所谓的"布兰代斯书状"策略，即把一个单薄的法律案件淹没在大量不相关的文件中，从而使案件最终不是以法律为基础，而是以社会主义倾向的社会学和经济学"法律意见"为基础进行裁决。由于法官没有受过社会学方面的训练，他们不是判断他们面前的案件的社会学价值的人，所以这些案件的判决通常有利于社会主义者。

伊丽莎白-格兰道尔（Elizabeth Glendower）是一位**极其富有的社会名流**，她经常在家里招待

凯利，还有布兰代斯和当时的主要社会主义作家。众所周知，凯利与厄普顿-辛克莱尔（Upton
Sinclair）结下了深厚的友谊，他的早期文学作品包括成捆的费边社会主义
"立场文件"，寄给社会主义大学生在全国各地的校园里分发。尽管凯利否认，但他还是不遗余力地寻找机会来促进世界革命事业。

罗伯特-
洛维特夫人，其丈夫是芝加哥大学的英语教授，是凯利的亲密盟友。洛夫特夫妇、凯利和简-
亚当斯经营着一家名为赫尔之家的社会主义工作场所，埃莉诺-罗斯福和弗朗西斯-
帕金斯也参加了这一活动。许多赫尔之家的成员前往英国参加费边社的暑期学校课程。凯利善于使人皈依社会主义，是美国社会主义的不倦传教士。

社会主义妇女在南北战争结束后出现在美国的舞台上。共产党人在战前和战后都非常活跃，这是建制派历史书中没有提到的事实，这些社会主义 "女权主义者
"非常成功地**渗透到关心其家庭福利的**妇女的合法组织中。

这对训练有素的费边社会主义者来说相对容易，因为当时的习俗是把妇女放在尊重的基座上，值得男人的保护。一些
"地毯包
"的领导人是坚定的社会主义者或共产主义者。当女性社会主义者提出妇女的选举权问题时，男人们认为让妇女接触政治的粗暴和混乱是不明智的，但他们并不了解他们的女性社会主义强人。

另一些人很清楚社会主义者和共产主义者是如何招募好战和好斗的妇女，并训练她们去反对主流女权主义。当时的态度在《国会环球报》附录 "选举权宪法修正案 "的第165-170页有很好的表述。尊敬的J.A.
Bayard在1869年谈到社会主义时说。

> "下一个例外是性的问题。我不会与共产党人或社会主义者争论这一立场，也不会与妇女权利党争论，因为这一种类

> 的无政府主义的愚蠢之处，虽然近来取得了很大的进展，但还没有普及到需要阐述或反驳的程度。无度的虚荣心和对恶名的热爱可能会诱使一些妇女在衣着和职业上取消自己的性别；但妇女的心和母性的本能会使她们在生活、文化和后代的性格形成方面忠于自己的最高职责......"

这是一个骑士精神的时代，已经被希拉里-罗德姆-克林顿、贝拉-阿布扎格、埃莉诺-斯梅尔、伊丽莎白-霍尔茨曼、帕特-施罗德、芭芭拉-博克瑟、黛安-范斯坦和他们的亲属彻底摧毁，这一事实可以在《国会球报》附录第169页（巴亚尔参议员的演讲）中找到：

> "我感到自豪和高兴的是，在这个国家，我们的美国，有一**种**对性的骑士精神的奉献，这在任何其他国家都是无法比拟的。我对性别的尊重和对妇女所有权利的保障和保护的愿望，我没有向任何人屈服；但选举权不是一种权利......"。

有趣的是，社会主义者在多大程度上利用了女性社会感受到的合理**关切**，**并将其**变成了社会主义事业的载体，从而产生了有害的影响。聪明的费边社会主义者的这种渗透和渗透的自然结果是，美国国会已经成为一帮顽固的、没有女人味的妇女的游乐场，她们为了看到费边社会主义占领美国的激烈愿望，已经推翻了骑士精神。

一些所谓的 "妇女权利 "的社会主义阵线如下。

- ➢ 妇女俱乐部总联合会。
- ➢ 全国母亲和家长-教师协会大会。
- ➢ 全国妇女选民联盟。
- ➢ 全国商业和职业妇女联合会。
- ➢ 基督教节制联盟。
- ➢ 大学妇女协会。
- ➢ 全国犹太妇女理事会。
- ➢ 妇女选民联盟。

> ➢ 全国消费者联盟。

> ➢ 妇女工会联盟。

> ➢ 国际妇女联盟。

> ➢ 美国女孩友好协会。

这些组织是弗洛伦斯-凯利夫人和几个主要的
"女权主义者"（社会主义者）在1926年7月提起的诉讼的一部
分。他们试图通过一项违反美国宪法第十修正案的法律--
《母婴法》，但最高法院摆脱了今天对它的控制（始于罗斯福
时代），将国家从社会主义完全控制美国的企图中拯救出来。
卡特总统从科隆泰夫人的《共产主义与家庭》一书中提取了许
多材料，用于他的教育法案。

社会主义者一直打算将美国的孩子们国有化。社会主义者雪莉
-胡夫斯特德勒（Shirley
Hufstedler）曾一度领导违反宪法的美国教育部，她的灵感来
自格雷戈里-季诺维也夫的妻子莱琳娜-
季诺维也夫夫人。胡夫斯特德勒试图使美国儿童 "民族化 "和
"国际化"，为他们将来在一个世界政府中扮演种族混合者的角
色做准备。

这也是弗朗西斯-珀金斯（Frances
Perkins）的意图，她是一位训练有素的社会工作者，多年来领
导着美国所谓的　　　"女权运动"。**帕金斯是州**长富兰克林-D-
罗斯福的纽约州劳工专员。她把埃莉诺-
罗斯福算作她最亲密的朋友之一，在罗斯福在白宫的三个任期
内，凯利与罗斯福关系密切。珀金斯的第一个任务是与埃莉诺
-罗斯福和她的门徒哈里-L-
霍普金斯一起创建国际劳工立法协会，珀金斯与他们密切合作
，为纽约州的失业者建立了工作福利。

最初的计划来自于一个被称为改善穷人状况协会的社会主义团
体。**帕金斯和他的朋友**们按下所有正确的按钮，不惜一切代价
使他们的　　　　　　　　　　　　　　　　　　"改革
"获得纽约州立法机构的通过。数百份小册子和传单被分发到
学校和大学，以建立对这些　　　　　　　　　　"有益变化

"的支持，而高级编辑撰写的文章则被小报媒体采用。进行了几十次 "民意调查"，以创造有利于劳工 "改革" 的 "民众情绪"，这只能 "使整个国家受益"。

帕金斯戴着许多帽子，因其不知疲倦的精力和对美国费边社会主义运动的奉献而备受瞩目。当罗斯福离开奥尔巴尼前往华盛顿时，帕金斯跟随他。她是美国历史上第一位被任命为内阁职位的女性。**她**对罗斯福的影响只比埃莉诺-罗斯福略低。

帕金斯从罗斯福三届任期的第一天到最后一天都在他身边，在此期间，她为联邦政府带来了名副其实的社会主义律师、经济学家、统计学家和分析家。当约翰-梅纳德-凯恩斯访问罗斯福并试图解释他的经济理论而没有取得多大成功时，是帕金斯向罗斯福推销了这些理论。珀金斯吞下了 "乘数" 理论，提出了几乎是不朽的观点："在（凯恩斯的）系统中，用一美元就创造了四美元"。

珀金斯炮制了操纵1940年民主党大会的计划，为罗斯福赢得了第三个任期，尽管 "功劳" 一般归于哈里-霍普金斯。在罗斯福担任纽约州长的早期，帕金斯是全国消费者联盟和纽约州奥尔巴尼妇女贸易委员会的说客。

据说，她与当时的主要社会主义知识分子的接触多达数百人，**她是**费利克斯-法兰克福的宠儿。她的另一个男性支持者是哈里-霍普金斯，他将在罗斯福时代崭露头角，对美国造成相当大的损害。珀金斯带着一大批社会主义经济学家和劳工教授来到华盛顿，从他们那里涌现出了名副其实的社会主义材料，其中大部分至今仍在大学里教授。比起其他任何女性--包括埃莉诺-罗斯福--**帕金斯**对罗斯福将美国带入第二次世界大战的影响更大。

珀金斯因起草国家失业保险和养老金立法而备受赞誉。应罗斯福总统的要求，帕金斯在幕后工作，以普雷斯托尼亚-马丁的《禁止贫困》为指导，使这两个社会主义梦想成为现实。珀金斯得到了约翰-梅纳德-凯恩斯的很多帮助，他在1934年作为费边社会主义亲善大使访问美国。凯恩斯和珀金斯一致认为，社会主义在罗斯福任期内有一个宝贵的机会，可以取得长足的进步。

像几乎所有的新政一样，"禁止贫困"几乎是逐字逐句地从格雷厄姆-沃拉斯的同名著作中摘取的，它被广泛用于制定一个强制性的社会保险（社会保障）制度。珀金斯寻求并获得了悉尼和比阿特丽斯-韦伯的重大贡献，他们向珀金斯和罗斯福指出，费边社起草了工党1918年的选举计划，并在起草贝弗里奇计划时发挥了影响，该计划成为英国社会福利的基础。

因此，格雷厄姆-沃拉斯的新政、贝弗里奇计划和悉尼-韦伯在1918年为工党写的建议，以及约翰-梅纳德-凯恩斯的费边社的   "税收和支出"经济原则，在稍作调整和适应后，形成了罗斯福新政的基础。弗朗西丝-

帕金斯在实现这一目标方面的作用怎么强调都不过分。人们经常问我，他们的声音中带着深深的怀疑，"英国人怎**么可能像你**认为的那样影响，更不用说管理像美国这样的国家？"1936年的《社会保障法》是威廉-贝弗里奇爵士、格雷厄姆-瓦拉斯教授和费边社主任悉尼-韦伯的作品，由弗朗西斯-珀金斯进行调整和补充。对如何做到这一点以及弗朗西斯-珀金斯所扮演的角色的研究，比我所能使用的任何言语都要好得多，这就是所有怀疑托马斯主义者的问题。

1936年的《社会保障法》是纯粹的费边社会主义的行动。这在美国历史上是史无前例的，也是100%的违宪。我花了很多时间搜索从1935年到1940年及以后的国会记录，看是否能找到任何东西，使这一社会主义立法纯粹符合宪法，但没有结果。

这种社会主义对美国人民的牵制方式表明，社会主义者为了让他们明显荒谬的法律得到最高法院的认可，准备不惜一切代价。珀金斯面对这种两难境地，看不到任何出路。罗斯福需要《社会保障法》成为法律，以便他可以利用它来赢得连任。通过哈里-霍普金斯、布兰代斯和卡多萨的斡旋，珀金斯发现自己在危机最严重时在华盛顿的一次晚宴上坐在了社会主义者哈兰-斯通法官的旁边，他是一位主要的自由主义者。

帕金斯部长告诉哈兰-斯通法官，**她正在触犯**宪法，需要一个能被最高法院接受的社会保障资金的解决方案。斯通法官违反了所有的司法礼仪，如果不是公然违反法律的话，他在帕金斯的耳边低声说。

> "联邦政府的征税权，我亲爱的，联邦政府的征税权足以满**足你的一切要求和需要。**

珀金斯听从了哈兰-斯通斯法官的建议，所以今天我们在一个邦联共和国中拥有社会主义的社会保障。毫无疑问，斯通法官本应受到弹劾，但却没有对他提出指控。

珀金斯保持了对法官的信任，除了罗斯福，他没有告诉任何人，而罗斯福立即利用这个严重非法的计划为他的每一个社会主义新政计划提供资金。后来，哈里-霍普金斯进入了这个秘密，并被允许为"税收和消费，税收和消费"这句话邀功。

帕金斯是亨利-摩根索、雨果-布莱克法官和苏珊-劳伦斯的知己和朋友，后者是令人敬畏的女议员和费边社的高级主管。帕金斯是20世纪20年代试图接管美国的社会主义的关键人物之一--这个致命的计划是基于爱德华-曼德尔-豪斯上校写的《菲利普-德鲁-管理员》一书。

根据苏珊-劳伦斯对简-亚当斯的说法，它是由

> "在历史上最奇怪的现象之一，美国宪法中精心设计的制衡制度至少在目前导致富兰克林-罗斯福个人完全上位。

然而，只要看一下'菲利普-德鲁-管理员'就会发现，与其说是偶然，不如说是精心的策划和对豪斯上校的技术的认真关注，使罗斯福处于领先地位，准备控制民主党的局面。

当时机到来时，弗朗西斯-**帕金斯站在她的前雇主一**边。帕金斯是赫尔之家的产物，是一

名专业的社会工作者，被描述为最终的社会主义机会主义者。珀金斯在英国费边社的 "贵族 "圈子里活动自如，并在莉莉安-瓦尔德、简-亚当斯和埃莉诺-罗斯福的手中学到了很多经验。当她被建立起来的时候，她已经准备好了。如果在20世纪20年代有**两个主要的女阴**谋家，那就是凯利和帕金斯。后者对社会主义的献身精神吸引了阿维尔-哈里曼的社会主义妹妹玛丽-拉姆齐的注意。

玛丽-哈里曼-拉姆齐是一群热情的新政支持者中的第一个，他们主张采用费边社的计划，并根据美国的情况进行调整。拉姆齐来自1930年代美国最精英的家庭之一。**她与埃莉诺-罗斯福**的密切联系有助于磨砺她已经深入人心的社会主义活动。拉姆齐是悉尼-韦伯、肖、霍尔丹、穆格里奇和格雷厄姆-瓦拉斯著作的不倦读者。

她与弗朗西斯-帕金斯通过埃莉诺-罗斯福相识后建立了终生的友谊，他们很快发现了对社会主义事业的共同热情，拉姆齐很快坚持认为，她的杰出哥哥阿弗里尔-哈里曼也是如此，他成为了狂热的社会主义者，并与一连串的布尔什维克领导人亲密接触。拉姆齐的社会主义活动使她在美国和欧洲各地活动，在英国，她受到韦伯夫妇和费边社蓝血贵族的欢迎。

当时人们经常议论的是，这个女人，她的良好举止明显标志着**她来自社会的最高**层，如何来煽动女性工会领导人，并在女性工会基地中工作，**她**显然是在家里。显然，费边社会主义在玛丽-拉姆齐的生活中留下了不可磨灭的印记，据说她是美国最富有的五位女性之一。

玛丽-拉姆齐与优雅的简-亚当斯小姐的长期友谊，正如纽约报纸的一位社会专栏作家曾经写道的那样，"指尖上的淑女"，是**另一种不合**时宜的做法，似乎藐视大西洋两岸社会主义者的传统分类。亚当斯是赫尔宫的推动者，赫尔宫是费边社会主义的

"智囊团"，当时的女性精英们在这里被介绍给社会主义信仰。1898年4月比阿特丽斯和悉尼-
韦伯访问美国时，他们是亚当斯小姐的客人。据报道，这位前"殖民地办公室职员 "被爱登士的英语能力和 "**她美**丽的黑眼睛"迷住了。

作为一个终身单身汉，亚当斯得到了像爱德华-曼德尔-
豪斯上校、H.G.威尔斯等人的尊重。阿瑟-柯南-道尔和阿瑟-
威勒特爵士，一位伟大的英国费边主义新闻工作者。

亚当斯在很大程度上参与了   "世界政府教会"的创建，这是一个社会主义与宗教的妥协，它注定要成为"世界政府   "的官方"宗教"，其历史我们将在本书其他部分详细介绍。

亚当斯是一个真正的社会主义   "和平主义者"，因其促进"国际和平 "的努力而获得诺贝尔奖。亚当斯与英国 "上流社会"成员、世纪之交伦敦社会的领军人物佩思威克-
劳伦斯夫人一起创立了妇女国际联盟。与亚当斯一样，她也是三K党--"克拉特
"和共济会的成员。请注意这些上流社会的名字，它们不是我们与无政府主义者和革命爆炸者联系在一起的。然而，这些著名的女性社会主义者在美国造成的损害在许多情况下已经超越了激进分子的影响。

爱登士受到两位美国总统的接见，并且是曾投资列宁和托洛茨基的华尔街银行家的热情支持者，也是列宁的俄美工业公司和共产主义联邦出版社的股东。亚当斯与美国对俄文化关系协会有联系，该协会主要向专门经营社会主义/共产主义文学的书店分发信仰联盟的出版物。

她与罗西卡-
施维默的亲密友谊非常重要，因为施维默有卡洛伊伯爵的耳目，这个人将匈牙利放在血淋淋的盘子里交给了谋杀了匈牙利数十万基督徒的肮脏野兽贝拉-
库恩（本名科恩），然后才将他驱逐出境。亚当斯是社会主义者，他为血腥邪恶的卡洛伊伊伯爵组织了一次巡回演讲。

费边社会主义的女追随者们富有、有权势，并且有合适的家庭**关系**，这使她们能够确保其强烈的社会主义思想有相当多的受**众**。诸如韦伯、帕金斯、拉姆齐和佩斯维克-劳伦斯夫人、亚当斯、贝桑特等女性社会主义者对美国和英国一系列**关**键事件的影响，今天还从未被充分描述或正确理解。这些看起来和说话都很有贵族气质的女士与美国 "女权"**运**动中的义和团、费恩斯坦、阿布兹格和施罗德形成了鲜明的对比。在20世纪80年代和90年代所有从政的女性中，只有撒切尔夫人会对简-亚当斯感到满意，她经常访问伦敦，虽然没有为她赢得唐宁街10号的邀请，但却使她成为费边社及其领导人比阿特丽斯和悉尼-韦布的宠儿。

爱登士的举止和文雅的言谈中隐藏着像钉子一样坚硬的内心和拒绝退缩的精神，即使是在困难的情况下。虽然她从不承认，但亚当斯是深刻影响了罗伯特-莫斯-洛维特的人，他被选为领导美国的费边社会主义运动。不可能为社会主义事业找到一个更不可能的领导人。矜持而冷漠的洛维特在赫尔宫遇到爱登士后，变得很有煽动性。在许多方面，洛维特的美国社会化运动是 "伟大"的社会主义者所进行的最重要的战斗之一。哈里-霍普金斯，这个在美国为费边社会主义点燃了比社会主义队伍中任何其他个人都要多的森林之火的人，他的地位归功于亚当斯，后者在1932年向罗斯福强烈推荐了他。

亚当斯在女性社会主义者的名单中名列前茅，并因其代表美国社会主义方案的和平活动而被授予诺贝尔和平奖。她在芝加哥创立的国际妇女和平联盟的主持下继续她的社会主义征战，该联盟成为布尔什维克领导人所珍视的 "和平"的共产主义阵线。亚当斯详细研究了费边社的出版物，特别是那些从科隆泰夫人攻击婚姻和家庭的书籍中提炼出来的出版物，并将**她的大部分**时间用于美国的反家庭社会主义事业。

虽然他们从来没有亲近过，但多萝西-惠特尼-斯特拉（Leonard Elmhurst夫人）是亚当斯的崇拜者。惠特尼-斯特拉特夫妇，像亚当斯一样，直接来自美国上流社会。多萝

西-惠特尼-
斯特拉特的哥哥是J.P.摩根公司的合伙人，这给了惠特尼-
斯特拉特夫妇进入伦敦、纽约和华盛顿的费边社会主义圈子的
上层的全权委托。惠特尼-
斯特拉特家族资助了美国费边社会主义出版物《新共和国》（
多萝西是其主要股东），沃尔特-
李普曼是该出版物的定期撰稿人，以及牛津和哈佛的主要社会
主义教授。哈罗德-
拉斯基教授是《新共和》杂志最喜欢的作者之一。多萝西-
惠特尼-斯特林是伍德罗-威尔逊总统的热情支持者。

在与伦纳德-K-
埃尔姆赫斯特结婚后，多萝西从她的长岛庄园搬到了英国德文
郡托特尼斯的达廷顿庄园，正如她告诉她的朋友的那样，"她
的心在那里"，以便更靠近费边社会主义权力的中心。在那里
，她与英国社会主义的 "伟人 "擦肩而过，如尤斯塔斯-
佩里勋爵、奥斯瓦尔德-莫斯利爵士和格拉姆-
霍尔丹。1931年，多萝西和韦伯夫妇正忙于在美国推行新政的
计划，以迎接富兰克林-
罗斯福的到来。为了不引起怀疑，在多萝西的建议下，该计划
被称为
"政治和经济规划"（PEP），尽管最初的成员之一摩西-
西夫（Moses
Sieff）在1934年于伦敦对费边社会主义者的一次演讲中轻率地
将PEP称为 "我们的新政"。

从一开始，PEP就是一个颠覆性的组织，决心破坏美国共和国
的宪法，没有一个成员比多萝西-惠特尼-斯特林（Dorothy
Whitney
Straight）更孜孜不倦地为这个目的工作。国会议员路易斯-
T.麦克法登对她的努力有这样的评价。

> "我可以指出，这是一个拥有巨大权力的秘密组织吗？他们
> 组织的定义是：在英国积极参与社会服务的生产和分配、
> 土地使用规划、金融、教育、研究、劝说和其他各种关键
> 职能的一群人"。

麦克法登先生将该小组描述为一个 "智囊团"，他说

> "是应该影响美国目前的贸易关税政策。你我都对英国发生的事情不感兴趣，但我们都应该感兴趣的是，我们总统身边的一些智囊团成员极有可能与这个英国组织接触，致力于在美国推行类似的计划，我得到严肃人士的保证，他们有能力知道这个组织实际上控制了英国政府，这个高度组织化和资金充足的运动旨在实际上使讲英语的种族苏维埃化。"

本书的其他部分记载了这个国家的历任总统为保护其公民的福利而明智地设置的贸易壁垒所受到的巨大损害。麦克法登指责与多萝西-惠特尼-斯特拉特的英国   "智囊团"相对应的美国人是由法兰克福教授、图格威尔和威廉-C-布利特（破坏白俄军队几乎肯定被布尔什维克红军击败的人）组成的。对于他们，麦克法登说。

> "我认为毫无疑问，这些人属于这个具有明显布尔什维克倾向的特殊组织，这个计划将在美国发展。"

在这种情况下，多萝西-惠特尼-斯特拉特可以依靠费利克斯-法兰克福的建议，他在搬到德文郡之前曾是她在长岛庄园的常客。惠特尼-斯特拉特家族的**惊人**财富不仅资助了《新政治家》，而且还资助了PEP和其他许多费边社的前沿组织及其活动。

多萝西在她奢华的德文郡庄园里维持着她的宫廷，就像她梦想成为的皇室成员一样。除法兰克福外，经常来访的还有著名作家J.B.Priestly、Israel Moses Sieff、Richard Bailey和Julian Huxley爵士、Lord Melchett和Ramsay McDonald之子Malcolm McDonald。虽然这些名字对美国人来说可能并不熟悉，但他们都是处于费边社会主义阶梯顶端的人的名字。但有一个美国人认出了这些名字，他就是众议院银行委员会主席路易斯-T-麦克法登。

麦克法登长期以来一直怀疑多萝西-惠特尼-斯特拉是国家的叛徒。在**众**议院的一次演讲中，麦克法登想知道多萝西和她的随行人员在计划什么，以及它将如何影响美国。他想知道为什么某个摩西-希夫把新政称为

"我们的新政"。麦克法登披露了英国费边社会主义者与美国社会主义者和共产主义者之间的密切联系，他知道这些人正在积极为美国共和国的垮台而努力："政治经济计划（PEP）现在正在英国秘密运作"。多萝西-惠特尼-斯特林的PEP的目标是什么？根据麦克法登的说法，这是他们的秘密出版物向她的 "内部人员 "透露的事情。

> "工作方法包括将一些在专业上关注正在讨论的问题（如何破坏美国宪法）的一个或其他方面的人聚集在一个小组中，以及一些非专家，他们可以提出有时专家无法回答的基本问题。

> 这种技术使PEP能够将在不同领域工作的男性和女性的综合经验带到问题上，包括商业、政治、政府和地方当局部门以及大学."

> "...组成小组的人的名字不被披露......这条规则从一开始就被刻意采用，并被证明非常有用。它使那些本来无法提供服务的人能够提供服务，它确保成员能够自由地对讨论做出贡献，而不受他们可以确定的某个组织的官方意见的约束......。匿名是这张表发给你的一个严格条件。该组织作为一个无党派组织，在个人和党派论战领域之外做出贡献是非常重要的...。"

情报人员告诉我，90%的国会工作人员（众议院和参议院）都是以这种方式工作。参议院委员会对克拉伦斯-托马斯大法官的听证会惊人地揭示了这种 "**渗透和浸渍**"的社会主义策略如何仍然广泛用于美国政府的所有部门、教会、教育以及对美利坚合众国的未来有至关重要的决定的地方。

费边社会主义的保密规则成功地将人民党经常进行的叛国活动屏蔽在美国公众的视野之外。正是通过PEP和其他许多高度秘密的费边社会主义组织，社会主义在20世纪20年代和30年代几乎成功地占领了美国。仿照英国费边社的PEP，美国的版本被称为国家规划协会（NPA），费利克斯-法兰克福特是多萝西-惠特尼-艾姆赫斯特选择在美国建立和运行该协会的人。多亏了一个警党的、仍未被触及的最高法院，国家警察的许多方案被驳回。
多萝西-惠特尼-
斯特拉特不为所动，并敦促她的社会主义同伴永远不要放弃他们的目标--
推翻美国的统治。她确实是费边社女权主义者中最危险的一个。

尽管劳拉-
斯佩尔曼不是任何一位上流社会费边社会主义女士的私人朋友，但在这里必须提到她的名字，如果只是为了强调社会主义似乎总是能无限地获得非常大的资金，这是一种非凡的幸运。劳拉-
斯佩尔曼基金开始时有1000万美元的资本，但实际上，在美国推广社会主义计划时，斯佩尔曼井没有基金。这些方案通常被称为 "改革"，是真正的费边社会主义风格。

这些 "改革 "之一是破坏美国宪法。当参议员约瑟夫-麦卡锡差一点就能揭开社会主义和共产主义对美国政府的渗透的盖子时，劳拉-斯佩尔曼基金向那些研究马丁-
迪斯和参议员麦卡锡背景的人提供了无限的资助，他们能够找到任何能够诋毁他们的东西。因此，斯派曼基金对美国宪法的危险攻击负有间接责任，这种攻击已达到令人恐惧的程度，迪斯和麦卡锡威胁要揭露这种攻击。

带头反对麦卡锡的政治妓女威廉-B-
本顿参议员，在要求将麦卡锡参议员开除出参议院时，得到了斯佩尔曼金钱所能买到的所有支持。本顿的名字将永远成为亚伦-
伯尔和肆意叛国和煽动的同义词。本顿与费边社会主义新政密切相**关**，**他的公司本**顿和鲍尔斯赢得了英国工党政府的有利可图的合同。本顿还与洛克菲勒国家经济研究局（该局致力于推动拉斯基的经济福利国家）和欧文-拉蒂莫尔（Owen Lattimore）密切相**关**，**后者是**这个国家发现的最糟糕的叛徒之一。正是这个本顿难以置信地问麦卡锡，他是否为自己对军队的调查感到羞耻，而这一调查的目的基本上是为了揪出美国政府中的社会主义叛徒。

后来，当它与洛克菲勒兄弟基金合并时，斯佩尔曼向哈罗德-拉斯基的伦敦经济学院捐赠了300万美元，这为社会主义进入美国政府的最高层打开了大门。劳拉-斯佩尔曼的钱被投入到一场密集的运动中，将马克思主义的"教育"和"经济"方案引入美国学校和大学。数百万美元被投资于这些社会主义项目，其后果我们可能永远无法衡量，而这些项目永远改变了这个国家的教育形态和方向。

这些社会主义妇女的主要执念是破坏美国家庭传统。正如20世纪20年代研究布尔什维克主义的主要学者之一保罗-杜克斯爵士所说。

> "俄国布尔什维克政权的核心悲剧是有组织地努力颠覆和腐蚀儿童的思想......。打击家庭制度一直是布尔什维克的原则。

科隆泰夫人的著作对此毫无疑问，甚至在怀疑论者的心中也是如此。这个想法是在孩子很小的时候就把他们从父母的照顾下带走，在国家开办的日间护理中心抚养他们。

埃莉诺-罗斯福所造成的损害已被多次叙述，在此无需赘述。只需指出，**她在**20世纪20年代和30年代投入大量时间的所谓女权运动正在蓬勃发展，而且从未像1994年在美国那样强大。埃莉诺是第一个通过与罗蕾娜-希科克的非法**关系公开**认可女同性恋的人，她的情书就在海德公**园的**罗斯福家。也许让我们看到这群社会主义活动家变得多**么激**进和强大的事件是安妮塔-希尔-克拉伦斯-托马斯在数百万观众面前的斗争。值得注意的是，自埃莉诺-罗斯福时代以来，所谓的"妇女权利"和"女权主义"组织如雨后春笋般涌现并成倍增加。

个别社会主义领导人及其"女权主义"组织的名字不胜枚举，就像《圣经》中提到的恶魔一样。我不打算特别提及他们每个人--这超出了本书的范围。因此，我不得不只提请注意那些在女性社会主义等级制度中最高的人，他们遵循社会主义规则，渗透和**渗透**。**男性社会主**义者在渗透到美国政府所有部门、地方和州政府、私人机**构和**组织方面取得的惊人成功，会被珀金斯、凯利和多萝西-惠特尼-斯特拉特自豪地称赞。

他们会喜欢芭芭拉-史翠珊，这位声音沙哑的 "艺术家"的建议延伸到了克林顿白宫。史翠珊在访问时 "睡在白宫"的事实表明，美国是如何被拖到过去的伟大政治家--华盛顿、杰斐逊、杰克逊--从未想象过的水平。史翠珊和贝拉-阿布扎格就像豆荚里的两个豌豆。言辞激烈、好斗，深深地致力于社会主义/马克思主义的理想，两人都生活在奢华之中，同时声称要为穷人说话。

阿布扎格主要是由于犹太集团的投票而被提名进入众议院，一旦到了那里，**她就开始**发出她尖锐的声音，特别是在所谓的"堕胎权"问题上，我应该顺便指出，这没有法律依据，因为它超出了宪法的范围，因此是无效的。

阿布扎格在国会大厅里走来走去，对任何反对 "自由恋爱"的激进女权主义的人大喊大叫。在这一点上，她得到了女权主义最糟糕的骗子之一诺玛-麦考维的帮助，即罗伊诉韦德案中的 "简-罗"。提出这个问题时，麦考维甚至没有怀孕。她被阿布扎格的人吹捧为"伟大的学者"，而事实上她的学位来自旧金山未经认证的新学院法学院，正是这个女权主义组织给了安妮塔-希尔她的法律学位！**她是我的朋友。**

一些，但不是全部，激进的女权主义组织如下。

- ➢ 玛格丽特-本特律师协会
- ➢ 美国公民自由联盟
- ➢ 全国妇女法律中心
- ➢ 新学院法学院
- ➢ 性骚扰问题公众教育特设委员会

- ➤ 争取正义联盟
- ➤ 法律和特别政策中心
- ➤ 全国妇女组织（NOW）
- ➤ 提高妇女地位组织
- ➤ 计划生育
- ➤ 全国堕胎权利行动联盟(NARL)
- ➤ 妇女法律保护基金

这些激进的女权组织大多想利用宪法来保护妇女，同时忙着对美国进行社会化改造--这是费利克斯-法兰克福特传给他们的遗产。他们不时地说着保护个人权利的虔诚的陈词滥调，其中百分之九十九的权利都不在宪法中，同时主张推翻保护他们的宪法。

由贝拉-阿布扎格的祖先弗洛伦斯-凯利提出的社会主义《母婴法》直接取自季诺维也夫夫人描述的布尔什维克制度，在全世界范围内对儿童进行国有化。贝拉-阿布扎格和**帕特**-施罗德所谓的"妇女权利"不过是女性的无政府状态，并不在美国宪法中。这些社会主义妇女的愿望大多来自亚历山德拉-科隆泰的《共产主义与家庭》、贝贝尔的《妇女与社会主义》和恩格尔的《家庭的起源》。所谓的"堕胎权"就来自这种布尔什维克文献。

1919年的布尔什维克主义问题奥弗曼委员会得出了以下结论。

> 布尔什维克政府的明显目的是使俄罗斯公民，特别是妇女和儿童，依赖于这个政府......他们颁布了关于结婚和离婚的法令，实际上建立了一个"自由恋爱"的状态（堕胎）。它们的效果是为卖淫的合法化提供了一个工具，允许按照当事人的意愿取消婚姻关系。参议院第61号文件，第一届会议，第36-37页，国会记录。

在Roe vs. Wade案中，美国最高法院的法官们通过他们过度的想象力违反了宪法。所谓的 "妇女权利活动家"在过去20年里不遗余力地试图将根本不存在的 "权利"写入宪法。

安**妮塔**-希尔-克拉伦斯-
托马斯案是这些妇女权利团体自罗斯福政府时代以来所获得的巨大力量的一个显著表现。参议院里都是最坏的那种社会主义者，肯尼迪、梅岑鲍姆和拜登是他们的标杆人物。有一种公众的看法需要被纠正。参议院没有司法权：它不能起诉任何人。它的权力仅限于调查的作用。它不具有起诉的作用。在研究安**妮塔**-希尔-克拉伦斯-
托马斯案时，我们很快就会发现，参议院显然已经完全忘记了对其权力的这种限制。

对抗的主要煽动者不是希尔本人，而是一群粗暴和咄咄逼人的女性，**她**们看到了利用 "性骚扰"这一被夸大的问题的机会，这已经成为她们的招牌。[8]这个团体能够说服参议院委员会和大量立法者，认为希尔是 "性骚扰"的受害者，尽管**她**已经等了十年才提出申诉，这一事实表明 "女权"倡导者已经变得多么强大。

如果可以为这种可悲的状况挑出一个女人，那就是南-亚伦。如果可以挑出一个人，那就是沃伦-伯格法官，这个社会主义梦想中的法官，总是可以指望他扭曲和挤压宪法，增加自己的偏爱，完全无视美国宪法第九修正案。

值得一提的是，对宪法造成最大破坏的社会主义大法官在被任命为最高法院法官之前，没有一个人有过任何法官经验。路易斯-布兰代斯、约翰-马歇尔、厄尔-沃伦、拜伦-怀特和威廉-雷恩奎斯特在他们的社会主义资历提升到最高法院之前并不是法官，他们从那里继续为侵扰各级政府的主要社会主义者服务。

---

[8]原文为 法语。

花了几天时间把强大的社会主义妇女聚集在一起进行攻击，但之后，凯特-米歇尔曼，堕胎权和杀婴冠军，南-亚伦，朱迪思-利希特曼，莫莉-亚德，埃莉诺-斯梅尔。帕特里夏-施罗德（Patricia Schroeder）、芭芭拉-博克瑟（Barbara Boxer）、苏珊-胡尔克纳（Susan Hoerchner）、盖尔-拉西特（Gail Lasiter）、戴安-范斯坦（Dianne Feinstein）、苏珊-戴勒-罗斯（Susan Deller Ross）和尼娜-托腾伯格（Nina Totenberg），一个吸食大麻的小混混，秉承了1920年代费边社会主义小混混们的优良传统。在这些人中，也许最恶毒的是托腾伯格，他已经因为抄袭被解雇了。习惯于使用粗话的托腾伯格代表了所谓 "女权主义者"中最坏的一面。在这一点上，她得到了参议员霍华德-梅岑鲍姆的有力支持，他是参议院问题的最好例子。

对托马斯的第一次攻击来自于亚伦、胡尔克纳和利希特曼策划的泄密事件，他们说服希尔把他的性骚扰投诉写成文字并寄给联邦调查局。胡尔克纳是第一个给俄克拉荷马州的希尔打电话的人，尽管**两人已**经有七年多没有联系了。胡尔克纳就像萧伯纳一样，她不害怕接近任何人，甚至是她认为可能对她有用的陌生人。

这些咄咄逼人的 "女权主义者"所担心的是，希尔不会主动站出来面对托马斯法官。在这种情况下，正如人们所说的那样，"我们必须把她带出去"，使用从同性恋游说团体那里学到的技巧，每当他们自己的人不愿意承认自己是同性恋时，就使用这种技巧。

此时，托马斯已经忍受了五天的审讯，梅岑鲍姆做了他一贯的特技，推迟确认，看他的抹黑小组是否会产生任何结果。最后，在女权主义活动家和法律 "学者 "凯瑟琳-麦金农（Catherine McKinnon）的可怕压力下，主要是通过利希特曼，希尔崩溃了，被迫提出了激进妇女想要的指控，这些指控立即被披露。

剩下的就是历史了，这是一个关于社会主义女权主义者的野蛮故事，**她**们愿意做任何事情来 "杀人"，尽管在这种情况下，她们的猎物克拉伦斯-

托马斯大法官可能已经跑赢了她们。整个行动，从胡尔克纳与希尔联系的那一刻起，直到托马斯被确认，都是按照心理政治学的原则进行的，这种策略在英国曾为社会主义提供了巨大的**帮助**。

不幸的是，激进的社会主义 "女权主义"将继续存在。像帕特里夏-施罗德（Patricia Schroeder）和重量级人物博瑟（Boxer）和范斯坦（Feinstein）的活动将不会有任何松动。我们将看到这些激进的女权主义立法者提出各**种不符合**宪法的法律。我们已经看到范斯坦如何让参议院接受所谓的 "攻击性步枪"禁令。费恩斯坦的法案在不少于三个重要的地方违反了宪法，但这一事实并没有困扰这位角斗士。我们需要做的是对立法者进行宪法培训，让他们当选，然后教他们以宪法为主要武器，反击和消除对我们自由的任何进一步侵犯。为此，我们需要一个类似于费边社会主义协会的基金会。

第五章

通过立法颠覆宪法

是弗洛伦斯-
凯利（Weschenewsky）⁹ ，**她宣布美国**宪法应该被她所谓的
"立法途径
"所颠覆，并且从她的声明开始。社会主义者一直在争先恐后
地执行她的指令。这种对宪法的劫持已经到了如此地步，以至
于在1994年，没有一天不有某个地方的法官把他或**她的**预言读
进宪法，并做出超出宪法框架和范围的决定。

在20世纪20年代末和30年代初，美国社会主义团体宣布，应利
用司法机**构的解**释作用来规避宪法的限制。社会主义者还设计
了
"行政命令"，作为在不可能颁布有利于社会主义事业的立法时
直接立法的手段。

尽管起草美国宪法第九修正案的明确目的是防止法官将他们的
预测变成法律，但各级法官基本上无视对他们的这种限制，而
且越来越多地通过明显违宪的法律。所谓的　　　　"枪支管制
"法和对反堕胎抗议团体的限制就是例子。

凯利将狂热的社会主义者恩格斯的《1844年英国工人阶级状况

---

⁹ 读者可能已经注意到，所提到的致力于颠覆美国宪法的大多数活动家--
芬斯坦、施罗德、梅岑鲍姆、托腾伯格、利希特曼等--都是犹太裔。-
是犹太裔。

》翻译成英文，从而崭露头角。[10]这是社会主义对资本主义的一贯攻击。恩格斯写了几本书，包括对宗教的猛烈抨击，还有一本《家庭的起源》，对婚姻的神圣性进行了抨击。恩格斯在1884年巡视了美国，并没有试图听从爱德华-贝拉米的警告，避免对抗，以免投射出社会主义是性变态者、革命者和无政府主义者的家园的形象。显然，19世纪的美国人比90年代的美国人更了解社会主义。

凯利选择在瑞士接受社会主义教育并非巧合，瑞士长期以来是革命者、无政府主义者和性变态者的家园。丹东和马拉来自瑞士，发起了法国革命。在前往伦敦之前，列宁在这个国家呆了相当长的时间。凯利通过加入纽约民族主义俱乐部开始了她颠覆美国宪法的讨伐活动，从那里她发起了让联邦政府通过控制工厂工资和条件的法律的讨伐活动。

为了追求这一目标，凯利要么创造自己的门面，要么加入现有的门面，如全国消费者联盟，她试图赋予其马克思主义色彩。凯利称自己是"马克思主义贵格会"，**她也是美国**费边社会主义者。我们将在下面的章节中进一步了解凯利。她成为哈佛大学教授布兰代斯的密友，从他那里学到了很多**关于通过** "立法手段"规避宪法的方法。

凯利积极工作，为 "布兰代斯书状"铺平道路，该书状后来成为社会主义法官的标志。Brandeis Brief "基本上是一**两**张法律意见书，附在精心挑选的关于经济和社会问题的巨大的社会主义宣传资料包中。不用说，布兰代斯和他的法官同事们都没有资格解释这些有偏见的社会主义理论，因此，这些理论被简单地接受为事实，并写入法官的判决。1915年左右，凯利的研究人员走遍世界，收集亲社会主义的信息，这些信息构成了构成 "布兰代斯档案"的大部分文件。这是一项艰巨的任务，巧妙地完成了，它将

---

[10]1844年英国工人阶级的状况。

改变美国法学的工作方式。

"Brandeis Briefs "是凯利和他修改和规避宪法的 "立法路径 "的伟大胜利。根据曼德尔大厦的指示，相互任命的总统伍德罗-威尔逊要确保 "进步的共和党人 "布兰代斯对美国即将参与第二次世界大战的支持。值得重复已经说过的话，'进步的'和'温和的'共和党人意味着使用这些标签的人是一个热心的社会主义者。

纽约的卢斯克法是社会主义对美国法律制度的胜利史上的另一个里程碑。19世纪，来自东欧的所谓 "移民 "涌入纽约，带来了好斗的态度和许多革命的经验。这些新移民中有许多人从事服装贸易。正是为了调查这个来自东欧的大团体的革命无政府主义行为，1919年，纽约州立法机构任命参议员克莱顿-R-卢斯克领导对这一问题的特别调查。卢斯克将领导一个调查委员会。

支持 "移民 "的最强大中心之一是兰德学校。作为美国费边社会主义者的堡垒，兰德公司为服装工人工会和兰德公司帮助建立的其他许多工会提供法律支持。兰德学校的讲师和教员就像费边社会主义的名人录。卢斯克带着搜查令，在州警察的护送下，前往兰德公司，没收了文件和记录。

社会主义法律界的反应是迅速的。一位著名的律师塞缪尔-恩特迈尔（Samuel Untermeyer）--他在1933年曾向希特勒宣战--对白宫内部有很大的影响力，他寻求并获得了针对卢斯克的禁令，卢斯克被迫归还他所扣押的文件和文档。这是社会主义的可怕力量在美国的早期表现。然而，在卢斯克参议员的报告之后，纽约立法机构通过了后来被称为卢斯克法的规定，要求纽约州的所有学校都必须获得许可。这次演习的目的是关闭兰德学校。

但纽约州的立法者们并没有成功。在20世纪20年代和30年代，很少有人知道社会主义是一种可以随时随地发作的烈性疾病。著名的社会主义律师莫里斯-

希尔基特在强大的制衣工人和其他社会主义主导的工会中激起了反对《拉斯克法案》的激烈骚动，以至于州长阿尔-史密斯否决了该法案。从这个开始，产生了一个强大的政治联盟，将社会主义者富兰克林-德拉诺-罗斯福送入白宫。

社会主义者再次表明，他们隐蔽、阴险和无耻的政策是渗透到他们选定的追随者中，作为当权者的顾问，这才是王道。多年后，人们发现，史密斯州长是一位坚定的天主教徒，他被约翰-奥古斯丁-瑞安神父
"告知社会正义问题"，他是一位公**开的社会主**义者，被社会主义主导的全国天主教福利委员会渗透到史密斯的办公室里。正是在瑞安的建议下，史密斯否决了卢斯克的法案。

作为悉尼-韦伯的狂热追随者，瑞安后来被称为
"新政之父"。1939年，大法官威廉-O.道格拉斯、费利克斯-法兰克福和亨利-A-
摩根索出席了为他举行的晚宴（服装工人和其他工会的普通会员没有被邀请）。兰德学校继续不间断地运作，尽管它没有得到许可。

20世纪20年代，当社会主义者试图实际控制美国时，困扰他们的是联邦政府并没有绝对的权力。只有国王有绝对的权力，他们会发布公告。林肯总统在他的《解放奴隶宣言》中并没有解放奴隶。他知道这是不符合宪法的。伟大的宪法学者圣乔治-塔克（St. George Tucker）是威廉和玛丽大学的法学教授，曾参加过美国革命，他的《布莱克斯通评论与注释》一书非常清楚地阐述了这一立场。

> "发布公告的权利是英国王室的特权之一。联邦宪法中没有**明确授予**这种权力，在一个特定的场合，有人质疑总统是否拥有宪法规定的这种权力......"

社会主义者决定，今后公告将被称为
"行政命令"，但它们仍然是被美国宪法禁止的法定法律。

美国宪法的前十条修正案是对联邦政府的限制，也许第五条修正案中包含一个小小的例外。宪法第1条第9款不允许联邦政府

在国会的主要权力中所载的授权之外进行立法。

由于《权利法案》对联邦政府权力的限制而感到沮丧，社会主义者 "通过立法"发起了攻势。他们无法通过众议院和参议院得到的东西，他们通过法院得到了，这就是为什么我们有这么多违宪的法律在书上。毫无疑问，如果社会主义者没有受到宪法的阻挠，他们会在1920年至1930年间压倒全国。

不幸的是，自1970年代以来，国会和总统每年都选择实施更多的社会计划。其中一个例子是参议院少数党领袖罗伯特-多尔提出的 "建立全国选民登记的议案"。多尔的法案百分之百违宪，看到美国参议院少数党领袖如此不负责任的行为，是美国的悲哀。多尔法案的细节可以在S5012-D5018页找到，国会记录，1991年4月24日，第61卷。137.

多尔的法案是糟糕的，因为它违反了美国宪法第1条第4款第1部分，其中规定。

> "参议员和众议员选举的时间、地点和方式应由各州的立法者规定；但国会可在任何时候通过法律制定或改变这些规定，但**关于参**议员的选举地点除外。"

关于这个问题的辩论可以追溯到我们南方共和国的早期。

"可以 "一词并不意味着 "应当"。"方式"一词只是指所使用的选票类型。"改变 "和 "规范"这两个词并不意味着联邦政府控制州选举，如果多尔读过《国会球报》和《国会年鉴》，他应该知道这一点。多尔正试图让联邦政府参与到保留给各州的事务中。这是所有社会主义者的共同权宜之计。

威尔逊开始了这种腐败，他的破坏行为被罗斯福、肯尼迪、约翰逊-艾森豪威尔、布什和现在的克林顿所继承。仿佛是串联起来的，最高法院已经走得如此之左，人们不禁要问，为什么它不叫美国社会主义最高法院？社会主义学说的主要传播者之一是哈兰-斯通大法官，他通过弗朗西丝-

帕金斯向宪法屠夫罗斯福建议如何最好地资助社会主义计划。

当时，致力于拆除美国宪法的主要阴谋家无疑是豪斯上校、布兰代斯大法官、费利克斯-法兰克福大法官、伯纳德-巴鲁克、佛罗伦萨-凯利和西德尼-希尔曼。[11]布兰代斯书状主要负责将最高法院引向错误的方向。正如在其他地方解释的那样，布兰代斯书简是大量的社会学声明，对社会主义事业非常有利，但却被最脆弱的法律意见所覆盖。于是，"社会学法"诞生了，自1915年制定以来，它一直是美国人民**脖子上的**诅咒和祸害。

除了通过法院攻击宪法外，社会主义者还采用了派他们的"顾问"充当美国外交政策发言人的策略，尽管他们不是政府官员，也不是由人民选出来的。豪斯上校和乔治-梅纳德-凯恩斯是美国社会主义者通过行使'势力范围'而藐视宪法的两个典型例子，显然没有受到惩罚。

豪斯公**开支持**彻底破坏美国宪法，布兰代斯在他的《联邦的财富》一书中表达了他对宪法的社会主义"改革"。为了使他们能够密谋、策划和勾结以推翻宪法，豪斯住在**离**罗斯福两个街区的地方，两人都在英国特勤局MI6北美站负责人威廉-怀斯曼爵士的耳边。

在所有社会主义组织中，美国公民自由联盟是最积极攻击宪法的。仅从加利福尼亚州的分会数量就可以看出其险恶影响的增长，以及它能够挑战《麦卡伦国土安全法》这一事实。

---

[11] 同样，都是犹太人。

第六章

美国社会主义大厦中最耀眼的明星

正如本章的标题所示，我们将从构成社会主义的成千上万的社会主义领导人中选出美国社会主义星座中最亮的几颗星。其中有一些是这个国家历史上已知的最危险的颠覆分子。我们总是被告知要提防华盛顿的
"共产主义者"，这成功地转移了我们的注意力，使我们不再关注真正的原因：社会主义者。

社会主义队伍中充满了主要的教育家，包括教授和大学校长。他们在外交部门、美国国务院、众议院和参议院任职。司法部充斥着那些为促进社会主义而不择手段的人。银行部门的关键职位由他们担任，他们控制着国家的货币，还有成千上万的人在军队中担任关键职位。一些最强大的国际公司充当了费边社会主义的变革推动者。

费边社会主义者从事通信业务，担任重要职务，同样也在新闻媒体，包括印刷和电子媒体。他们根据当时的事件塑造公众舆论，诱惑公众，创造出公众已被调教为自己的意见。简而言之，社会主义在美国根深蒂固，除非首先获得广大人民的支持，否则很难将其赶走。法比安社会主义者已经如此渗透和渗透到基督教会，以至于它现在完全无法辨认基督的意图。法比安社会主义者是最高法院的法官，并利用他们的偏爱来规避宪法保障；他们是共济会员。警察系统中充斥着社会主义者，主要是在高级官员阶层。

在过去曾大力协助费边社会主义者事业的最高法院大法官中，最著名的也许是哈兰-斯通、费利克斯-法兰克福特、威廉-O.道格拉斯、雨果-布莱克、路易斯-布兰迪斯、亚伯-

福塔斯、沃伦-伯格和厄尔-
沃伦，我们将在适当的时候回到这些社会主义苍穹上的明星。
在其他同样重要的领域，许多教授担任了美国总统的顾问；其
他人将美国的政治经济体系从开国元勋们的初衷变成了一个巴
比伦体系，将国家的钱袋子非法地放在了社会主义的外国人手
中。

一批经过挑选的费边社会主义者成为五位美国总统的控制者；
这种情况是开国元勋们没有预料到的，因此创造了一个特别危
险的卡巴拉，逐渐导致了对国家最高政治职位的渗透，并由此
产生了我们现在在克林顿总统任期内充分看到的巨大腐败。

在这种情况下，最容易想到的名字是爱德华-曼德尔-
豪斯(Edward   Mandel
House)上校，在严肃的研究者心中，这个名字是美国社会主义
的特征。"上校   "是一个**荣誉称号，**由   "改革派
"霍格州长授予他，作为对他当选德克萨斯州州长的奖励。豪
斯在1911年见到了美国第一位公开的社会主义未来总统伍德罗
-
威尔逊。正是豪斯确保了威尔逊在一年后的巴尔的摩民主党大
会上赢得提名。

正如在其他地方提到的，人们强烈怀疑豪斯实际上是犹太人，
是荷兰人。他的父亲托马斯-威廉-
豪斯是罗斯柴尔德家族的伦敦代理人。老豪斯是德克萨斯州唯
一一个在内战中获得巨额财富的人，根据一些历史学家的说法
，这要归功于他与罗斯柴尔德家族和库恩、勒布的关系。曼德
尔   "这个名字--一个典型的荷兰名字--
是给爱德华起的，因为库恩家的一个人叫 "曼德尔"。

年轻的爱德华被送到英国的学校，在那里他受到了当时富有的
自由主义思想家的影响，他们自己也受到了英国费边社教师的
很大影**响。与年**轻的豪斯交好的人之一是费边主义者乔治-
兰斯伯里。父亲去世后，豪斯发现自己独立富裕起来，使他能
够全身心地投入到社会主义研究中，特别是 "渐进主义 "或
"缓慢加速"。

由于费边社圈子里权贵的巨大影响力，豪斯很好地吸取了教训

，并继续从上到下控制了美国的民主党。豪斯成为美国事务的**关键人物**，无疑是由于费边社精英和英国情报机构军情六处北美站负责人威廉-
怀斯曼爵士的推荐。在威尔逊担任总统期间，怀斯曼和英国特勤局再次通过豪斯的斡旋，小心翼翼地监视着这位总统。

豪斯和威尔逊之间的密码通信--只有**两人知道**--
经耶鲁大学校长查尔斯-
西摩教授证实，是由军情六处提供的。根据我在伦敦几个地方看到的机密文件，怀斯曼一直在监听豪斯和威尔逊之间的谈话，这与他作为威尔逊最终控制者的身份相称。

我们知道，同样非常成功的　　　　"模式　　　"后来被布鲁斯-洛克哈特使用，他是米尔纳勋爵选择的英国军情六处特工，为了自由贸易和英国银行的利益，成为列宁和托洛茨基监督布尔什维克革命的主管。军情六处对美国的策略是利用黑格尔原则说服费边社领导人帮助实现与美国的
"自由贸易"，这是由乔治-
华盛顿总统于1789年7月首先禁止的，并由林肯、加菲尔德和麦金利总统维护。

威廉-詹**宁斯**-
布莱恩一度被军情六处视为可能的自由贸易候选人，但被拒绝了，因为人们认为他的激进言论不会被美国选民接受为潜在的总统，这一评估被证明是非常准确的。怀斯曼曾向豪斯详细介绍了威尔逊的职业生涯，首先是1902年至1910年在普林斯顿担任教授，然后是新泽西州州长。怀斯曼认为，威尔逊正是众议院需要在美国实施费边社会主义政策的人。一旦所有的检查都完成了，豪斯被命令于1911年11月在纽约的哥谭酒店与威尔逊见面。

从那时起，一切都准备好了，豪斯搬进了位于纽约东三十五街一个有点破旧的地区的朴素的出租房。豪斯的　　　　"办公室
"**开始**类似于一个指挥中心，有一个总机和一条直达威廉-
怀斯曼爵士的线路，他就住在办公室正上方的一个公寓。在威尔逊以少数票（628.6万票对塔夫脱和罗斯福的770万票）当选为白宫后，众议院-

怀斯曼总机通过编码电话链接直接与新总统联系。

许多知名的社会主义访问者来到众议院办公室，包括伯纳德-巴鲁克，军情六处将佩克的罪证信件交给了他--这些信件随后被用来敲诈威尔逊，使其改变反对第一次世界大战的立场。怀斯曼是总统的宠儿，并成为威尔逊在伦敦、巴黎和华盛顿之间的   "机密"信使之一，这在某种程度上表明，威尔逊并不真正了解他在多大程度上受到一个外国政府代理人的控制。

威尔逊被军情六处选中来打破美国对   "自由贸易"的障碍。他的导师豪斯上校曾教导威尔逊将关税壁垒视为全球良好商业的障碍和高价格的主要原因，以及所谓的"通货膨胀"，这仅仅是社会主义的宣传。豪斯花了无尽的时间向威尔逊介绍了
"关税壁垒的固有弊端，这些壁垒只对富人和强大的特殊利益集团有利，却牺牲了工人的利益"。然后，威尔逊准备提出他的虚假主张。

> "...我们生活在一个故意设计的关税之下，该关税是为了给那些合作以保持其背后的党的权力的人提供私人恩惠......"

克林顿政府将使用同样的虚假论据来推倒最后一道关税墙，这道墙长期以来保护着这个年轻的国家，并使其贸易和工业、其生活水平成为世界羡慕的对象。在威尔逊1913年3月的就职典礼之后，拆除美国贸易壁垒的战斗开始了。然而，即使是哈佛大学的一位著名经济学教授，也认为贸易壁垒对普通人不利的推测是毫无根据的。

豪斯的工作做得很好：他的朋友们称他为"一个明显的激进分子，他的社会主义为共产主义打开了大门"，这是指豪斯在威斯曼代表亲布尔什维克的革命阴谋家阿尔弗雷德-米尔纳勋爵进行干预后，在确保托洛茨基获释方面所起的作用，这并非没有道理。据他自己说，豪斯是卡尔-马克思的狂热崇拜者和美国宪法的诋毁者。

怀斯曼交给豪斯的最困难的任务之一，涉及威尔逊政府对在欧

洲肆虐的战争采取的　"中立　"立场。据称是　"和平主义者"的费边社会主义者被军情六处利用，通过勒索（佩克信）改变了威尔逊的想法，并通过对美国人民的赤裸裸的谎言制造了一种战争气氛。在这一努力中，军情六处与沃尔特-李普曼合作，我们将回到他身上。

随着第一次世界大战接近尾声，豪斯被他的英国军情六处和费边社会主义党的控制人悉尼-韦伯选中，成为威尔逊在巴黎和平会议上的发言人，据称是基于豪斯在马萨诸塞州的避暑山庄木兰花'隐居'仅两天后迅速写出的巨著式报告。但事实证明并非如此。后来被称为"威尔逊十四点"，即建立一个单一的世界政府--国际联盟，"负责所有国家并凌驾于其主权之上"（包括美国），实际上是英国社会主义领导人伦纳德-伍尔夫在1915年写的一份费边社文件。

题为　　　　　　　　　　　　　　　　　　"国际政府"的费边社条约被提交给英国政府接受。英国政府随后将其转交给威尔逊，威尔逊在将其转交给马萨诸塞州的豪斯之前，并没有费力地打开它。这些是豪斯应该在大卫-米勒教授的帮助下起草的"十四点"。这一事件凸显了英国政府、豪斯和威尔逊之间的密切和控制关系。

威尔逊向巴黎和平会议提出了他的"十四点计划"，但很快就被会议拒绝了。威尔逊受了重伤，回到了美国，他和豪斯之间长期的友谊开始崩溃。这是宪法的一次胜利：众议院和威尔逊在巴黎都没有违反宪法。此后，两人渐行渐远，因为他们看似牢不可破的友谊因《美利坚合众国宪法》而破裂。

与费边社的教义一致，豪斯始终是一个有远见的人。1915年，他的注意力已经被威尔逊的助理海军部长富兰克林-D-罗斯福吸引。豪斯在安静的圈子里安排了一份　"菲利普-德鲁"的副本，让它落入潇洒的罗斯福手中。据说这本书对已经坚定的社会主义者罗斯福产生了深刻的影响，他注定要接替威尔逊。1920年，豪斯告诉朋友们，"我确信他（罗斯福）将成为美国的下一任总统"。罗斯福作为纽约州长的记录和他推出的创新（社会主义）方案，使人们对他当选白宫后将带领美国走向何方没有任何疑问。在这方面，前阿肯色州州长克林顿在社会主义方法论方面是罗斯福的翻版。

当罗斯福当选后，这一事件被大西洋两岸的大小社会主义者誉为 "天意 "之举。通常情况下，这种 "天意"行为是经不起推敲的，这次也不例外。豪斯上校精明的政治观察又一次即将取得成果。罗斯福将在美国发起并推动社会主义达到新的高度，是威尔逊总统的合适继任者。罗斯福把他的总统职位归功于豪斯，这一点从来没有争议；只是不让公众看到，以免 "天意 "的及时行动有人情味。

作为罗斯福母亲的朋友，豪斯很快指出了纽约州州长通过的良好的社会主义法律。形成的友谊也有一部分是弗朗西斯-**帕金斯的功**劳。豪斯曾向威尔逊推荐罗斯福担任威尔逊政府的海军助理部长一职，并向罗斯福传授了通过电台 "炉边谈话"来争取美国人民的方法，并指导罗斯福如何制定违宪的 "行政命令"，即只有国王和王后才能发布的公告。

豪斯将作为改变总统决策和执行方式的人而载入史册，他在总统周围安排了非正式的顾问，这些顾问不是公务员，难以控制。非正式顾问的滑稽的社会主义制度对国家造成的损害超过了人民的想象。这方面，比起豪斯的任何其他成就，使他在20世纪头四分之一的时间里成为社会主义的主要战士。

罗斯福在美国人面前表现得和蔼可亲，友好，非常能干，有一个 "美妙的微笑"等等。这种宣传中到底有多少真实性？显然不多。1926年，当豪斯认为罗斯福将成为下一任总统时，这个拥有 "美妙微笑"的人甚至无法赚取足够的钱来养家。罗斯福以三K党的名义在纽约竞选参议员。他被大肆宣传的 "小儿麻**痹症**"实际上是脑脊髓炎，这一点被隐瞒了。宣传专家利用他的 "小儿麻**痹症**"作为一种资产，把罗斯福说成是一个有巨大勇气的人，决心不让 "小儿麻**痹症**"阻止他的事业。唯一的问题是什么？这一切完全是假的。

也许没有什么比新政和哈里-
霍普金斯更符合罗斯福的身份。新政的社会主义方案被巧妙地表述为
"帮助遭受萧条的工人的方案"。事实上，新政是英国费边社成员斯图尔特-
切斯写的《新政》一书，虽然喜欢切斯和他的社会主义理想的佛罗伦萨-
凯利认为这是一本重要的书，但并没有引起人们的注意。

大通建议美国的社会主义者采取三个主要步骤。

1. 为了避免意外的通货膨胀和通货紧缩，美元不得不被"管理"。

2. 必须通过增加所得税和遗产税，强行对国民收入进行再分配。

3. 一个广泛的公共工程计划将被实施，包括电气化（按照苏联模式）和大规模的住房项目。

罗斯福采纳了该计划，并成为
"新政"，在1932年被作为民主党的竞选纲领。新政是在不为人知的情况下酝酿的，恐慌的公众将其视为他们的救星，在1932年给民主党带来了压倒性的选举胜利。

罗斯福很快就变得容易受到洛克菲勒等非选举产生的顾问的影响，他们有争议的存在通常被德鲁-皮尔逊和沃尔特-
温切尔等人掩盖了。后来，当洛克菲勒家族变得更加大胆时，罗斯福任命纳尔逊-
洛克菲勒为美洲事务协调人。在他的任期内，纳尔逊浪费了超过600万美元的纳税人的钱，用于严格意义上的洛克菲勒在拉丁美洲的企业。

当罗斯福前往白宫时，他带着一大批不知名的顾问，包括比威尔逊身边更多的教授。这背后的理由是，美国公众不太可能怀疑隐藏在学术面孔后面的'社会主义者'，而不是任命的官员，事实证明，在罗斯福任期的早期，情况就是如此。为此，考虑到长期规划是费边社会主义者中的一个关键因素，哈罗德-
斯塔森被安插在宾夕法尼亚大学，爱德华-

斯特蒂努斯在弗吉尼亚大学，德怀特-
艾森豪威尔将军在哥伦比亚大学。

这些秘密   "顾问
"还负责让罗斯福通过使用美国军队来收回被日本人扣押的标
准石油资产，即所谓的史汀生主义。这一理论在海湾战争中被
乔治-
布什总统采纳，其目的是收回被伊拉克扣押的英国石油公司资
产。阿尔杰-
希斯被引入罗斯福政府的方式是费边社会主义教科书的一个典
型例子。1936年，希斯被威尔逊的女婿弗朗西斯-
赛尔教授邀请到国务院任职。萨伊尔早就被公认为是一个有价
值的社会主义者。

萨伊尔帮助为被指控犯有谋杀罪的两名著名社会主义者萨科和
万泽蒂准备法律文件。与Sayre一起工作的有Arthur   M.
Schlesinger教授、Felix   J.   Frankfurter教授、Roscoe
Pound、哈佛大学法学院院长和Louis   Brandeis。小阿瑟-
施莱辛格于1938年进入剑桥大学，在那里他受到了费边社的热
烈欢迎，并张开双臂。这时，执法部门和国会为逮捕和驱逐19
世纪90年代来到美国的无政府主义者浪潮所做的一切努力被嘲
笑为"对红色恐怖的过度反应"。

萨伊尔是为希斯辩护的人之一，在希斯显然深深卷入了针对其
国家的间谍活动之后很长时间。当国务院的阿道夫-
贝勒（Adolph
Berle）试图警告罗斯福有关希斯的活动时，他被突然告知要
管好自己的事。同样，罗斯福拒绝听取关于欧文-
拉蒂莫尔活动的情报报告，坚持任命他为蒋介石的私人顾问，
这使得拉蒂莫尔处于令人羡慕的地位，能够轻易地将国民党出
卖给共产党。中国国民党军队也被罗斯福任命的劳克林-
柯里出卖，他命令将蒋介石的国民党军队的军事物资倾倒在印
度洋。

哈里-霍普金斯对罗斯福来说就像爱德华-曼德尔-
豪斯对威尔逊一样。作为弗朗西斯-
帕金斯的门生，霍普金斯开始了他的社会工作者生涯。他通过

妻子埃莉诺与罗斯福走得很近，并被错误地归功于新政的口号"征税和消费，征税和消费"。霍普金斯在大萧条期间表现突出，被罗斯福任命为分配所谓的 "联邦"援助，即福利。霍普金斯像个稻草人，衣服挂在鼻子上，完全缺乏社交的优雅，在与约翰-梅纳德-凯恩斯的房间里看起来很不相称。霍普金斯所知道的是玉米。他最大的资产是挑选 "有影**响力**"的人，并将自己**渗透到他们**的圈子里。

正是由于这种才能，罗斯福让霍普金斯负责1940年民主党大会。霍普金斯尽管外表不吉利，却能赢得当时最有权势的政治家的支持。**众所周知**，罗斯福曾亲自支持小阿瑟-M-施莱辛格在《党派评论》上发表的一篇文章，其中施莱辛格攻击了那些调查内战真正原因的人。这对于消息灵通的人来说不应该感到惊讶。正如我们已经提到的，共产主义和社会主义在那场战争之前的时期，甚至在内战期间和紧随其后的时期，比正统的历史所允许的要广泛得多。这一事实被施莱辛格和他的社会主义同事认为是不可取的，他们希望公众相信既定的历史学家对战争原因的描述--这些描述毫无例外地没有提到共产主义和社会主义所扮演的角色。

是阿瑟-J.小施莱辛格称无政府主义者萨科和万泽蒂是"**两个无人**问津的不起眼的移民"。小阿瑟-施莱辛格（Arthur Schlesinger Jr.）代表这两位无政府主义者为美国公民自由联盟做了大量的工作。施莱辛格后来为《费边新闻》写了许多文章，在其中为社会主义思想辩护。在其中一篇发表于《费边国际评论》的文章中，施莱辛格公**开表示**，**美国社会主**义者打算完全控制美国的军事和外交政策。

那些**扭曲和**压缩宪法以适应他们对社会主义者所期望的目标的偏爱的法官，他们的计划被不变的宪法所阻挡，他们是社会主义苍穹中最耀眼的明星，因为如果没有他们愿意堕落和违反他们的誓言，在改变强大的美国的进程和方向方面如此重要的影**响深**远的 "民**众** "社会主义 "改革 "都不会成功。

选举优秀的、坚定的费边社会主义大法官进入美国最高法院的过程从威尔逊政府和任命路易斯-D-布兰代斯大法官作为费边社会主义最重要的成员之一开始认真进行。正如对布兰代斯的记录所揭示的那样，国内外的费边社会主义等级制度做出了明智的选择。布兰代斯在破坏宪法和通过她周围的强硬社会主义立法方面所做的工作，比弗洛伦斯-凯利本人所希望的还要多。

路易斯-登比兹-布兰代斯（Louis Dembitz Brandeis）教授（1856-1941）完全符合社会主义思想，他是一位欢迎爱德华-贝拉米所定义的 "新宪法 "的法官。正是贝拉米提出了一个"新的独立宣言"，其基础是对美国宪法的演变性解释，其司法机构将进行"彻底的变革"，并结束政府三个部门权力分立的障碍。贝拉米称，由善意的开国元勋们设计的宪法，可悲地已经过时。

威尔逊总统本人非常赞成拆除他曾忠实地宣誓捍卫的美国宪法，而在布兰代斯身上，他找到了一种相似的精神。布兰代斯曾坐在费边社哲学家约翰-阿特金斯-霍布森的脚下，他被认为是"布兰代斯书简"的作者，尽管凯利总是声称有功。霍普金斯无疑是未来用社会主义顾问包围美国总统的战略的始作俑者，这一战略在费利克斯-法兰克福特、路易斯-布兰代斯、哈罗德-拉斯基和约翰-梅纳德-凯恩斯发起的对宪法的社会主义战争中非常有效。这四位费边社会主义者改变了美国的进程和方向，完全损害了我们人民的利益，其方式远远超过希特勒、斯大林和胡志明所能取得的成就。

在其法律生涯的早期，布兰代斯与令人敬畏的弗洛伦斯-凯利（Florence Kelley）合作，没有她的帮助，他就无法使用在伦敦费边社智囊团中设计的、由英国社会主义者霍布森完善的伎俩，这种伎俩后来被称为 "布兰代斯简报"。凯利致力于通过她所谓的"立法途径 "规避宪法的社会主义事业，她是新生的

"布兰代斯简报婴儿
"的助产士，这几乎会使她彻底控制美国的社会主义梦想成为
现实。

布兰代斯有一个侄女叫约瑟芬-
戈勒马克，她是凯利的传记作者，她解释了1907年回忆录的编
写过程。这并不是一个复杂的过程，但要花很多时间和精力去
做。各种各样的社会学数据被收集起来，并附在一页半的法律
论证中。正如英国军队的教官们常说的那样，'废话让人摸不
着头脑'，这正是布兰代斯书状在1909年提交给最高法院时的
表现。

另一位著名的社会主义者费利克斯-法兰克福特称新制度是
"我们整个宪法体系中最雄伟的概念"，它允许法官在审理案件
时将自己的偏好读入宪法，即美国宪法第九修正案所禁止的偏
好。然而，这种方法已经成为普遍的做法，这有助于解释为什
么最高法院的许多裁决在许多情况下都是 "无名的失误"[12]

法兰克福出席了巴黎和会，但当他意识到新的世界秩序不会立
即建立时，便返回了家。作为哈罗德-
拉斯基教授在社会主义类型的阴谋中的同胞，法兰克福以费边
社会主义者的方式等待时机，并在时机到来时进行严厉打击。
在所有仰慕伦敦经济学院的英国费边社会主义教授格雷厄姆-
瓦拉斯的美国社会主义者中，法兰克福位居榜首。

新世界秩序未能在巴黎和会上实现，主要是由于美国公众对威
尔逊政府上台后出现的激进分子浪潮感到厌恶。必须感谢美国
人民在那个时候有了很好的常识。这并不是说今天的情况有多
么不同。但我们必须考虑到当时的人口构成，他们主要是西欧
血统，因英语、基督教和他们对美国革命的理解及其对民族团
结的深远影响而结合在一起，而这一点已经被社会主义政策完
全扭曲了。

此外，在1919年，并没有无限制地使用民意调查来为他们决定

---

[12] "废话 "在原文中。

人们的想法。20世纪90年代的美国呈现出完全不同的景象：人口**构成**发生了根本性的变化，从绝大多数的西欧基督徒变成了世界上所有**种族的混合体**，**中国人**、东印度人、越南人、东欧人、西班牙人等等。1919年，团结一致的人民要求对美国版图上的颠覆分子采取行动，他们在1919-1920年得到了这一要求，司法部长米切尔-**帕**尔默（Mitchell Palmer）下令进行一系列突击检查，以铲除叛乱中心。

布兰代斯立即表现出他对那些试图推翻美国宪法的社会主义者的同情，他加入了法兰克福和沃尔特-李普曼提出的一**份**诉状，寻求对数百个颠覆性社会主义中心的搜查发出禁令。负责突击检查的警察受到了李普曼的辱骂，李普曼带着一大帮社会主义作家出现在一些突击检查的现场。

布兰代斯在参议院的确认过程中并不轻松。由于1915年的参议员们比今天更熟悉美国宪法，威尔逊对最高法院的人选进行了激烈的争论，但没有结果。民主党的多数人确保了这位危险而充满激情的革命者被任命。这位热心肠的社会主义者对美国宪法造成的损害还在计算之中。无论是希特勒还是斯大林，都不可能造成如此大的破坏。

布兰代斯是最早参与新政政治的法官之一。他的朋友弗洛伦斯-凯利（Florence Kelley）给了他一本斯图尔特-切斯（Stuart Chase）的书，书名很简单，叫《新政》，切斯认为这本书对英美社会主义计划的未来有好处，悉尼-韦伯和费边社的高层也同意这个观点。在布兰迪斯和凯利的坚持下，"新政"很快取代了民主党1932年的平面形式，并在1933年成为富兰克林-罗斯福的"新政"。

值得注意的是，切斯的观点并不反对暴力无政府状态和社会主义革命行动。

> "它（革命）也许有一天是必要的。我对债权人阶层的痛苦、教会肯定会遇到的麻烦、可能导致的对某些自由的限制，甚至对过渡时期的流血事件都不感到严重恐慌。一个更好的经济秩序是值得一点点流血的......"

但是，当斯图尔特-
蔡斯看到美国人民不可能、也不会被骗去参加一场据说是为了
他们自身利益的布尔什维克式的革命时，他终于屈服了。相反
，他主张按照韦伯的《劳动与社会新秩序》的思路，通过中央
政府的全国性控制，建立一个集体型政府。切斯是一个性格温
和但非常危险的激进分子，他的思想在很大程度上被纳入正在
建立的一个世界政府--新世界秩序--的结构中。

为切斯的书付费和赞助的组织和个人与莫斯科的当然大使路德
维希-
马腾斯有松散的联系。马腾斯与极左的社会主义杂志《国家》
和爱德华-A-
菲林**关系非常密切，据**说他通过费边社会主义的金融天使--
二十世纪基金承付了该书在美国的印刷费用。切斯与凯利和布
兰代斯是好朋友，他曾将布尔什维克革命描述为
"绝对必要"。当富兰克林-德拉诺-罗斯福进入白宫时，"新政
"变成了
"新政"，这是美国历史上最雄心勃勃的费边社会主义立法之一
。

罗斯福入主白宫的道路因费利克斯-
法兰克福而变得相当顺利。这个几乎是侏儒的孩子出生在奥地
利的维也纳，十二岁时被带到了美国，有一个圆顶的脑袋。法
兰克福利用他明显的聪明才智来支持所有与开国元勋对美国的
构想相悖的社会主义事业。美国社会化的途径之一是美国公民
自由联盟（ACLU），法兰克福、罗丝-施耐德曼和罗杰-
鲍德温是该组织的创始人，该组织成立的唯一目的是恶意利用
宪法来维护宪法的社会主义敌人。

美国公民自由联盟成立时，公开表示要   **"扭曲和**挤压
"宪法，以保护决心摧毁它的美国敌人。无可争议的是，利用
宪法为共和国的敌人服务的变态做法来自于法兰克福的头脑。
从这个   "法庭侏儒
"的头脑中产生了一种信念，这种信念由李普曼、施莱辛格和
哈佛大学的许多法律教授所宣传，即捍卫美国反对其宣布的社
会主义敌人在某种程度上是不爱国的，而法兰克福是其中的领

导者。

作为美国社会主义敌人的领袖，法兰克福认为保护即将入主白宫的受膏者是可以公开接受的。在费边社的鼓动下，法兰克福成立了一个由知名社会主义者组成的智囊团，为罗斯福克服社会主义道路上的障碍和陷阱提供建议和帮助，以入主白宫。出于对 "罗斯福新政"应该在正确的时间做正确的事情的焦虑，法兰克福在罗斯福的就职典礼后立即与他进行了一次私人会晤。

在这一努力中，法兰克福得到了哈罗德-艾克斯的大力协助，他成立了一个庞大的间谍小组，负责华盛顿和其他主要城市。这个团体被称为 "哈罗德的盖世太保"，尽管用 "契卡"这个词更合适，因为它能够对地方和国家官员施加巨大压力，使其投票给罗斯福。艾克斯仍然是罗斯福的亲信，并对违反乔治-华盛顿总统制定的总统只能任职两届的不成文法律负责。

出席会议的还有费边社会主义者弗雷德-C-豪，他的名字后来在大西洋**两岸的社会主**义圈子里成为一个家喻户晓的词。他们一起为罗斯福政府的关键职位挑选工作人员，包括国务院。不管是共和党还是民主党人坐在椭圆形办公室里，他们建立了一种模式，这将成为装饰的一部分。例如，在里根政府中，有3000个**关**键职位由传统基金会的候选人填补。表面上是一个 "保守"的智**囊**团，传统基金会由彼得-维克斯-霍尔爵士在幕后运作，他是费边社的著名成员，也是一个坚定的社会主义者。

虽然科德尔-赫尔是罗斯福政府名义上的国务卿，但负责的是 "费利克斯和他的手下"，包括叛徒阿尔杰-希斯，赫尔容忍了这种情况达12年之久。正如法兰克福后来承认的那样，他的想法来自于英国首相的顾问的英国枢密院系统。无论如何，在罗斯福进入椭圆形办公室两年后，艾克斯、华莱士、霍普金斯和法兰克福是兰德社会科学学院的幕后推手，而纽约当局正是试图将其作为社会主义和共产主义颠覆美国的中心而使之破产。

法兰克福是美国社会化领域的领导者，他通过将公共服务转移到市政当局手中，导致田纳西流域管理局（TVA）项目，证明了他的价值。被吹捧为反萧条的措施，TVA实际上是迈向这种规模的社会化项目的第一步--
美国社会主义者及其英国控制者的巨大胜利。正如马克-斯塔尔所写的那样。

> "随着社会主义集体主义、公有制和控制在美国成为必要，它们将在具体的案例和情况下被采用。它们可能被称为其他名称，但正如田纳西流域管理局的情况一样，将适用于公共所有权......"

法兰克福继续鼓励左翼对政府的渗透，他赞助的许多前沿组织之一是世界青年大会运动。与这个费边社会主义企业有关的一些人被参议院国土安全小组委员会描述为危险的共产主义颠覆分子。但他最具破坏性的举动也许是对他的门生和终身朋友迪安-艾奇逊的支持，他把他影射到约翰逊的内部顾问圈。

调查美国共产主义的迪斯委员会宣布，哈罗德-拉斯基教授、约翰-梅纳德-凯恩斯和费利克斯-法兰克福特是美国社会主义的可怕交易商，这一想法在被提请罗斯福注意时被他嘲笑了。但毫无疑问的是，所有新政立法的法律语言都是由法兰克福撰写的。不应忘记，正是法兰克福向罗斯福推荐了迪安-艾奇逊和奥利弗-温德尔-霍姆斯，不可能找到**两个更奸**诈的颠覆者，一个在国务院，一个在最高法院。

无论是在英国还是在美国，人们都认为，为美国社会化铺平道路的最伟大的人无疑是圆顶的准专家费利克斯-法兰克福，这一点比过去或现在的任何其他社会主义者都要重要。可以说，他尽其所能地打破了华盛顿竖立的保护性关税，指导美联储的立场，并推动威尔逊参与英国的第一次世界大战。

作为沃尔特-李普曼（Walter Lippmann）、保罗-沃伯格（Paul Warburg）、托马斯-拉蒙特（Thomas W. Lamont）和当时的主要社会主义领导人的亲密伙伴，法兰克福完全有条件实施他对美国的骇人听闻的背叛，美国在他和他的家人几乎被赶出欧洲时给了他们庇护所。如果说有一个主要的候选人可以实现 "他咬住了**喂他的手**"这句格言，这个候选人就是费利克斯-法兰克福特大法官，他几乎以一己之力颠覆了宪法，几乎把这个伟大的文件变成一张白纸。

法兰克福撰写了罗斯福的大部分无线电广播，即"炉边谈话"，这是有史以来最有效的渗透和浸染工具之一。他在罗斯福决定派哈利-L-霍普金斯（Harry L. Hopkins）去英国为这个星球上最大的抢劫案：《贷款租赁法案》打基础的过程中发挥了作用。但是，也许法兰克福造成的最大损害是他（以真正的费边主义风格）将法院逐渐侵入政府的立法部门，从而开始了逐渐减少国会的权力，增加最高法院和总统的权力的阴险做法。法兰克福是几乎实现了拉斯基教授打破和破坏分权的梦想的人。

这百分之百违宪的事实似乎并没有困扰法院的小矮人。因此，由于法兰克福的背叛和煽动，他的余生都在追求这种行为，英国费边社终于开始在它在三权分立的墙下建造的黑暗隧道中看到一些光亮，拉斯基认为这是美国社会主义进步的最严重障碍。法兰克福与西方经济的破坏者约翰-梅纳德-凯恩斯保持着密切联系，并组织出版了《和平的经济后果》[13]，凯恩斯在其中预言欧洲的资本主义正在消亡。

虽然法兰克福写了大量的文章表达异议，并谴责司法部长米切尔-**帕**尔默对美国的煽动性运动进行的警察突袭，但进行 "现场"攻击的是李普曼。李普曼是罗斯福 "智**囊团**"的主要成员，他们用社会主义提案轰炸总统。国会议员麦克法登指责法兰克福是《国家工业复兴法》的最初制定者之一。麦克法登说。

> "巴鲁克先生和他的伙伴们（其中之一是法兰克福）花了15年的艰苦努力，才将这一法律强加给美国人民，而且是在

---

[13] *和平的经济后果*, 译者注.

承受了巨大压力的情况下才得以实现的......"

"...然而，巴鲁克、约翰逊、图格威、法兰克福和所有其他人似乎是在这个国家（以社会主义的名义）最厚颜无耻的。法兰克福为这群人提供了大部分的法律头脑......他们试图胁迫和恐吓这个国家的商业利益集团签订私人合同，这样他们就有权力要求国家的商业利益集团不顾宪法的规定，随心所欲。新政的律师们毫不犹豫地走上法庭，辩称公民可以承包他们的宪法权利。这就是他们打破国家边界的方法......"

众所周知，**法兰克福实际上承担了罗斯福政府的就业机构的职位。在法兰克福推荐给罗斯福的最危险的社会主义者中，有臭名昭著的雷克斯福德-图格威尔和纽约州长阿尔-史密斯。**

法兰克福和哈罗德-拉斯基之间的密切联系在伦敦和华盛顿的社会主义圈子里引起了**极大的**兴趣。拉斯基是法兰克福在波士顿和华盛顿的家中的常客。作为同行的社会主义者，这两个人对彼此产生了深远的**影响，两人都**为削弱宪法规定的分权而不懈努力。他们相互之间的信件题为　　　　　　"最亲爱的菲利克斯　　　　　"和"最亲爱的哈罗德"。作为伦敦费边社会主义的核心，拉斯基能够让他　　　　　　　　　　"最亲爱的菲利克斯"充分了解最新的社会主义思想，然后由法兰克福转告罗斯福，罗斯福的大门总是向他敞开。这两位　　　　　"枢密院议员"在罗斯福的三个任期内成为其社会主义政策最具影响力的设计师。

联合国条约的决定性因素来自于法兰克福、拉斯基和凯恩斯，尽管是由其他人起草的，它代表了从分**离**宪法权力的墙上移开的**另一块砖**。1942-1946年期间的历史学家认为，联合国条约是一长串从行政机关到立法机**关的重大**转变中的第一个，这一令人震惊的趋势随着克林顿总统任期的到来继续飞速发展。凯恩斯在1934年访问了罗斯福，并概述了他现在已经被揭穿的"乘数"，即假设联邦政府在福利方面的每一美元都是给零售商、屠夫、面包师、农民和烛台制造商的一美元--

这在实践中并不是这样的。

> "列宁当然是对的。要推翻社会的现有基础,没有比腐蚀货币更巧妙、更安全的方法了。这个过程将经济法的所有其他隐性力量吸引到了破坏的一边,而且是以一种百万分之一的人都无法诊断的方式进行的......"约翰-梅纳德-凯恩斯。

虽然凯恩斯被认为是   "乘数"理论的提出者,但这属于他的一个学生R.F.卡恩,他在国王学院读书时发明了这个理论。1934年夏天,费边社会主义者决定将他们的   "经济天才"凯恩斯转移到美国。他的书《货币通论》被罗斯福读过,但并不理解,罗斯福向负责介绍两人的弗朗西斯-珀金斯承认:"我不理解他关于数字的所有胡言乱语,"罗斯福向珀金斯坦言。让国家负债以摆脱衰退是凯恩斯主义经济哲学的基本理论,这可能解释了它在英国历届社会主义政府和美国民主党中的受欢迎程度。

人们对凯恩斯充满了敬佩之情,就好像对一个对未来的预测总是正确的神秘主义者给予了同样的尊重。然而,事实是,凯恩斯,如果眼花缭乱的人只调查了他的主张,至少85%的时间是错误的。凯恩斯的衣着、装束和言谈举止都有英国绅士的风范。据说,只要他愿意,他能够迷惑任何女人与他上床。也许是他在伊顿公学的教育和在剑桥大学国王学院的学习,使他具备了那些对男女都有吸引力的礼仪。

凯恩斯从R.F.卡恩那里得到了他的炼金术士的秘密,这个秘密可以让纸币无限增殖;如果留给卡恩,没有人会给予它丝毫的信任。但在一位高大英俊、衣着整洁、对艺术、食品和葡萄酒有着惊人知识的剑桥大学院长手中,"乘法"的发现成了大新闻。尽管如此,人们不禁要问,尽管得到了马歇尔和皮古教授的指导,凯恩斯却只能排在第12位--在他的小型经济学班级中排名最末。1911年,凯恩斯成为《经济杂志》的编辑,一年后成为费边社皇家经济学会的秘书。当我想到凯恩斯时,我不禁想到了我的英国正规军教官的朴实、睿智和质朴的哲学,这值得重复。

"胡说八道让人摸不着头脑"。

这实际上是凯恩斯主义经济学的精髓：货币将简单地无限增加，就像一种连锁信，承诺以小的努力获得巨大的回报。对于那些想知道信件链结束后会发生什么的人，凯恩斯回答说："我们都必须有一天死去"。虽然现在看来不可思议，但正是凯恩斯的

"经济体系"，实际上是胡言乱语，被西方世界的国际银行家和主要政治家所接受。

凯恩斯是一种诺斯特拉达穆斯，是格雷戈里-拉斯普廷，还是他真的真诚地对待他的经济原则？会不会除了天生的禀赋外，他的父亲内维尔-凯恩斯（Neville Keynes）是剑桥大学教授，他的特长是不断对自由企业制度发起攻击，这也促成了他儿子的飞黄腾达，使约翰-梅纳德-凯恩斯成为百万富翁，并在上议院拥有一个席位？

约翰-梅纳德-凯恩斯以公务员的身份开始了他的职业生涯，就像悉尼-韦伯那样，但是，虽然伟大的伯特兰-罗素勋爵经常把韦伯称为

"殖民地办公室的办事员"，但他从未把这句话用在凯恩斯身上。也许这是因为凯恩斯是罗素在大学里的魅力圈的一部分，证明了社会主义者和其他群体一样有阶级意识和势利眼。

从他早期与萧伯纳和费边社会主义者在一起的时候，凯恩斯就受到了好评，特别是按照费边社会主义创始人悉尼和比阿特丽斯-韦伯的说法，他是   "叫嚣资本主义的道德虚张声势"的人。虽然是自由党的成员，但凯恩斯享有来自保守党和工党的巨大尊重，因为他能够看到未来，从财务上讲。"一个真正的神谕读者"，正如《费边新闻》所写。也许正是他的

"阅读神谕的能力"导致凯恩斯推动了国际货币基金组织（IMF）的建立，他在其中发挥了重要作用。

就像其他许多一个世界政府（新世界秩序）机构一样，国际货币基金组织只是一种从美国经济中抽走资金的手段，并将其移交给那些拥有优良自然资源作为抵押的国家。不知情的政府不

知道，事实上也无从知道的是，国际货币基金组织不仅会接管他们的自然资源，而且还会控制并随后摧毁他们的国家主权。罗得西亚、菲律宾、安哥拉、巴西都是很好的例子，说明让国际货币基金组织进入后会发生什么。

1919年，凯恩斯成功地赢得了曼德尔-豪斯上校、潘兴将军和沃尔特-李普曼的信任。凯恩斯强势发声，宣称"欧洲的资本主义已经死亡"。这些联系为他在豪斯那里赢得了一个相当重要的位置，后来又与哈里-霍普金斯结成联盟，导致了对外关系委员会的成立，（CFR）最初被称为国际事务研究所，实际上是费边社的一个分支。根据国会记录，众议院，1932年10月12日第22120页，凯恩斯向美国提交了他的《和平的经济后果》一书，以努力颠覆和普及马克思主义经济理论。

罗斯福对凯恩斯主义思想表示欢迎，因为这些思想为他从国会获得40亿美元用于所谓的 "公共工程 "项目提供了依据--实际上，这些便利工作并没有像凯恩斯所承诺的那样使联邦资金 "倍增"。凯恩斯结识了亨利-坎特韦尔-华莱士，两人都赞成取消美元的黄金含量和"管理的货币"。凯恩斯在哈佛大学继续给人留下深刻印象，在那里他经常与法兰克福和拉斯基在一起。法兰克福为社会主义新政提供了法律条文，而凯恩斯则像往常一样提供了经济基础，这是一个完全虚假的东西，如果按照其逻辑结论，将破坏任何国家的经济。

英国社会主义者"，就像法老神职的占卜师一样，确实在罗斯福总统周围编织了他们的神秘之网，罗斯福总统直到去世都在他们的控制之下。如果要寻找新政时代的大祭司，约翰-梅纳德-凯恩斯肯定是自然的选择。他处理英语的能力非常出色，他甚至能让大选民相信二加二等于五。

在凯恩斯登上华盛顿舞台之前，1933年12月31日《纽约时报》刊登了一则整版广告，其形式是给罗斯福总统的一封公开信，其中充满了美国经济学家完全陌生的想法。然而，麦迪逊大道的宣传产生了效果，可能为他1934年访问美国铺平了道路。与李普曼和美国苍穹中其他伟大的社会主义明星的长期友谊，为凯恩斯打开了所有的大门。

尽管罗斯福并不了解他所做的事情的意义，但在凯恩斯的建议下，他的政府决定让美国退出金本位制，与英国政府的类似举措保持一致。凯恩斯的 "乘数"理论被罗斯福采用，因为凯恩斯告诉他不要去理会"那个被称为货币数量论的严重经济错误"。这对新经销商来说是个好消息，他们觉得世界上最伟大的经济学家已经为他们开了绿灯，让他们开始不计后果的支出计划，好像对明天没有任何责任。

因此，随着1936年《就业通论》的出版，凯恩斯试图确保政府支出的继续，其依据是政府有责任实现充分就业，如果不能实现充分就业，则应由福利机构接管。凯恩斯是赤字支出的主要倡导者，罗斯福也乐于接受。尽管如此，罗斯福还是没能通过支出走出大萧条。

至于普通的美国公众，这一切都在他们的头上。"留给专家吧，"媒体们议论纷纷，"这对我们来说太复杂了。而这正是社会主义者如何在虚假的 "乘数"基础上逃脱赤字开支的巨大骗局，而这一骗局从未奏效。我们仍在衡量这位法比尤斯式的社会主义经济领导人在美国造成的不可估量的损失。"人靠衣装，马靠鞍"，这是一句久经考验的老话。在凯恩斯的朋友中，有一些是国家历史上最坏的叛徒；劳克林-库里、费利克斯-法兰克福、沃尔特-李普曼、伯纳德-巴鲁克、豪斯上校、迪安-艾奇逊、沃尔特-惠特曼-罗斯托、范西斯**帕金斯**、亚伯-福蒂斯、埃莉诺-罗斯福，他们的罪恶行径如同夜空中的星星一样多，这本书无法完全涵盖。

伟大的国会议员路易斯-T-麦克法登在召集美联储主席马瑞纳-埃克斯在他担任主席的众议院银行委员会作证时，对凯恩斯主义经济学几乎不予理睬。

麦克法登是费边社会主义的长期反对者，他攻击法兰克福和凯恩斯的**关系**，**特**别是通过纽约外交政策协会，指出保罗-M-

沃伯格是其创始人之一。他还正确地责备了亨利-A-
瓦拉斯，他被罗斯福根据弗朗西斯-
帕金斯的推荐任命为农业部长，因为他是煽动性的自由规划小
组的成员，该小组是纽约外交政策协会的费边主义赞助者。麦
克法登**正确地将摩西**-以色列-
西夫与该组织相提并论，引用了西夫的建议："让我们先慢慢
来，等着看我们的计划在美国如何发展。"希夫经营着英国零
售连锁店马克斯和斯宾塞，是一个千万富翁的社会主义者。

西夫所指的 "我们的
"计划是由伦敦的费边社会主义者起草的计划，该计划将把所
有土地和农业置于政府控制之下，而这正是雷克斯福德-
塔格维尔教授已经提倡的。图格威是斯图尔特-切斯和雷蒙德-
莫里组成的 "可怕三人组
"的第三位成员，他是臭名昭著、具有煽动性的兰德社会科学
学院的教师。这三个人都是亨利-
华莱士的心腹，在图格威的帮助下，他通过耕种庄稼和屠杀牲
畜的政策，摧毁了1936年刚刚开始发展的新兴农业产业。

图格威是布尔什维克革命的狂热崇拜者，他说布尔什维克革命
是
"以重塑世界为乐"。图格威在哥伦比亚大学接受教育，是第一
个将费边社会主义理论应用于政府实践的社会主义者。图格威
在罗斯福政府制定的所有新政派别中都插上了手指。他的主要
工作之一是取消对进口货物的关税保护。

新政计划受到了罗斯福的热烈欢迎，他说。

> "如果我们从广泛的国家角度来看待这件事，我们将使它成
> 为一项国家政策，即使需要50年的时间……现在时机已经成
> 熟，可以计划在未来避免过去的错误，并将我们的社会（
> 社会主义）和经济观点带到国家。"

乐于遵守这一禁令的人之一是小阿瑟-
施莱辛格，他从事广泛的社会主义活动，其中包括管理美国人
民主行动组织（ADA）的第一任全国主席阿德莱-
辛普森，这是美国最重要的无政府主义、煽动性和颠覆性社会
主义组织之一，他为其撰写了大部分的宣传材料。施莱辛格负

责将约翰-F-
肯尼迪作为社会主义候选人来介绍，这并非易事，因为必须说
服ADA的纯社会主义成员投票给代表他们所反对的一切的人
。

作为   "**渗透和浸渍**   "的明星，施莱辛格在林登-
约翰逊1950年代秘密颠覆和促进ADA事业中的作用是他的一
大亮点。肯尼迪在1960年民主党大会上宣布约翰逊为其竞选伙
伴后，施莱辛格如何阻止民主党**关**键成员参选的全部故事可以
写满一本书。可以想象，当主要的ADA社会主义者大卫-
杜宾斯基得知他一生都讨厌的约翰逊将成为肯尼迪的竞选伙伴
时，他的惊愕。

如果施莱辛格没有成功，约翰逊很可能会拒绝肯尼迪的提议。
事实上，这是一个感觉问题，因为约翰逊更喜欢参议院多数党
领袖的位置。显然，只是在施莱辛格向杜宾斯基透露了他是如
何在20世纪50年代将约翰逊变成一个受压抑的社会主义者之后
，杜宾斯基才召集ADA支持提名。在约翰逊担任总统期间，
施莱辛格的成功仍在继续，尽管他不属于约翰逊的
"最高内阁"（未命名的顾问--私人顾问）。阿瑟-
施莱辛格是这个国家有史以来最危险的隐形敌人之一。

艾奇逊院长是一个训练有素的社会主义者在制定标准方面的狡
猾、透彻和煽动性做法的化身。艾奇逊来自300人委员会的科
文顿、伯林和鲁布利律师事务所，他们是300人委员会的大会
计师普莱斯、沃特豪斯的律师。他也是J.P.摩根、安德鲁-
梅隆、汤米-
拉蒙特（游说美国承认布尔什维克血腥屠夫政权的人）、库恩
-勒布家族和费利克斯-
法兰克福特的核心圈子的一员。艾奇逊是典型的社会主义者，
具有煽动性，关系良好的华尔街律师，在罗斯福总统手下成为
财政部副部长和国务卿。

是法兰克福推荐迪安-
艾奇逊在美国国务院任职的。在艾奇逊为社会主义服务的最公
开的叛国和煽动行为中，包括他在白俄军队打败布尔什维克红
军并将其击溃的时候，不遗余力地为布尔什维克政权争取一切

可能的援助，这在我的《欺骗的外交》一书中有详细描述。第二次世界大战期间，艾奇逊坚持不对斯大林占领波罗的海国家采取任何行动。他对国民党中国的背叛已经是众所周知的了，这里不必再叙述了。艾奇逊在朝鲜战争期间对朝鲜和中国军队的支持是**一种公开的叛国行为**，这为他的叛徒和煽动者生涯加冕。但他没有被逮捕，被指控为叛国罪并被绞死，而是获得了最高的**荣誉**。

迪安-艾奇逊在社会主义犯罪方面的同胞是迪安-罗斯克和沃尔特-惠特曼-罗斯托，他们作为牛津大学的罗德学者学会了他们的社会主义，这是未来世界社会主义领导人的"精修学校"。罗斯克在外表上与凯恩斯相反：圆脸、矮胖、秃头，他看起来更像一个低级别的布尔什维克官员，而不是肯尼迪/约翰逊政府的国务卿。然而，他的外表掩盖了他恶毒的社会主义性格，以及他通过太平洋关系研究所（IPR）和直接通过许多国务院机构为红色中国和斯大林所做的不懈努力。

正是罗斯克与英国政府勾结，在满洲里设立了"私人避难所"，即中国红军的集结地。道格拉斯-麦克阿瑟将军被禁止在渡过鸭绿江攻击美军之前，攻击中国军队集结的圣地。当麦克阿瑟提出一个由他的参谋部和美国空军的乔治-E-斯特拉梅尔将军起草的计划，该计划将摧毁中国的作战能力并使其倒退几十年时，这是一个信号，让罗斯克急忙召集杜鲁门总统在华盛顿布莱尔宫召开会议。

1950年11月6日，中国军队在鸭绿江边快速推进。斯特拉特迈尔的飞机被炸毁，准备出发。但回到华盛顿，罗斯克告诉杜鲁门，他不能命令麦克阿瑟打击中国红军。根据我所看到的文件，罗斯克斯说。

> "我们已经向英国人承诺，在未与他们协商的情况下，我们不会采取任何可能**涉及在**满洲一侧攻击中国人的行动。"

罗斯克还呼吁召开联合国安理会紧急会议，表面上是为了确保联合国决议，命令中国撤军。实际上，这是罗斯克的一个阴险狡诈的伎俩，目的是给中国红军渡过鸭绿江的时间，同时拖延麦克阿瑟计划的关键攻击。如果说有哪一个煽动性的、背信弃义的人可以毫无顾忌地背叛自己的国家，这个人就是社会主义者迪安-罗斯克。

这个煽动者三人组中的第三个伙伴是沃尔特-惠特曼-罗斯托，他曾说过。

> "看到历史上所定义的国家的终结，是美国合法的国家目标。"(Rostow, "The United States in the World Arena")。

尽管被国务院情报局和空军情报局宣布为严重的安全风险，罗斯托作为美国社会主义者的非选举代表，仍然处于最强大的地位，对艾森豪威尔、肯尼迪和约翰逊敞开大门。罗斯托被300人委员会分配到麻省理工学院，在那里他制定和计划了他认为会给美国带来'国家末日'的战略。

这个畸形的叛徒在华盛顿逍遥自在，应该让那些认为社会主义只是一个旨在**帮助有需要的人、失**业者和穷人的仁慈机构的人永远沉默。1960年12月，罗斯托前往莫斯科会见苏联副外长瓦西里-库兹涅佐夫。库兹涅佐夫曾向艾奇逊和罗斯克抱怨说，美国正在建立一**种**针对他的国家的打击能力。

罗斯托告诉他不要担心，情况会得到纠正的。而它就是。由于当时的国防部长罗伯特-斯特兰奇-麦克纳马拉的干预，几乎所有的 "天弓"、"冥王星"、"X-20炸药"、"Bomarc-A "导弹、耐克宙斯 "防御系统和B-70核轰炸机的生产都大大减少或取消了。俄罗斯方面没有相应的**减少。除此以外**，**麦克**纳马拉的背叛行为使美国损失了54亿美元。很难找到更高程度的叛国罪，在叛国罪和社会主义煽动罪的名单中，麦克纳马拉将进入前十名。

作为对其背信弃义的奖励，罗斯托在1964年被约翰逊总统任命为国家安全委员会成员。在罗斯托被任命时，约翰逊赞扬了这位邪恶的煽动者，宣称 "他拥有白宫中除总统之外最重要的工作"。就是这个罗斯托，他从未动摇过有朝一日要让美国国家走向灭亡的目标。

罗斯托负责将美国的地面部队派往越南，此前他曾为我们的部队前往湄公河三角洲进行了激烈的游说。但参谋长联席会议告诉总统，地面部队不应投入到南越，因为他们肯定会陷入困境，最终无法从该地区脱身。像华盛顿的所有社会主义阵营成员一样，罗斯托没有放弃他的计划，并继续要求承诺出兵。

罗斯托利用马克斯韦尔-泰勒将军直接接触到约翰-肯尼迪。不幸的是，青涩和缺乏经验的肯尼迪接受了罗斯托的剧本，1960年1月，一万名美国士兵被派往越南。通过沃尔特-惠特曼-罗斯托的背叛和出卖，费边社会主义的渗透和浸染方法已经感染了这个国家的最高职位。

从来没有一场战争像越南那样，我们的士兵试图用被铐在背后的双手作战，钥匙由罗伯特-斯特兰奇-麦克纳马拉、沃尔特-惠特曼-罗斯托和迪安-罗斯克持有。没有哪个国家的军队不得不按照一个众所周知的叛徒--罗伯特-斯特兰奇-麦克纳马拉--制定的规则作战。这个人早就应该以叛国罪受审并被绞死。根据麦克纳马拉的"交战规则"，我们的士兵不得不等待，直到他们被包围并遭到枪击，才能做出反应。

曾经有这样的背叛吗？参议员巴里-戈德华特（Barry Goldwater）称麦克纳马拉的交战规则是"一层层不合逻辑和不合理的限制"，也阻止了我们的轰炸机飞行员攻击清晰可见的战略目标。相反，我们的轰炸机不得不在他们甚至看不到的'补给运行'中卸下**成吨成吨的炸弹**，而这些炸弹对战略目标绝对没有造成任何损害，在大多数情况下是在数百英里之外。这是一项完全徒劳的工作，是令人震惊的金钱浪费。

在国内，控制媒体的社会主义者正在进行一场激烈的战斗，以赢得公众舆论--站在北越共产主义政权一边。美国士兵是"坏人"，而越共不会做错事。我热切地希望并祈祷，这三个美国的敌人罗斯托、罗斯克和麦克纳马拉将以某种方式因叛国罪被绳之以法。绞刑对他们来说太好。

如果让我对那些对宪法和伟大的美国共和国的概念破坏最大的

社会主义明星发表意见，我将不得不考虑很久，因为有一群真正的人可以从中选择。但最后，我不得不把沃尔特-李普曼放在首位，他于1909年加入了伦敦的费边社，使他成为最古老的美国社会主义者。

1917年，李普曼被英国特务机构军情六处选中，每两周访问一次上校府，就如何让威尔逊连任并使其远离中立提出建议，这些"意见"经常出现在社会主义杂志《新共和》上，李普曼是该杂志的董事会成员之一。不为人知的是，李普曼是一个非正式小组的负责人，该小组确定了威尔逊的战争政策并制定了他的战后战略。这个小组由Sydney Mezes博士领导。

李普曼积极推行了一项政策，即获得私人捐款来宣传威尔逊的14点，希望通过国联建立新世界秩序。李普曼能够获得150名社会主义教授的服务，为即将召开的巴黎和平会议进行宣传并收集资金和数据，其中包括臭名昭著的社会主义者，诺曼-托马斯牧师。事实上，由于这些教授和李普曼的精明，他们的想法被伍德罗-威尔逊热切地表达出来，他似乎并不介意自己作为国际社会主义的喉舌。

李普曼与"激进的红军"约翰-里德**关系密切**，他对美国的布尔什维克思想不得不有所收敛，直到里德最终出走，加入莫斯科的布尔什维克，但在此之前，他与李普曼一起创建了哈佛社会主义俱乐部。里德是霍利-伍德拍摄的一部非常有想象力的电影的主题，该电影美化了布尔什维克主义，并强调了里德在长期为共产主义服务后被埋在克里姆林宫墙附近是多么的荣幸。

与费利克斯-法兰克福特和路易斯-布兰代斯一样，沃尔特-李普曼在富裕的环境中长大。他在哈佛的职业生涯被正确地描述为"辉煌"，但据李普曼自己承认，他在1909年成为费边社的成员比他在哈佛取得的任何成就都更有意义。因此，正如在许多其他情况下一样，很明显，好的社会主义者不是被制造出来的，他们生来如此。伦敦的费边派在哈佛大学观察了李普曼的职业

生涯，用哈罗德-

拉斯基的话说，"他天生就是一个社会主义者。

　　"他是执行我们对美国各个层面进行渗透的政策的理想人选
。"

从1932年到1939年，他将自己的时间和精力用于渗透到美国的
主要公司、法律实践和银行界。正是李普曼创造了一个新的阶
层，即　　　　　　　　　　　　　　　　　　　　　　"温和的
"共和党人，他们将果断地为克林顿服务，把美国引向一个世
界政府下的社会主义奴役道路--新世界秩序--新黑暗时代。

"温和的共和党人
"一词帮助那些愿意在众议院和参议院犯下叛国罪和煽动罪的
人避免被贴上社会主义者、马克思主义者或共产主义者的标签
。在这些马基雅维利式的变色龙中，最有效的是参议员罗斯、
科恩、**卡森**鲍姆、查菲、丹佛斯，他们使1848年的《共产党宣
言》以 "犯罪法案 "的形式被纳入美国立法成为可能。

李普曼是第一个将应用心理学应用于政治局势的美国人，这是
他在英国苏塞克斯的塔维斯托克人际关系研究所学到的策略。
他坚定不移地支持社会主义的特点是他与托马斯-汤米-
拉蒙特（Thomas　　　　　　　　　　　　　　　　'Tommy'
Lamont）的亲密友谊，这位摩根银行家在说服美国政府承认
并与莫斯科嗜血的布尔什维克屠夫建立关系方面发挥了作用。
李普曼通过他的辛迪加报纸专栏获得了巨大的权力，这些专栏
被各大报纸和杂志所采用。

李普曼后来成为肯尼迪总统和约翰逊总统的亲密朋友和知己，
他对他们的社会化引导导致了社会主义方案的采用，即直接取
自社会主义者所写书籍的　　　　　　　　　　"新边疆　　　　　　　"和
"伟大社会"，并几乎被民主党全部采纳。李普曼被认为是在美
国实施了费边社会主义者的 "快而慢 "政策。

　　"一般来说，我们的目标是把反动派变成保守派，保守派变
　　成自由派，自由派变成激进派，激进派变成社会主义。换
　　句话说，我们试图让每个人都提高一个档次。我们宁可让
　　整个群**众移**动一下，也不愿意让少数人完全离开视线。"（

来源：1962年10月12日国会记录）。

所有**关心美国未来的人都**应该研究这种对社会主义 "渐进主义"**运作的非常有启**发性的见解，我们需要建立学校，教授如何打击这种蠕动的威胁，如果不加以制止，最终将削弱我们的国家。这些策略的成功可以在克林顿担任总统期间看到，在克林顿的反对者逐渐转变为其议程的信徒的基础上，一个又一个重大的社会主义立法被强加于人。

克林顿的社会主义北美自由贸易区、犯罪法案以及他将世界上最大的增税法案强加给美国人民，都是这种蠕动式瘫痪的完美例子，同时也说明在共和党队伍中出现全心全意支持社会主义的叛徒是多**么重要，但他**们却被贴上 "温和的共和党人"的标签。通过李普曼的方法，也就是他在塔维斯托克人际关系研究所学到的政治心理学方法，美国人民正在被引导，慢慢地但肯定地，**一步一步地，像梦中漫步一**样，不声不响地接受美国教育、经济、宗教和政治方面最激进和令人厌恶的变化，而似乎没有意识到已经和正在进行的可怕变化。

李普曼对社会心理学的应用极大地加速了美国对罗斯福新政的社会化的接受，而社会主义新边疆和肯尼迪和约翰逊的伟大社会则延续了这种接受。李普曼是一长串社会主义追随者中最善于使用 "民主"一词来介绍社会主义的人，他没有暗示在社会主义的说法中，"民主"实际上是指社会主义通过政府对事务的管理而对国家的教育、经济和政治生活的日益侵入。真正的民主"，即无节制的社会主义，是在民众不知情的情况下引入的。我们看到这一政策在克林顿政府中如火如荼，大多数人仍然不知道克林顿心目中的 "民主 "是铁杆社会主义。

李普曼在1909年担任哈佛大学成立的校际社会主义协会主席期间，为他今后从事社会主义事业打下了金钱所能买到的最好基础，在他创办社会主义杂志《新共和》时，对他有很大的帮助，后来他在该杂志上发表了关于越南战争的观点。李普曼和其他社会主义作家通过报纸文章告诉美国人民，如果美国试图赢得朝鲜，我们将碰上中国并被打败。

这是一个精心策划的谎言，因为中国根本没有能力对美国发动战争，如果两国之间爆发战争，中国将被彻底打败，这是道格拉斯-
麦克阿瑟将军和斯特拉梅尔将军向杜鲁门和五角大楼传达的事实。关于中国不可战胜的谎言在越南冲突中继续，在越南人宣布希望结束冲突后，亨利-基辛格和迪安-
罗斯克至少又坚持了两年时间。这样，每天耗费美国国库500万美元的社会主义目标就完全实现了，更不用说美国军队的5万名伤亡人员了。

社会主义是由肯尼迪、约翰逊和尼克松身边的政治顾问实施的，他们是迪安-罗斯克-罗伯特-
麦克纳马拉一类的顾问，在朝鲜和越南将美国引向失败的道路，而今天他们的替代者，即克林顿总统身边的那种人，如果涉及到对未来敌人的战争，会毫不犹豫地采取同样的做法。

李普曼在哈佛大学遇到的美国社会主义苍穹的未来之星之一是罗伯特-斯特兰奇-麦克纳马拉。作为约翰-梅纳德-
凯恩斯的社会主义渗透方法的产物，将费边主义学说植入哈佛大学经济系，麦克纳马拉于1940年至1943年在商学院任教，担任工商管理的助理教授。随后，他被借调到空军，然后到福特汽车公司。在福特公司的任期几乎是灾难性的，之后他被提升到一个新设立的国防部负责人的位置。

麦克纳马拉对席卷美国大学校园的新社会主义福音印象深刻。美国政治经济学，在美国经济体系中定义的关税保护和基于双金属主义的健全货币等久经考验的经济政策，正在被迅速淘汰，并被约翰-梅纳德-凯恩斯和哈罗德-
拉斯基的经济废话所取代。没有哪个社会主义领导人比麦克纳马拉更急于实施这些反美社会主义的经济和政治经济理论。在这种疯狂压制美国经济模式的过程中，唯一的结果是凯恩斯模式危险地接近了卡尔-
马克思的经济理论，这一观点从未被允许在媒体、广播或电视上提及。

不止如此。麦克纳马拉急于卖掉军队，他利用他对约翰逊总统的邪恶影响来实现这一目标。对美国安全来说，从来没有比社

会主义明星罗伯特-S-
麦克纳马拉在五角大楼的大厅里游荡时更危险的时候，他取消
了一个又一个项目，直到美国的实力远远低于苏联。麦克纳马
拉甚至通过一项非法的行政命令让约翰逊取消了用于核计划的
钚生产。

非法，是指只有国王和王后才能发布公告，这就是行政命令的
含义。在国家历史上较早的时候，麦克纳马拉和约翰逊都会被
审判并被判犯有叛国罪，他们本应如此。

1964年，在使斯大林就范的斗争的**关**键时刻，麦克纳马拉取消
了北约的核战斗计划，没有得到你的允许，也没有与北约盟国
协商。关于苏联武装部队的这一惊人壮举，据说苏联的将军们
在克里姆林宫喝了一整夜的伏特加酒，并为他们的好运而狂欢
。法国的右翼领导人重申了戴高乐的智慧，他退出了北约并为
法国国家建立了独立的核威慑力量。法国人再次承诺决不被美
国欺骗和解除武装，因为如果法国没有离开北约，他们就会被
欺骗和解除武装。

小小的美国共产党和名义上不存在的社会主义党能够为费边社
会主义取得如此巨大的胜利，实在是个奇迹。未来的历史学家
肯定会**惊**讶地揉揉眼睛，想知道那些把茶叶扔进波士顿港的人
的祖先发生了什么，以及安德鲁-
杰克逊的后代发生了什么，这个人不仅清楚地认识到社会主义
威胁，而且一生都在积极与之斗争。

从这个国家的建立到社会主义者的上台，美国人民发生了什么
？真正的答案在于人口的混杂，现在的人口已被掺杂，与原来
的定居者几乎没有任何相似之处。在一场无声的革命中，社会
主义者将国家从头到尾撕碎，并逐渐使国家士气低落，以至于
它很容易成为自1812年战争以来一直等待它垮台的力量的猎物
。

民主党在其口号和纲领中不断向英国费边社寻求灵感，实际上
已经成为美国的社会主义/马克思主义/共产主义政党。例如，
约翰逊的 "反贫困战争 "最初是由工党总理哈罗德-
威尔逊撰写的。哈罗德-
威尔逊在对国际社会主义者的演讲中明确表示，英国和美国的

社会主义者的意图是将用于国防的资金转为用于消除贫困的资金。威尔逊说，裁军是一切的目的，这样就可以从地球上驱逐"匮乏"。

著名的社会主义者迈克尔-哈**灵**顿（Michael Harrington）是美国社会主义党的成员，他在十年后拿起了威尔逊的小册子，并出版了一本名为《另一个美国：美国的贫穷》的书。哈林顿的书立即获得了成功，媒体、广播和电视都有报道。社会主义者喜欢这样。没有人认为有必要提及哈林顿只是把哈罗德-威尔逊的言论进一步应用于美国的情况。约翰-F-肯尼迪收到了这本书的副本，并写信给哈林顿说他对这本书印象深刻。

正是美国上空的那些社会主义苍穹中的星星，所造成的破坏比任何入侵的军队所希望达到的还要大。正是社会主义者卖淫并**扭曲了我们**的选举制度，直到今天，我们都不可能知道有多少欺诈和欺骗行为进入了最终的选票统计。在这一领域，民主党比共和党高出一**筹**。

现在的情况是：候选人说什么几乎不重要；重要的是谁吸引了最多的选民。当共和党候选人面对民主党候选人时，国际媒体**开始关注**该候选人，就像他或她在英国、意大利、法国、德国、波兰和斯堪的纳维亚国家竞选一样。令人惊讶的是，这些国家的社会主义媒体几乎无一例外地在民主党候选人身后排起了队。

更糟糕的是，伴随着选举的压力和威胁使得公平的结果几乎不可能出现。民主党人在这方面非常擅长。企业受到恐吓，合同受到威胁，社区项目的资金被扣留；今天的选举过程与其说是**关于登**记和投票的选民人数：不如说是关于谁能承载最多重量，谁能最成功地进行恐吓和勒索，谁能对美国人民撒最多的谎而不被发现。

为了做到这一点，麦迪逊大道上的人被花大价钱雇来。如果一个总统失误了，说错了话，修复者就会介入，向选民保证是他们没有听对。在20世纪末，诚实在政治中已不复存在。正如沃尔特-李普曼在1964年大选后难得的坦诚时刻所解释的那样。

"因为这场运动的真正业务不是为未来制定路线。它是关于击败和粉碎对（社会主义者）在大萧条和第二次世界大战以来的一代人中**确定的国内和外交政策既定路线的反叛**。"

在社会主义的苍穹中还有许多其他明亮的星星，无论是过去还是现在，在注释部分我们提到了他们的名字，但没有像我们希望的那样全面。跳回现在，当我们来到20世纪末时，社会主义苍穹中最耀眼的明星也许是威廉-杰斐逊-克林顿总统。

像他的许多前任一样，克林顿被推上了美国的政治舞台，以便进行渗透和渗透，为他的总统任期奠定基础。很少有人想到，一个相对较小的州的政治家会成为费边社会主义迄今为止所能找到的最好的变革推动者。我们将跳过关于克林顿的正式的、已知的细节，而试图超越关于他的几乎不需要重复的常规信息。

相反，我们将尝试向我们的读者提供一些被保密的信息，尽管有**众多**强大的克林顿诋毁者希望把他赶出华盛顿，但这些信息尚未见光。

除了在伦敦呆过一段时间，在那里他充当了反对越南战争的社会主义鼓动的领导者，以及在社会主义精修学校（牛津大学）呆过一段时间，克林顿在阿肯色州以外的政治方面几乎没有经验。不过，他还是成功地保持了对阿肯色州的显著控制。

在这项任务中，他得到了他的朋友泰森和斯蒂芬斯的大力协助，这两个人是该州最富有的人。克林顿被推荐晋升，并被'国王'史蒂文斯推荐给杰伊-洛克菲勒和**帕梅拉-**哈里曼。哈里曼和洛克菲勒是美国社会主义党的领导人，也就是大家熟知的民主党。哈里曼夫人在克林顿身上看到了一个有潜力的人，克林顿被送去接受比尔特伯格集团的培训，成为未来的世界社会主义领导人。哈里曼和洛克菲勒没有失望，因为克林顿的表现令人印象深刻，回到美国后，被民主党提名为1992年总统选举的首选候选人。

有人担心克林顿衣柜里的骷髅，但人们认为，他的男孩式的帅气和敏捷的机智足以克服指责他们的粗俗企图。就这样，1993年1月20日，克林顿成为美国第42任总统。一个比他更不可能的个性控制了世界上最大和最强大的国家，这一事实让他的诋毁者目瞪口呆--在国家权力的最高层有数以百计的诋毁者--他们倾向于忽视克林顿异常敏锐的头脑，纠缠于他卑微的出身，更不用说开始浮现的性行为不当的指控。

社会主义者们欢欣鼓舞。他们的选择来到了白宫；现在社会主义计划可以加速进行，在下一个危机到来之前，国家将没有时间从一个危机中恢复。一个滥用国家权力的新时代即将开始，伟大的社会主义抢劫案即将进入高潮。社会主义等级制度为克林顿设定了一个四年的任期时间表。克林顿将是一个任期内的总统，但他将被要求在国会推动的计划将在未来1000年内对美国产生最可怕的后果。

威廉-克林顿精心安排的计划是如何几乎失败的，除了在《世界回顾》（WIR）的报告中，从未被披露过。它是这样的。由于她丈夫的好色习惯和众多的婚外情，克林顿对她的丈夫已经不再感到厌烦。作为最好的 "女权主义"社会主义的东西，克林顿夫人很好地隐藏了她的祖先，达到了一个点，**她决定**单独行动。希拉里-克林顿（那时候还没有提到 "罗德姆"）分居了，让她那犯错的丈夫去思考他在婚姻中的错误行为。

就在克林顿被帕梅拉-哈里曼和杰伊-洛克菲勒接触前不久，他发现自己没有妻子。这是一个糟糕的举动；显然一个有婚姻问题的人不适合占据椭圆形办公室。哈里曼急忙找到希拉里，说明情况：如果她回到丈夫身边，她可以指望成为下一个 "第一夫人"。希拉里从不放弃晋升的机会，**她同意与丈夫和解**，条件是不再有婚外情。这个条件被接受，比赛就开始了。剩下的就是历史了。

不属于历史的是威廉-杰斐逊-克林顿的过去，直到今天还对美国人民隐瞒着。克林顿出生在阿肯色州的一个小镇霍普，然后全家搬到温泉镇，那是一个 **"开放**"的小镇，有妓院和其他大城市的

"乐趣"。正是克林顿所处的这种友好的、"任何事情都可以做"的氛围，有人说这是他与真相发生冲突的根源。

据一位前阿肯色州参议员吉姆-约翰逊法官说，克林顿的岳父的一位前合伙人诺拉-韦伊说，克林顿根本不是建制派媒体所塑造的那样。Waye举了一些例子。

> **"当你想到比尔-克林顿对真相的厌恶时，你会想，这是不是因为他在这方面不那么出色的过去。他谎称自己是罗德斯学者。他从未完成那门（课程），但他却说自己是罗德学者。"**

在这一点上，韦伊似乎是有偏见的。任何被选为罗德学者的人如果去了牛津，即使没有完成课程，也可以称自己为罗德学者。

人们对克林顿提出了非常严重的指控，涉及其妻子滥用权力、毒品交易和内幕交易。这些指控是由拉里-尼古拉斯提出的，他在20世纪70年代是克林顿的亲密朋友。用尼科尔斯的话说，他"从营销的角度为克林顿做了很多项目"。尼科尔斯接着提出了一系列他说从未被调查过的指控。其中大部分涉及阿肯色州梅纳市的大规模可卡因交易，其中一些也被《国家》杂志报道。尼科尔斯声称，阿肯色州发展金融局（ADFA）是一个经过全面审计的金融实体，用于清洗大量梅纳可卡因的资金，他说这些资金是通过一家不知名的佛罗里达银行输送的。

尼科尔斯还对罗斯律师事务所和希拉里-克林顿提出了严重的不当行为指控，指责他们违反州法律，在债券申请中收取佣金。尼科尔斯声称自己偷了文件，并复制了支持其指控的文件。他还声称，梅纳的一些毒资是通过芝加哥的一家银行清洗的，这家银行由有权势的民主党政治家丹-罗斯滕考斯基（Dan Rostenkowski）共同拥有。

尼科尔斯声称，总统的弟弟罗杰-克林顿并没有因为贩卖可卡因而入狱，"他们是在赠送可卡因"，据称是为了换取不明确的好处。尼科尔斯指出，

> "一旦他（丹-拉萨特--与罗杰-
> 克林顿一起被定罪）被定罪，他和罗杰就被关进最低安全
> 级别的监狱。他们被称为
> "假日酒店"。我想，他在那里待了6-
> 8个月，然后就出来了。没有人知道，比尔-
> 克林顿在他获释后的第二天就给予了他（估计是给拉萨特
> ）完全的赦免......"

尼科尔斯指责克林顿和他的阿肯色州政府从未解决从梅纳走私可**卡因的**问题。

> "在阿肯色州，从阿肯色州的梅纳市出发，没有一次大的查
> 获。现在想象一下，运作了近十年，却没有抓到一批可卡
> 因。"

尼科尔斯接着对与克林顿一起去华盛顿的韦斯-
哈贝尔以及希拉里-
克林顿、史蒂文斯家族和泰森家族提出了一系列不法行为的指
控，这些都是克林顿在担任阿肯色州州长期间的政治和财政盟
友。**关于泰森，尼科**尔斯指控如下。

> "唐-泰森在比尔-
> 克林顿的所有竞选中总共投资了60万或70万美元。猜猜他
> 得到了什么？   1000万美元--
> 猜猜从**哪里来？阿肯色州**发展融资局。而且他从未为此支
> 付过一毛钱。

尼科尔斯还指责与Hubbel有**关的停**车收费器制造商Parking   on
Meter（POM）有不当之处，并说他试图让所有主要媒体对他
的故事感兴趣，但他们都普遍拒绝触及此事。相反，尼科尔斯
说，他受到了一连串的言语和身体虐待，这几乎使他名誉扫地
。

尼科尔斯说，他的一个同事，律师加里-约翰逊（Gary
Johnson），住在Quapaw大厦的公寓里。约翰逊显然在他的公
寓外安装了一个监控摄像头--早在吉尼弗-
弗劳尔斯搬到隔壁之前。约翰逊声称曾多次看到克林顿拿着钥
匙进入吉尼弗-弗劳尔斯的公寓。

约翰逊说。

"我看到他进了他的公寓。这并不是说我在那里通过窥视孔看着吉尼弗-弗劳尔斯的公寓。只是我有相机。在吉尼弗-弗劳尔斯搬进来之前，我就有了这台相机。"

尼科尔斯说。

"你猜他拍了什么？比尔-克林顿多次进入吉尼弗-弗劳尔斯的公寓，用的是一把钥匙。"

到目前为止，还没有证实尼科尔斯和约翰逊的故事，但正如我们所说，"国家 "**开始写梅**纳和韦斯-胡贝尔，然后，在几篇文章之后，没有跟进 -这与他们的新闻风格非常不同。

1992年10月，"The Nation "指出。

"在克林顿于劳动节周末发表演讲的温泉市，我看到了这个过程在发挥作用。正是在这里，在这个由澡堂和旧赌场组成的**阴暗小镇**，我们的比尔成长起来。你可以忘掉那些关于 "一个叫希望的小镇 "的可怕的废话。忙碌的气氛显然给他留下了印象。如果在返校集会上介绍州长的希拉里是可信的，当他在浪漫的周末把**她**带到这里时，他们互相说的第一句话是："看看这些小企业......"

同一**份左翼**杂志在1992年3月发表了一篇文章，摘录如下。

"关于克林顿对其朋友的恩惠这一更广泛的问题，拉里-尼古拉斯--被克林顿从阿肯色州发展金融局解雇的人，也是弗劳尔斯故事的原始来源--说，与克林顿家族的关系实际上是寻求从阿肯色州发展金融局贷款的公司的一项要求。它主要是由克林顿在1985年**开发**的，通过向企业提供由出售免税债券资助的长期贷款，吸引资本进入该州用于经济发展，而且，事实上，出现在我的同事审查的ADFA文件中的名字都带有克林顿圈子的味道。"

"在我们拥有副本的债券承销商中，斯蒂芬斯公司的地位非

常突出。该公司的总裁杰克逊-
斯蒂芬斯和他的儿子沃伦帮助克林顿为他的竞选活动筹集
了10多万美元。今年1月,斯蒂芬斯拥有多数股份的银行--
沃顿国家银行(Worthen
National)向克林顿提供了200万美元的信贷额度。债券问题
中**另一个熟悉的名字是**现已停业的Lasater   and
Co。经营该公司的丹-
拉萨特是克林顿和他兄弟罗杰的长期朋友。罗杰和拉萨特
都因可卡因被捕,前者的罪名更严重"。

"然后是罗斯律师事务所,希拉里-
克林顿的律师事务所,其名字同时装饰着债券发行和贷款
协议文件。希拉里-
克林顿在诉讼中代表斯蒂芬斯公司旗下的一家公司。罗斯
的**合伙人**韦斯-胡贝尔(Wes
Hubbel)代表第一**笔**AFDA贷款的接受者,一家名为Park
on
Meter的公司,即POM,其名字经常出现在有关梅纳的讨
论中。胡贝尔曾在1980年代初担任POM的秘书。Hubbel在
AFDA案件中的客户是POM的现任主席Seth
Ward,**众所周知他是克林**顿的朋友。沃顿银行是在POM上
偶有留置权的机构之一。"

"克林顿和毒品政策是另一个受挫的合流领域。据她的副手
约翰-
克罗格说,克林顿认为,"解决毒品问题的真正办法是减少
需求"。但克林顿也支持
"正在进行的拦截进入美国的毒品的努力",赞成
"扩大使用军队,特别是追踪和阻止小型飞机进入美国"。
那么,他为什么不沿着毒品的线索去梅纳,即阿肯色州西
部的城市和机场?克林顿不能声称对阿肯色州作为国际贩
毒活动中心的事实一无所知。他的一位州检察官查尔斯-
布莱克(Charles
Black)在1988年提请他注意此事。在这之前的五年里,克
林顿州警察进行了一次联邦调查。作为该调查的一部分,
一个联邦大陪审团被召集起来。该大陪审团最终被解散,
当地媒体报道说,陪审团成员被阻止看到关键证据,听取
重要证人的证词,甚至看到由司法部律师撰写的二十九项

洗钱起诉书草案，即 "绿背行动"。

"1989年，克林顿收到了阿肯色州公民的请愿书，要求他召集一个州大陪审团并继续调查。温斯顿-
布莱恩特（Winston
Bryant），现在是该州的总检察长，在1990年将毒品和梅纳的话题作为竞选议题。一年后，布莱恩特将他关于梅纳的州级档案以及1000名公民的请愿书交给了伊朗/康特拉的检察官劳伦斯-沃尔什，此后他一直在追查大量信息。沃尔什只是继续掩盖事实。)同年**晚些**时候，1991年8月12日，克林顿的刑事司法顾问写信给一位关心此事的公民说，州长明白，梅纳的犯罪活动问题正由布莱恩特、沃尔什和阿肯色州议员比尔-亚历山大调查或以其他方式处理"。

"然而，在拥有这些知识的情况下，克林顿什么也没做。州检察长无权进行调查，但州检察官有权进行调查。当查尔斯-
布莱克敦促克林顿为这种调查拨款时，克林顿没有理会他的请求。在联邦政府结束调查后，州**警察**被从该案中撤山。现在球又回到了克林顿的法庭上，他继续什么都不做......"

在后来的一期中，"国家   "对韦斯-胡贝尔和帕克在仪表上有这样的评价。在描述克林顿个人创建AFDA的故事时，作者继续说道。

"......1985年，亚洲开发银行向位于阿肯色州拉塞尔维尔的停车计时器制造商POM公司提供了第**一笔工**业贷款。据称，POM公司根据秘密合同制造供反政府武装使用的化学和生物武器部件，以及130架**运**输机的特殊设备。这些飞机当时正从梅纳运送毒品和武器。在这些交易中，POM的律师是罗斯律师事务所的合伙人，希拉里-
克林顿曾经是该事务所的成员，现在也是。因此，在国会禁止向反政府武装提供军事援助的时候，克林顿州似乎是反政府武装供应链中的一个重要环节"。

"现在我们来看看迈克尔-
里斯科诺西奥托，他是中央情报局的前合同雇员，他说他在1988年至1989年期间断断续续地在梅纳工作。Risconosci

uto在被传唤为Inslaw案件的证人后不久被捕……他因十项与毒品有**关的指控被捕，其中七**项被定罪……据里斯科诺西奥托说，梅纳是一个随着时间推移而演变的基地网络的一部分。梅纳是至关重要的，因为它与其他基地相比处于中心位置……。梅纳是麻醉品的主要投放点，其他基地则作为分发点。据里斯科诺西奥托所知，在梅纳机场从未卸下过毒品。与海豹公司在路易斯安那州的设施一样，低空飞行的飞机使用降落伞将毒品容器投放到周围的乡村，有时是在瓦奇塔国家森林，但更多的是在私人土地上……"

"据Risconosciuto说，POM公司不仅仅是做停车计时器。他声称，从1981年**开始**，该公司还为C-130飞机制造了渡轮空投箱……"。

POM管理层显然将这位左翼记者转给了公司的律师，而关于POM及其与韦斯-哈贝尔和希拉里-克林顿的律师事务所的更正，则没有再提。

左翼杂志 "The Nation "发表了另一篇关于克林顿和对根尼弗-弗劳尔斯的指控的文章，我们在此介绍其节选部分。

"**关于比尔-**克林顿性生活的指控首先在拉里-尼古拉斯提起的诉讼中曝光，他被克林顿从阿肯色州发展金融局（ADFA）的营销总监的工作中解雇。克林顿声称，尼科尔斯是因为给中美洲的反政府武装打了700个未经授权的电话而被解雇的，而且该诉讼是共和党人刺杀的一部分。顺序更复杂，源于国家的作用，特别是阿肯色州西部梅纳的一个机场在训练和供应反政府武装方面的作用；也源于美国和中美洲之间的武器换毒品的流动……。阿肯色大学费耶特维尔分校的一个学生组织长期以来一直在调查梅纳案，根据F.O.I.A.法律，该组织设法向ADFA申请尼科尔的电话记录。该组织的成员马克-斯瓦尼（Mark Swaney）说，在上述期间，没有向中美洲打过关于收费的电话……"

"克林顿夫妇--比尔和希拉里--被吹捧为充满活力和关怀，并且在某种程度上令人敬畏地团结起来。尽管他们的崇拜者在括号中承认了一个事实，即他们已经分开了一段时间，显然只是在总统竞选前才走到一起，但这种说法仍占上风。是对权力的欲望使他们走到一起吗？与仁慈的克林顿夫妇相比，我们被邀请嘲笑弗劳尔斯是个好女孩......"。

从 "新共和国"（社会主义者的传声筒）中的西德-布卢门撒尔（Sid Blumenthal），公共**关系史上最**热烈的奉承之一，到 "华盛顿邮报 "和 "纽约时报 "中无数有利的文章，到永恒的专家学者的伟大胸怀，消息已经传出。

克林顿是健康的、有思想的、务实的、现代的、白人的、男性化的和安全的。而对于所有在漫长的十二年中饱受煎熬的民主党时间侍者来说，他带着--
至少在他被花花病折磨之前[14] --可能的胜利的气息......"

看来，新任命的特别检察官要涉及大量未知的领域，这些领域是前特别检察官费斯克拒绝接近的。也许这解释了国会民主党人对菲斯克退出调查的极度紧张。让我们希望真相会大白于天下。就目前而言，这似乎是美国政治史上最成功的一次掩饰。

---

[14] 提到克林顿与一个名叫弗劳尔斯的年轻女子的关系。

第七章

社会主义对宗教的渗透和浸染

"世界上的伟大文明并不是作为一种副产品产生伟大的宗教;在一个非常真实的意义上,伟大的宗教是伟大文明赖以存在的基础"。克里斯托弗-道森,历史学家。

"基督教不是一个**适合我**们时代的宗教"。爱德华-林德曼基督教社会主义作家。

虽然费边社会主义确实要渗透到所有宗教,但真正的目标始终是基督教。在早期,费边社将其单页小册子称为
"小册子",这是基督教传教士使用的一个术语,目的是故意误导公众,使其了解费边社会主义对有组织宗教的厌恶。对宗教信仰最具破坏性的影**响也**许是
"德国式的合理化",源于俾斯麦和马克思,他们把宗教视为一**种**单纯的社会科学。

在美国,邪恶的社会主义领袖约翰-D-
洛克菲勒利用被**渗透的世俗**传教士,努力使教会向左转。他的一个爪牙保罗-布兰沙德被用来组建一个名为
"新教徒和其他美国人支持政教分**离的**组织"。这一学说是有史以来对美国人民实施的最成功的谎言和骗局之一。宪法中没有这种权力。

美国最早实现 "社会化
"的基督教会之一是南波士顿的恩典教会,W.D.
Bliss牧师是该教会的牧师。作为悉尼-

韦伯的好朋友，布利斯代表费边社的传教热情值得称赞，但他所宣称的基督教并没有延伸到教授基督的福音。**另一个腐**蚀基督教的人是约翰-奥古斯丁-
莱恩神父（后来的主教），他的福音是英国社会主义者约翰-霍布森教授的福音。瑞安组建了一个名为
"全国天主教福利委员会
"的团体，该团体被费边社会主义者利用来渗透到美国各地的天主教教会。瑞安后来成为
"新政的牧师"，并被罗斯福用来为他最有争议的新政法案获得"宗教的祝福"。

但美国社会主义宗教活动的真正中心是河滨教堂，这是一个由纽约洛克菲勒基金会资助的 "基督教社会科学"教堂。从这个角度来看，对国家的政治生活有所影响，特别是通过主导美国基督教会联邦委员会（FCCA）的杜勒斯家族。FCCA是最早热情支持罗斯福新政的 "宗教团体 "之一。

1935年，美国海军情报局指定FCCA为和平主义的领导者。

> "...它是一个大型的激进和平主义组织......其领导层由一个小的激进团体组成，在任何反对国防的问题上总是非常积**极**"。

迪斯委员会听取了一位专家证人的宣誓证词，该证人表示

> "显然，它（FCCA）不是在其**众多成**员中推广基督教，而更像是一个巨大的政治机器，似乎参与了激进政治。其领导层表示，它与许多最激进的组织有关系"。

1933年，阿尔伯特-W-
比文牧师和44名共同提案人向罗斯福发出一封信，敦促他使美国社会化。**另一位** "布衣 "柯比-佩奇牧师告诉罗斯福要支持布尔什维克。

> "俄国无产阶级的目标是建立更好的生活......。科比说："在世界范围内很难找到比你在俄罗斯找到的致力于斯大林的青年更献身于基督的事业......"。

哈里-F-
沃德博士，FCCA的**另一个**领导人物，实际上在1925年就从美

国公民自由联盟（ACLU）辞职了，因为它把　　"极权主义者"排除在其成员之外。前一年，沃德--
当时的美国公民自由联盟主席--
曾站出来支持社会主义和共产主义事业。这时沃德是纽约联合神学院的基督教伦理学教授。由于他在渗透和浸渍战术方面的卓越表现。沃德能够颠覆三代未来的美国教会领袖，将他们带入社会主义阵营。

尼布尔牧师是被迪斯委员会听证会召集的专家点名的另一位著名社会主义者。尼布尔担任联合神学院应用基督教教授和院长的职务，他是最早的美国费边社会主义者之一，推广费边社主要作家格雷厄姆-
沃拉斯的《新政》一书。1938年，尼布尔加入了费边社会主义大学教授协会，该协会自称是一个
"进步的教育组织"。正如我们现在所知，"进步　　　　"只是"社会主义
"的另一个词。尼布尔还被确定为工业民主学生联盟（SLID）
（后来成为工业民主联盟）的秘书，该组织是严重参与激进政治的极端社会主义学生组织。

随后，许多EDLR的学生成员加入了民主党，而不是试图组建他们自己的社会主义政党。正是从这时起，民主党开始被社会主义者所侵扰，直到今天，根据我的情报联系，民主党内86%的人是铁杆社会主义者。尼布尔后来对肯尼迪兄弟产生了深远的影响，罗伯特引用尼布尔的书《光明的孩子，黑暗的孩子》
（一本异教的邪教书）作为他要带去月球的书之一。

尼布尔的影响很广，在美国民主行动党（ADA）和LID的社会主义成员中宣传他的　　　　　　　　　　　　　　　"进步
"政治。在他的政治生涯中，尼伯宣扬
"社会福音"，即后来的马克思主义解放神学。他成为小阿瑟-
施莱辛格的密友，宣扬
"资本主义是一种疾病"，而暴力则是在看客的眼中。施莱辛格后来在美国的社会化进程中发挥了非常重要的作用，证明了宗教社会主义在正确的（或错误的）手中是一种毁灭性的武器。聂伯公开接受了马克思主义（尽管这是一个完全不敬虔的信条

，对于一个本应是福音教师的牧师来说是一个奇怪的信仰），声称它是

> "基本上是对现代社会的经济现实的正确理论和分析"。

这位所谓的 "神学家 "还积极控制新闻界，被洛克菲勒任命为 "新闻自由委员会   "成员。在大卫-洛克菲勒的指示下，尼伯不可避免地被任命为对外关系委员会 （CFR）成员。因此，在社会主义行动的宗教舞台上，我们看到费边社会主义在美国一直非常忙碌，并很好地吸取了教训，即利用宗教作为渗透和渗透整个社会的手段，是非常重要的。我们被引导相信，布尔什维克和他们的社会主义表亲是反对一切形式的宗教的。事实上，这根本就不是事实。社会主义/布尔什维克对宗教的仇恨更多是针对基督教，而不是其他宗教。

社会主义者能够保持对有组织的宗教的控制的方式之一是通过信仰团契，该团契于1921年作为一个社会主义组织成立，最近被彻底恢复，为一个世界政府--
新世界秩序的到来做准备。这是 个旨在控制宗教的组织--
这是社会主义的一个长期目标--
它已经意识到宗教永远不可能被根除。300人委员会的主要政治家伯特兰-罗素（Bertrand
Russell）对社会主义对宗教的态度描述如下。

> "如果我们不能控制它，那么我们就必须把它赶走。

但摆脱宗教说起来容易做起来难，所以选择的方法是 "控制"。

所有这些战争都没能使世界摆脱宗教的影响。必须制定其他策略，如密集洗脑，利用众所周知的相对主义思想，即所有宗教都是平等的。从劳埃德-**卡特勒**（Lloyd   Cutler）--**卡特**总统、克林顿总统及其司法部长珍妮特-雷诺（Janet
Reno）的顾问--
这样的社会主义者对美国宪法的攻击中，可以发现对基督教的战争越来越凶猛和激烈的证据。社会主义的卡特勒试图削弱宪法，以**减少每个人**对崇拜和宗教的保护和自由。

德克萨斯州韦科市发生的令人震惊的屠杀美国公民事件是最近

的一个例子，说明社会主义者愿意为压制宗教自由走多远。导致在天安门广场上被谋杀的美国基督教公民多于中国学生的事件已广为人知，在此不再赘述，但有些方面需要澄清和放大。

要考虑的第一点是这样。宪法中哪里说联邦政府有权干涉任何教会的宗教事务，就像它干涉和干预大卫分支基督教会的事务一样？宪法中哪里说联邦政府有权决定什么是"邪教"，什么不是？让雷诺司法部长告诉我们，哪里有赋予联邦执法机构的这种权力。事实是，我们找不到它；它不在宪法中！

在第1条第8节第1-18款授予国会的权力中，没有任何地方赋予攻击"邪教"的权力。如果允许联邦机构干涉大卫教，并像他们在韦科那样用武力攻击它，就需要对美国宪法进行修正。在韦科发生的事情是对宪法和美国人民的叛国和煽动行为。通过使用军车攻击基督教教堂里的平民，我们必须假设其意图是恐吓和剥夺公民的权利。

美国宪法的《权利法案》第1条规定。

> "国会不得制定有**关宗教信仰的法律，或禁止自由行使宗教**信仰，或限制言论或新闻自由，或限制人民和平集会和向政府请愿以伸张冤情的权利。

注意"应"字的使用，它比"将"字强得多。还要注意"**关于宗教的建立**"这句话。隐含在"建立"一词中的理解是，它也指建立的行为，或者用通俗的语言说，是一个新建立的实体。在这种情况下，新成立的实体是大卫分支教会。因此，法律要求联邦政府保护大卫人，而不是刺杀他们。

联邦政府进入韦科，明确表示要禁止大卫教派成员自由行使宗教权利。它禁止大卫教派的成员和平集会。联邦政府说的是"我们说你是一个邪教，我们不喜欢你的宗教，所以我们要关闭你的教堂。

为了做到这一点，联邦政府带来了军车，然后用这些军车袭击了教堂建筑并杀死了大卫教派的成员。在1968年7月31日的国会记录第E7151页，法官威廉-O.道格拉斯说。

> "...政府不可能**划清是非界限**，**也不可能忠**实于宪法，最好把所有的想法都放在一边"。

美国政府选择无视这一决定，试图简化宗教，将其简化为什么是好的或坏的，由联邦政府作为仲裁者。联邦政府试图把宗教变成一个简单的问题，而这是一个非常复杂的问题，在任何情况下都不应该干涉。

美国宪法的前十条修正案构成了对联邦政府的限制。此外，《宪法》第1条第9款也拒绝允许对宗教进行立法。联邦政府并没有绝对的权力。根据第十修正案赋予国家的权力，大卫教派有权得到警察的保护。韦科警长没有回应大卫教派成员的求救，没有尽到保卫德克萨斯州公民免遭联邦特工掠夺的责任，这是他的失职。如果警长履行了他的职责，他就会带着他的人去现场，并命令联邦特工离开这个地方，离开德克萨斯州，在那里他们没有管辖权。不幸的是，警长要么是出于对宪法的无知，**要么是担心自己的安全**，**没有按照**宪法的要求拦截武装和危险的联邦特工。

根据美国宪法，保护"生命、自由和财产"的责任在于各州，而不是联邦政府。艾玛-戈德曼案永远解决了这个问题。(肇事者在州法院受审，并因谋杀麦金利总统而被州政府处决，尽管谋杀总统过去和现在都是一项联邦罪行)。第14条修正案虽然没有得到批准，但并没有试图将警察保护的责任从各州转移到联邦政府。因此，我们在韦科遇到的是对一个宗教社区的未经授权的攻击，再加上警长没有保护得克萨斯州的公民免受联邦特工的非法和不合法的攻击。

结果，德克萨斯州大卫分支的公民被非法和恶意地剥夺了生命、自由和财产，没有正当的法律程序，并被剥夺了陪审团审判的权利，而该州的首席执法官员--韦科警长却袖手旁观，没有采取任何行动来阻止这些攻击。预计将对韦科警长提出玩忽职守的指控。第四条第一部分的豁免条款被严重违反了。

"**每个州的公民都有**权享受几个州的公民的所有特权和豁免"。

根据美国宪法，联邦政府无权决定什么是教会，什么是邪教。联邦政府有权决定什么是邪教，什么是宗教，这就是社会主义者所希望的毁灭所有宗教的权力，这也是他们的最终目标。宪法第一修正案并没有赋予这一权力，也没有将其授予国会。相反，我们的舆论是由媒体制造的，连日来不断重复大卫教是一个
"邪教"，似乎这就足以让联邦特工冲进教堂大楼的法律制裁。

韦科不是联邦政府第一次干预宗教事务，当然也不会是最后一次。在国会记录第11995-
2209页，参议院，1882年2月16日，我们惊恐地读到政府如何试图阻止一些摩门教徒投票。在第1197页，我们读到了辩论的部分内容。

> "...这一权利（投票权）早在宪法通过之前就属于美国的文明和法律了。它就像携带武器的权利一样，就像这里可以提到的许多其他权利一样，这些权利在殖民地时期就代表所有州的公民存在；通过修正案引入宪法的条款，以及引入原始文书的条款，旨在保护这些权利，只是对现有权利的保证，而不是权利本身的创造者。"

摩门教当时被认为是联邦政府的大卫分支教会。1882年，参议院试图通过一项法案，任命一个由五人组成的委员会，充当摩门教徒的法官和陪审团，阻止他们投票。除此以外，这还违反了诉讼法的规定。在1195-
1209页的第1200页，维斯特参议员作了如下陈述。

> "...例如，我们将认为，任何人都不能假定国会可以在任何领土上制定任何法律，尊重宗教的确立，或自由行使或限制新闻自由，或领土上的人民和平集会和向政府请愿以纠正冤情的权利。国会也不能剥夺人民携带武器的权利，或由陪审团审判的权利，或强迫任何人在刑事诉讼中做对自己不利的证词。这些权力，以及与人民权利有关的其他权力，在这里没有必要列举，都以明确和积极的措辞拒绝了总政府；私人财产的权利也得到了同样的保护。"

在回顾了上述关于宪法及其权利法案所提供的保护的事实陈述后，我们对韦科的情况感到震惊；大卫教派没有得到宪法所保障的保护。警察的保护权力已被韦科警长放弃，联邦政府袭击了大卫教派的成员，以肆意、野蛮的方式夺走了他们的生命，并无视他们
"受到平等保护的私人财产的权利"，彻底破坏了他们的财产。我们可以看到，自1882年阻止摩门教徒投票的法案被否决以来，我们已经倒退了多远。

为什么大卫教派被剥夺了他们拥有的一切权利？为什么他们被当作试图入侵我们海岸的敌人来对待；用军事装备、直升机、坦克、推土机，最后用炮火把他们全部摧毁？如果联邦政府在其工作人员持枪进入教堂前确实对他们提出了合法指控，那么他们接受陪审团审判的权利是否得到尊重？

所发生的一切是，肇事者几乎是轻描淡写地说，他们要为其爪牙的野蛮行为负责！这是不可能的。我们在残暴的韦科大屠杀中看到的是社会主义/共产主义在行动。大卫-科雷什宣扬的宗教有一天会被接受为一种既定的宗教，就像玛丽-贝克-艾迪的基督教科学和摩门教是今天被接受的宗教一样。这些宗教在早期可以被归类为
"邪教"，尽管这个词在当时并没有像今天这样的内涵。但联邦社会主义政府担心这种情况会发生在科雷什身上，就像对玛丽-贝克-艾迪一样，所以它介入并将其扼杀在萌芽状态。

社会主义决心控制宗教，这一点在其所谓的 "信仰团体"中表现得最为明显。这些战争未能使世界摆脱宗教；布尔什维克夺走了6000万俄罗斯人的生命，其中绝大多数是基督徒。他们把基督教教堂变成了卖淫场所，剥夺了教堂的珍贵文物，并通过阿曼德-哈默等叛徒的办公室出售他们的战利品。从罗马人到现在，基督徒一直受到迫害，并在可怕的屠杀中被杀害，正如我们在韦科看到的那样。

社会主义者在意识到他们无法通过杀害宗教的信徒和追随者来摧毁宗教之后，开始尝试控制宗教。他们成立了虚假的一世界

政府

"信仰团契"，以控制所有的宗教。在宗教控制的同时，我们应该相信，共产主义已经死亡，很快就会过时。事实并非如此，共产主义永远不会改变。表面上可能是这样，但内心深处不会有什么变化。将要改变的是社会主义，因为它获得了权力，然后，当它完全控制了世界，它将重新引入共产主义，成为地球上各民族的主人。

在这种情况下，信仰联盟的地位是什么？它如何能像人们期望的那样，按照其创始人的意图，深刻地影响政治事件？统一宗教，即 "正常化 "的任务交给了社会主义者凯德兰塔-**达斯**-古普塔，他是反战者联盟的执行委员，也是反对我们共和国的武装革命的支持者。虽然构想于1910年，但联谊会的第一届正式会议于1933年在芝加哥举行。它的真实性质被印度亲共产主义政治运动的创始人拉宾德拉特-泰戈尔爵士所揭露。

第一届FF研讨会的主讲人蒙哥马利-布朗主教说。

> "只有当神**灵被逐出天堂**，资本家被逐出地球时，才会有一个完整的世界信仰共同体"。

很明显，联谊会从一开始就是一个社会主义事业。拉宾德拉斯爵士在他的著作和话语中强调了对非常年轻的儿童进行性教育的必要性。我们倾向于认为年轻人的性教育是最近才出现的诅咒，但实际上它最早可以追溯到巴力的祭司和埃及的奥西里斯祭司。

如果1980-1990年代没有发生同样的事情，那么发现基督教牧师和领导人接受正常化的宗教理念，并与那些讨厌基督教的人合作，就会令人感到**惊讶**。1910年，世界宗教联谊会由弗朗西斯-杨胡斯本爵士推动，他强调应实现东西方宗教联合的理念。弗朗西斯爵士并没有说这一想法的发起人达斯-古普塔是一个狂热的共产主义者，试图推广这一卑鄙的学说。弗朗西斯爵士对 "正常化 "宗教的历史做了如下介绍。

> "**达斯**-古普塔先生产生了这个想法，他为此工作了25年，并在美

国人查尔斯-F-
韦勒先生那里找到了一个亲切的合作者....。在美国，1893
年召**开了宗教**议会。在美国，1893年召**开了宗教**议会。190
4年，在巴黎，国际宗教史大会的一系列会议开始了。其他
会议在巴塞尔、牛津和莱顿举行。

(都是宗教   "正常化
"的中心，也是当今马克思主义解放神学理论的推动者）。

"1924年，在伦敦，召开了帝国（大英帝国）活着的宗教会
议。1913年在芝加哥，1934年在纽约继续，在尊敬的赫伯
特-胡佛和简-
亚当斯小姐的主持下，召开了世界信仰友谊大会"。

亚当斯小姐出席这些会议是一个迹象，表明狂热的社会主义正
在宗教的幌子下发挥作用。亚当斯小姐的故事在有关社会主义
妇女的章节中讲述。这个想法是要把基督教淹没在其他宗教的
浪潮中。但基督教不能被
"标准化"，它是独特的，自成一体的。它的教义是资本主义的
基础，后来被巴比伦主义所取代，今天的资本主义已经被卖淫
和贬低，以至于无法认出它是原来的制度。

没有基督教，世界将陷入一个新的黑暗时代，比以前的任何事
情都要糟糕。这应该有助于解释为什么基督教的诋毁者如此热
衷于摧毁它，或至少控制它，以便它被稀释、抹去，然后变得
毫无用处。信仰团契试图将基督教与其他宗教合并，从而导致
其独特身**份的**丧失。"政教分**离学**说
"的想法是美国政府中的社会主义者所为。应该定义的是国家
对基督教的压制。

加入宗教 "正常化 "事业的有英国工党的社会主义成员基思-
哈迪，纽约左翼伦理文化协会的创始人费利克斯-
阿德勒，著名社会主义作家H.G.威尔斯，他代表伯特兰-
罗素勋爵。威尔斯是秘密共济会Kibbo   Kift
Kindred的成员，"Clarte"，其总部设在巴黎大东方的九姐妹会
，该会在血腥的法国大革命中发挥了主导作用。

摩西-
赫斯是当时最革命的共产主义者之一，他与威尔斯一起支持与

苏维埃俄国文化关系协会。正是在九姐妹小屋，威尔斯发表了一个会让他看起来像仇视基督教的声明。

> "从现在开始，新的世界政府将不会容忍来自敌对宗教体系的竞争。将没有基督教的空间。现在世界上必须只有一种信仰，即世界社会的道德表**达**"。

费边社的著名成员安妮-贝桑特(Annie Besant)站了出来，将自己的名字加入到反对基督教的名单中。贝桑特是布拉瓦茨基夫人的精神继承人，神学会的创始人和H.G.威尔斯的朋友。资本主义-共产主义联盟的查尔斯-威尔斯先生，在历史上　　　　　　　　　　"百万富翁"这个词真正有意义的时候，他自己就是一个百万富翁。

组织信仰联谊会美国分会的任务交给了韦勒先生，他很快就得到了世界犹太**复国主**义领袖、威尔逊总统的心腹塞缪尔-昂特迈耶的祝福，在椭圆形办公室提交给他后，他立即批准了这个计划。正如纽约犹太复国主义者的塞缪尔-兰德曼先生所言

> "伍德罗-威尔逊先生，出于良好和充分的理由，一直非常重视一位非常著名的犹太**复国主**义者的建议。"

兰德曼先生提到的　　　　　　　　　　"良好而充分的理由"是威尔逊写给一位佩克夫人的一包情书，佩克夫人为了报答恩特迈尔答应帮助她的儿子摆脱犯罪处境，将这包系着粉红色丝带的信交给了恩特迈尔或巴鲁克。威尔逊非常热衷于与已婚妇女交往，与佩克的恋情尤其漫长而热烈。愚蠢的是，威尔逊以书面形式向佩克夫人表明了他的多情之心。正是这一轻率行为被引为用来要挟威尔逊使美国投入第一次世界大战的方法，它将美国基督教男子的花朵埋葬在佛兰德斯的战场上，几乎毁了这个国家。后来，社会主义　　　　　　　　　　"教会"阵线的邻居联盟对威尔逊的支持，几乎导致了国际联盟的建立。

省级犹太复国主义事务执行委员会主席布兰代斯法官被拉比斯蒂芬-

怀斯取代，他恰好是紧急和平联合会和其他十九个阵线的亲社会主义阵线成员。布兰代斯也是伦敦费边社的成员。许多旧的"宗教社会主义"组织今天仍然存在，尽管它们已经改变了名称以适应不断变化的时代和环境。

厄普顿-辛克莱（Upton Sinclair）是一个狂热的社会主义者，后来成为作家，为《社会改革新百科全书》撰稿，是美国费边联盟的创始成员，他强烈支持宗教联盟。辛克莱尔在他的职业生涯中一直给基督教以通行证。辛克莱尔、怀斯、亚当斯，甚至许多团契的支持者都没有告诉公众的是，它是一个彻头彻尾的共济会启发的运动。到1926年，信仰联谊会已成为世界革命的既定朋友，董事会和委员会中的玫瑰十字会成员占主导地位。

由查尔斯-韦勒和达斯-古普塔斯于1924年发起的三联运动，在美国和英国各地举行了会议。到1925年，他们已经组织了325次这样的会议。三元运动的领导人包括贝尼-以色列教派的成员M.S.马利克、代表帕西教的A.D.吉拉博士、代表马霍米特教的M.A.达德、代表灵异教的阿瑟-科农-道尔爵士（著名的福尔摩斯的作者）（注：这是第一次作为一种宗教提出）、以安加里卡-达玛帕拉为代表的佛教；以安妮-贝桑为代表的神学。在这一切中，需要记住的重要一点是，所有这些宗教过去和现在基本上都是反基督教的。另一点是，信仰团契的文献在整个英国、西欧和美国的共产主义书店出售。

1933年，第一届世界信仰联谊会大会在芝加哥开幕，由简-亚当斯小姐主持。主要发言人之一是蒙哥马利-布朗主教，他是共产主义工人救济会的全国主席，也是其他五十个共产主义前沿组织的成员。布朗在他的开幕词中说。

"地球上有一个地方，人们敢于结束对人的剥削：俄罗斯！"。苏联是国际共产主义的先驱，它将逐渐吸收所有正在逐渐分解的资本主义国家。如果任何政府、教会或机构反对或阻挠这个共产主义国家，就必须无情地推翻和摧毁它。如果要实现世界统一，就必须通过国际共产主义来实现，

> 而国际共产主义只能通过
> "把神**灵**驱逐出天堂，把资本家驱逐出地球
> "的口号来实现。然后，也只有到那时，才会有一个完整的
> 世界信仰共同体。"

韦勒和布朗对布朗主教非常赞赏，达斯-古普塔表示。

> "我相信还有其他人和我有同样的感受，他们有和布朗主教
> 一样的信仰，但却没有勇气说出来，承认这一点。我想说
> 的是，我完全同意主教的感受"。

布朗写了很多书，包括一本名为《马克思对男孩和女孩的教诲
》的书，另外还有17本为儿童编写的关于性的小书，这些书被
广泛传播。当局的调查显示，所有参与信仰团契结构和成员的
人也是共济会员。

共济会创建了一个幌子组织来掩护他们在巴黎国际联盟会议上
的活动，该组织被称为国际联盟联盟。它在巴黎和会的审议中
发挥了重要作用，这几乎保证了会有另一场世界战争的发生。
正如弗朗西斯-扬赫斯本爵士所说

> "我们在这里为国际联盟提供一个坚实的精神基础。

我们可以通过研究联合国这个协会的继承者的结构，来最好地
判断已经提供的精神基础的类型。正是在联合国及其宗教执行
机**构**--
世界基督教协进会（WCC）内，正在进行《宗教公约》的更
新工作。

我们美国和整个西方不能对这种复兴视而不见。要么我们相信
基督教是美国宪法的基础，并坚持这一点，要么我们灭亡。宽
容　　　　　　　　　　　　　　"和　　　　　　　　　　　　"理解
"不能使我们对真相视而不见，如果我们现在不采取立场，明
天很可能就太**晚**了。对于国家的未来，情况已经变得如此严重
。**要么基督教是耶**稣基督所宣称的真正的宗教，要么就是完全
没有实质内容。容忍 "和 "理解 "决不能掩盖这一重要原则。

基督教给世界带来了一个完美的经济体系，但这个体系被刻意
淫乱，以至于今天几乎无法辨认。社会主义者、马克思主义者
和共产主义者会让我们相信他们的制度是优越的，但当我们看

看他们控制的国家--俄罗斯、英国、瑞典--
我们看到的是大规模的毁灭和苦难。社会主义者正在极力争取将他们的制度强加于人，这将导致奴隶制的出现。宗教是他们所**渗透的最重要的**领域之一，因此也是最危险的。这不仅是一个宗教问题，也是一个共和国的生存问题，其基础是上帝的法律，其中包括不可改变的政治和经济法律，而不是一个基于人的法律的   "民主"问题。我们必须牢记这一点：世界历史上所有纯粹的民主国家都失败了。

将这些事情联系在一起很重要，特别是我发现信仰联盟在1932年的选举中作为一个整体投票给社会主义票，这见证了他们的社会主义偶像罗斯福的成功。这在纽约和芝加哥尤其如此。随着   "共产主义已死"的巨大谎言在全世界传播，反基督教的讨伐行动将愈演愈烈。虽然共产主义确实在走下坡路，但社会主义却很猖獗，特别是在美国，我们的教会已经被社会主义变革的代理人深深渗透和包围。为了接受一个世界政府--
新世界秩序，我们将不得不牺牲基督教。

在美国，一场最严重的革命正在发生。随着同性恋和女同性恋的推广、"自由恋爱"（堕胎）和国家道德标准的普遍降低，魏索普特对基督教会的革命已经达到了新的兽性水平。这场革命的主要领导者之一是世界基督教协进会（WCC），它是联合国的宗教部门。世界基督教联合会的活动给国家的政治、宗教和经济生活带来了深刻的变化。世界基督教协进会一直都知道，宗教并没有在教堂门口停止。

联邦教会委员会（FCC）是世界基督教协进会的前身，其目的是**渗透到公民政府中，特**别是在教育和劳动关系领域。被罗斯福任命为多个政府职位的英国社会主义者马克-斯塔尔（Mark Starr）被CCF用来参观工厂并分发费边社的出版物《教会对劳工的看法》，这是一篇深刻的马克思主义反对资本主义的抨击。联邦通信委员会按照其创始人悉尼和比阿特丽斯-韦伯制定的方法，沿着激进的社会主义路线运行，其第三国际的成员资格毫无疑问地表明，联邦通信委员会/世界通信委员会过去是，现在也是，反基督教。

FCC/WCC是由**异教徒**为异教徒管理的，正如其过去的历史所显示的，也正如我们今天所看到的。沃尔特-劳申巴赫就是这样一个异教徒，他拜访了悉尼和比阿特丽斯-韦伯，然后把他们的思想，加上他从阅读马克思、马志尼和爱德华-贝拉米中学到的东西带到了纽约的第二浸信会教堂。劳申巴赫没有宣扬基督的福音，而是根据马克思、恩格斯、罗斯金和马志尼的共济会社会主义来宣扬社会主义的福音。

FCC/WCC声称有**两千万成**员，但研究表明，其成员过去和现在都少得多。至于FCC收到的财政支持和世界基督教协进会今天收到的财政支持，研究表明，它来自许多亲共产主义组织，如劳拉-斯佩尔曼基金、卡内基捐赠基金和洛克菲勒兄弟基金会。

联邦通信委员会为同性恋和女同性恋的祸害创造了条件，更不用说降临到全国的没有责任的
"自由恋爱"（堕胎）了。美国联邦通信委员会曾经是，而且世界基督教协进会是同性恋和女同性恋的最坚定支持者，并强烈支持对这些群体的所谓   "宪法
"保护。美国宪法中没有任何地方提到同性恋是一种
"权利"，因此是**一种禁止。同性恋**权利
"是社会主义立法者和一些最高法院大法官的想象力。

在这一点上，WCC得到了美国公民自由联盟（ACLU）的支持，该联盟试图扭曲和挤压宪法，为那些选择同性恋生活方式的人创造不存在的
"权利"。我们将在关于法律、法院和国会的章节中看到，任何站起来抗议接受这些不存在的   "权利
"的人都会很快发现自己陷入困境。

信仰联谊会的成立是为了整合世界各地对与社会主义有关的宗教问题的看法。巴哈教于1844年在波斯（现在称为伊朗）开始，由米尔扎-阿里-穆罕默德（又称 "拉布 "或 "门"）发起。对 "拉布
"来说，不幸的是，他在大不里士被安全部队杀害了。巴哈主

义认为，琐罗亚斯德、佛陀、孔子和耶稣基督都是为强大的世界导师巴哈乌拉（上帝的荣耀）的到来铺平道路的领袖，他的前身阿卜杜勒-巴哈于1921年去世。

巴哈伊**运动**在伊朗和澳大利亚非常强大，在英国也是如此，但程度较轻。由于共济会和神学几乎没有区别，而且有巴哈伊信仰中的元素，所以巴哈伊教传播得如此迅速也就不足为奇了。
彼得罗瓦-
布拉瓦茨基夫人是共济会员、最高委员会副主席和大不列颠最高委员会大法师，也是神学的创造者，她极大地促进了巴哈伊**运动**，巴哈伊运动是这三股力量的融合。

信徒**运动**发生了什么？第一次世界大战前不久，它几乎与世界犹太**复国主**义合并，然后在国际联盟中出现。然后，就在第二次世界大战之前，它作为巴哈伊运动在英国出现，并在英国形成了牛津集团，该集团被道德重整所取代。二战结束后，它在联合国（UN）的形成中发挥了关键作用，并通过以下这些直言不讳的社会主义组织进入美国政治的核心。

> ➢ 美国大学教授协会
> ➢ 美国公民自由联盟(ACLU)
> ➢ 美国人促进民主行动组织（ADA）
> ➢ Hull House经济发展委员会(激进女权主义中心)
> ➢ 全国妇女理事会
> ➢ 工业民主联盟
> ➢ 美国社会民主党人
> ➢ 北约政策研究所，政治部罗马俱乐部
> ➢ Cini基金会
> ➢ 剑桥政策研究学院
> ➢ 争取民主多数派委员会
> ➢ 卢修斯信托

> 新民主联盟

> 反战者联盟 阿斯彭研究所

> 斯坦福大学的研究

> 全国妇女组织

信仰团契是一个 "奥林匹亚 "项目（300人委员会）。这保证了世界上最富有和最有权势的人将促进其目标，正如我们在1993年芝加哥的信仰团契 "班级会议 "上看到的那样。美国人民将不得不在让基督教原则走到墙边或冒着世界革命的风险之间做出选择。这就是米哈伊尔-戈尔巴乔夫在会见教皇约翰-保罗二世时的建议。戈尔巴乔夫建议进行 "宗教理想的汇合"，这将是恢复原名的信仰联谊会的第一步。

但教皇约翰-保罗二世提醒他，"由使徒带到这片大陆的基督教，在本尼迪克特、西里尔、麦瑟拉、阿达尔伯特和无数圣徒的行动下渗透到各个地方，是欧洲文化的根本"。教皇说的不是另一种赋予欧洲文明利益的宗教：他说的是基督教。他没有说伟大的欧洲文化的发展是由天主教徒或阿尔比根人；他说，只有基督教才给欧洲带来了文明。

这就是共产党人、马克思主义者和社会主义者对基督教的仇恨的来源，他们担心基督教的统一力量会成为他们的一个世界政府能够站立的绊脚石--新世界秩序会跌倒。因此，社会主义者否认并最终消灭基督教的愿望是一个迫切需要解决的问题。伯特兰-罗素勋爵对社会主义的命令是：要么接管宗教，要么摧毁它，这是社会主义在世界范围内开展的运动的基础，特别是渗透到基督教中，并以魏斯豪特的方式，从内部啃食它，直到剩下的只是一个脆弱的、被掏空的结构，在适当的时候被几个战略打击而崩溃。

这种策略最成功的模式出现在南非，一个所谓的教会领袖海恩斯牧师对荷兰归正会的内部感到厌烦，而一个所谓的圣公会 "主教 "德斯蒙德-

图图则对圣公会发起了正面攻击。在南非政府中身居高位、准备背叛人民的共济会员的帮助下，南非被推翻，被迫服从共产党的统治，乔-斯洛沃是前克格勃上校，他利用纳尔逊-曼德拉作为前线傀儡。古语 "小心带着礼物的希腊人"可以修改为 "小心带着虚假欺诈性社会主义承诺的牧师和教士"。在尼加拉瓜、秘鲁、菲律宾、罗得西亚、南非，成功利用宗教使社会主义上台的例子已经充分证明。美国是下一个。

第八章

自由贸易对美国的破坏计划

在我们的共和国内部，没有比 "自由贸易"更大的特洛伊木马。在其他地方，我们经常顺便提到它。在这一节中，我们要详细介绍这个毁灭美国的可怕计划，这是英国的费边社会主义者和他们在国内的皈依者长期以来的一个梦想。社会主义对我们共和国的破坏正在许多方面进行，但没有**哪条**战线像所谓的 "自由贸易"这样毒辣、煽动、诡秘和奸诈。

任何相信 "自由贸易"的人都必须被解读，从社会主义宣传和洗脑中解放出来。回到这个国家的起点：第1条第8节第1条。

> "收取税收、**关税**、进口和消费税。偿还债务并为美国的共同防御和一般福利提供资金，但所有的关税、进口和消费税应在美国各地统一。"

莫里斯总督写了第8节，有趣的是，他暗示关税与支付国家的账单有关。没有提到为此目的的累进所得税。

社会主义者想出了他们的叛国计划，并试图通过未经批准的美国宪法第16条修正案使宪法的这一部分无效并被废除。他们知道，宪法第一条第8款第1项是为了防止英国人将 "自由贸易"强加给殖民者。如果我们阅读17世纪末和19世纪初的《国会年鉴》和《国会球报》，很快就会发现，美国革命的主要原因之一是英国东印度公司（BEIC）试图将亚当-斯密的 "自由贸易"强加于殖民地。

什么是

"自由贸易"？它是一**种委婉的**说法，即违反美国宪法，剥夺和掠夺美国人民的财富。这是一个古老的愚人游戏，被带到了最新的时代!自由贸易"是英国东印度公司（BEIC）用来剥夺美国殖民者财富的空壳游戏，用精美的经济短语掩盖其抢劫策略，而这些短语本身是毫无意义的。

开国元勋们没有第一手的经验来警告他们即将在殖民地发动的"自由贸易"战争，但他们确实有洞察力和远见，知道如果允许，"自由贸易"将摧毁这个年轻的国家。正是由于这个原因，乔治-华盛顿总统在目睹了"自由贸易"事业在法国造成的可怕破坏并被称为"法国革命"之后，于1789年宣布，年轻的共和国有必要而且应该保护自己免受英国政府的**阴谋**。

> "一个自由的民族应该促进这种制造，以使他们在基本用品，特别是军事用品方面独立于他人。"-乔治-华盛顿，美国第一届国会，1789年。

开国元勋们从一开始就看到，保护我们的贸易是最重要的，并把它几乎作为第一要务。没有一个认真对待其主权和保护其人民福利的国家会允许"自由贸易"。正如约瑟夫-张伯伦在1911年为"反对自由贸易的案例"所做的序言中所说。

> "自由贸易是对组织的否定，是对既定和一致的政策的否定。它是机会的胜利，是眼前个人利益的无序和自私的竞争，而不考虑作为一个整体的永久福利"。

亚历山大-汉密尔顿和开国元勋们明白，国家要保持主权和独立，就必须保护其国内市场。这就是美国最初的伟大之处：国家工业进步的爆发，不受任何外部"世界贸易"的影响。华盛顿和汉密尔顿知道，将我们的国内市场让给世界将意味着放弃我们的国家主权。

社会主义者知道摆脱对独立国家的保护性贸易壁垒的重要性，

而不仅仅是逐步打破这些壁垒，他们等待着机会，选举伍德罗-
威尔逊来做这件事。作为一名新总统，威尔逊的首要任务是采取积极措施，打破由华盛顿建立的、随后由林肯、加菲尔德和麦金利扩大和维持的关税壁垒。

正如我们前面所看到的，把伍德罗-
威尔逊总统推上台的法比尤斯社会主义者的第一个任务是拆除贸易壁垒和保护性关税，这些壁垒和关税在相对较短的时间内使美国成为一个伟大的国家，即与欧洲大国的时代相比。北美自由贸易区和关贸总协定接替了威尔逊和罗斯福的工作。这两项协议都违反了美国宪法，是费边社和他们的美国表亲的杰作。

北美自由贸易协定是300人委员会的一个项目，也是对美国工业和农业的战争的自然延伸，正如1969年罗马俱乐部的后工业零增长政策文件所规定的那样，由赛勒斯-
万斯和一个世界政府和新世界秩序科学家团队领导。拆除华盛顿、林肯、加菲尔德和麦金利建立的贸易壁垒，长期以来一直是费边社珍视的目标。北美自由贸易协定是他们的构思，是他们向单向 "自由贸易
"**开放美国市场**的大好机会，并在此过程中给美国中产阶级以致命的打击。

北美自由贸易区是弗洛伦斯-
凯利的又一次胜利，因为它通过立法行动规避了宪法。正如库利法官在他的《宪法》一书中所说，第35页。

> "宪法本身从未屈服于一项条约或一项立法。它不随时代变化，也不屈服于环境的力量"。

因此，无论是《北美自由贸易协定》还是任何其他条约都不能改变宪法。北美自由贸易区只不过是一个扭曲的、说谎的、暗中规避宪法的计划，这也是对关贸总协定的准确描述。

众所周知， "自由贸易
"对美国的第一次攻击可以追溯到1769年，当时亚当-
斯密发明了《汤森法案》，以从美国殖民地获取收入。北美自

由贸易协定旨在从美国工人身上榨取更多的收入，如果他们不愿意，就把他们转移到工资和生活费用普遍较低的国外。事实上，北美自由贸易区与殖民者在1769年至1776年之间的斗争有很多共同之处。可悲的是，近年来，几位总统已经远离了保护美国工业并使美国成为世界上最大工业化国家的贸易政策。

全球主义并没有帮助美国变得伟大。全球主义是麦迪逊大道媒体洗脑者的口号，以掩盖威尔逊、罗斯福、布什和克林顿兜售的所谓全球经济最终将使美国人的生活水平降至第三世界国家的事实。在这里，我们有一个典型的案例，通过社会主义，美国人又**开始了**1776年的美国革命，把国家从名为NAFTA的欺诈的阵痛中解放出来，还有一个更大的欺诈，名为GATT，在战场上等待投降。

1992年，布什抓住了北美自由贸易协定的球，并开始用它运行。加拿大被用来作为衡量标准，以了解加拿大人民对北美自由贸易协定的接受程度。在这样做的过程中，布什得到了前总理布莱恩-马尔罗尼的大力协助。北美自由贸易区的目标是摧毁两国的工业和农业基础，从而使中产阶级下降。300人委员会的后工业计划进展得不够快。这种情况与伯特兰-罗素所描述的杀死数百万 "无用的吃货"的愿望相当相似。罗素的计划要求恢复黑死病，以消除他所谓的 "人口过剩"。

北美自由贸易区代表了跨国政策调整的高潮，以及对刚刚从我们的教育机构毕业的美国工业和商业的未来领导人的再教育。北美自由贸易区可以与维也纳会议（1814-1815）相提并论，后者由克莱门斯-冯-梅特涅亲王主导。人们会记得，梅特涅在欧洲事务中发挥了领导作用。他负责促成了玛丽-路易丝大公夫人与拿破仑的婚姻，这至少在100年内影响了欧洲的政治和经济事件。实质上，克林顿将美国与"自由贸易""联姻"，这也将对这个国家产生超过1000年的深远影响。

维也纳会议的标志是豪华的宴会和闪亮的活动，为那些愿意与梅特涅合作而不是为国家的最佳利益而战的人提供了一系列令人眼花缭乱的礼物。类似的策略被用来推动北美自由贸易协定通过众议院和参议院，就像在维也纳闭门进行的决策辩论一样（四个大国从不允许小国参与），关于北美自由贸易协定的每项协议、每项重大决定都是秘密进行的，闭门进行的。北美自由贸易协定将对美国产生深刻的有害影响，其程度和深度我们还没有意识到。

北美自由贸易区是北美历史上的一个转折点，是美国和加拿大中产阶级的转折点。当它与欧共体国家结合在一起时，社会主义战略的第二阶段就完成了，即完全控制贸易。北美自由贸易协定》将意味着墨西哥有1000亿美元的收入；它将破坏美国经济，使其工业基础大为下降。预计在NAFTA全面实施的头两年，将有10万个美国工作岗位流失，导致中产阶级的生活水平以前所未有的方式下降。污染将通过墨西哥的产品和食品重新出口到美国。

来自墨西哥的食品将含有各**种有毒毒物的水平**，这些毒物是美国农业部涵盖美国产品的法规所禁止的。总的来说，为北美自由贸易协定进行游说的费用接近1.5亿美元。北美自由贸易协定的游说活动是美国历史上最集中的一次，涉及名副其实的专家和律师大军，他们涌入众议院为所谓的协议投票。

关税和贸易总协定（GATT）是美国根据费边社会主义原则设计的文书。我不记得上一次有什么东西像这个阴险的协议一样被立法者理解得这么差。我联系了几十位立法者，无一例外，他们中没有一个能向我提供解释，或提供我所寻找的事实。关贸总协定是1948年3月24日在古巴举行的联合国贸易和就业会议上制定的。参加会议的优雅人士都在拥护亚当-斯密的"自由贸易"，他们认为这将使世界对普通人更加美好。虽然关贸总协定这个名称是后来才有的，但这个社会主义骗局的基础是1948年在古巴奠定的。

当古巴的交易被提交给众议院和参议院时，它被通过了，仅仅是因为它不被理解。一般来说，当众议院和参议院不理解提交给他们的措施时，就会尽可能快地通过。联邦储备法》、联合国条约、巴拿马运河条约和北美自由贸易协定都是如此。

通过投票支持北美自由贸易协定，众议院将美国的主权转移给了瑞士日内瓦的一个世界政府。这种煽动性的行为是有先例的。1948年，由共和党主导的众议院和参议院通过了《贸易协定法》，这是联合国在古巴举行会议的结果。直到这时，共和党还把自己说成是美国工业和就业的保护者，但事实证明，它和民主党的立场一样是错误的，而且支持亚当-斯密的社会主义"自由贸易"。英国的费边社会主义者和他们在美国的表亲对美国的工业和商业进行了巨大打击。贸易协定法》百分之百不符合宪法，但却获得了通过，这对费边社来说是一个甜蜜的满足。

1962年，约翰-F-肯尼迪总统称出卖美国人民是"一种全新的方法，是美国贸易政策的一个大胆的新工具"。肯尼迪对费边社会主义者带着美国人民的方向做出了有致命缺陷的评估，在那年早些时候在佛罗里达州举行的美国劳工联合会-产业组织大会上，他得到了劳工领袖乔治-明尼的全力支持。国会尽职尽责地通过了该立法，显然没有意识到其违宪性。

这是不符合宪法的，因为它赋予总统属于国会的权力，这些权力不能在政府的三个部门之间转移。肯尼迪政府立即制定了全面的**关税削减措施**，对各种进口商品的关税削减幅度高达50%。我们看到布什和克林顿在《北美自由贸易协定》上有同样的违宪行为。两位总统都违宪地介入了立法部门。贿赂可能也是一个因素。这就是叛国罪。

当美国进入二十世纪时，这个国家正走在成功的道路上，自古以来没有任何一个国家能够做到。但是剥皮者，社会主义者和他们的近亲，共产主义者，在美国潜伏着。美国建立在保护主义和健全货币的坚实基础上；有一个快速增长的工业基础，由于机械化，农业已经准备好在未来几个世纪内养活我们的人民，无论人口如何增长。

林肯签署的贸易保护措施--《1864年**关税法**》，将关税提高了47%以上。到1861年，海关收入占到美国总收入的95%。林肯在战争中，决心加强传统的**关税保护**，不惜一切代价保护它。他在关税保护方面的行动比其他任何事情都重要，它使美国走上了二十年来在工业、农业和贸易方面取得进步的道路，这种进步使英国感到震惊，并使美国成为人们羡慕-

和仇恨的对象。毫无疑问，刺杀林肯的阴谋涉及英国首相本杰明-

迪斯雷利，而刺杀林肯的决定是在英国做出的，因为总统坚决反对降低来自该国的货物的关税的立场。

美国正在进行一场生死攸关的战争。你没有意识到这一点，因为没有爱国主义的大鼓，没有旗帜飘扬，没有阅兵式，而且，也许是一切的关键，新闻界的豺狼把'自由贸易'作为一种好处，而不是作为美国的死敌来介绍。这是一场多条战线的战争；几乎整个世界都在与美国结盟。这是一场我们正在迅速失去的战争，这要归功于300人委员会巧妙地制定并委托社会主义者执行的计划。林肯是贸易战的首批受害者之一。

1873年，伦敦城的投资银行家和金融家与他们的华尔街盟友联合起来，造成了一场完全由人为原因造成的恐慌。随后的长期萧条对农业造成了很大的损害，这也是我们的敌人所希望的。大多数历史学家同意，1872年的反美行动是为了削弱保护主义。将大萧条归咎于保护主义的黄色新闻的道路是开放的，从未**关闭**。通过新闻界的无耻谎言，农民们被引导相信，他们的问题是由于贸易壁垒阻碍了 "自由贸易 "的流动。

伦敦市和华尔街的代理人，在已经储备充足的新闻界的帮助下，**开始敲打公众**舆论的鼓，在不知情的公众的压力下，1872年美国的**关税壁**垒被打破。各种进口物品的关税降低了10%，盐和煤的**关税降低了**50%。任何经济学家都知道，任何经过适当培训的高中毕业生都知道，一旦发生这种情况，很快就会出现制造业活动开始下降，因为投资者不再投资于真正的财富--工业厂房、农业工具、机床。

但入侵者在1900年时被部分击退，损失仅限于我军红堡的一个缺口，敌军没有机会向腹地扩张。然后是威尔逊和反关税保护部队的第一次大规模的主要攻击，这不仅打破了我们的堡垒，而且将非利士人置于我们营地的正中央。

当罗斯福总统抵达白宫时，对我们的关税保护发起了第二次重大攻击。威尔逊为罗斯福铺平了道路，并成功地打开了一条直接通往最终目标的裂缝。尽管威尔逊做了很多破坏，这些破坏被罗斯福扩大了，但对于费边社会主义者、拉姆齐-麦克唐纳、贡纳尔-米尔达尔、简-亚当斯小姐、迪安-艾奇逊、切斯特-鲍尔斯、威廉-C-布利特、斯图尔特-切斯、J-肯尼思-加尔布雷思、约翰-梅纳德-凯恩斯、哈罗德-拉斯基教授、沃尔特-李普曼、W-艾维尔-哈里曼、参议员雅各布-贾维茨、佛罗伦萨-凯利和特兰斯-珀金斯来说，太多的关税障碍仍然存在。

当乔治-布什被CFR任命到椭圆形办公室时，他以充沛的精力和热情开始了他的   "一个世界-新世界秩序"的使命，将北美自由贸易协定作为他的首要任务之一。但是，威尔逊、罗斯福和布什是否有权不遵循宪法的通知和同意程序而自行就贸易问题进行条约谈判？显然不是。

因此，让我们看看宪法，看看它对这个重要问题有什么说法：第八条第2款

> "...本宪法和根据本宪法制定的美国法律，以及在美国授权下制定或将要制定的所有条约，都是美国的最高法律......"

"本宪法和美国的法律
"这句话说的是，条约只是一项法律。国家的法律
"是指《大宪章》，**每个州的法官都**应受此约束，但不影响任何州的宪法或法律的任何相反规定。

第二部分中的   "最高   "一词不是"最高"，而是属于普通法。要理解这一点，就必须了解美国宪法及其历史背景，这只能在《国会年鉴》、《国会球报》和《国会记录》中找到。对这些文件进行完整和正确的研究，是理解什么是条约的前提。不幸的是，我们的立法者从来都懒得通过研究这些精彩的文件来教育自己。法学教授对这些信息宝库了解得更少，因此，他们教授的宪法法律往往与现实相去甚远。这是盲人领导盲人。

加入   "最高

"一词是为了确保法国、英国和西班牙政府不能违背就割让给美国的领土达成的协议。这足以防止这些国家的未来政府背弃协议，但不幸的是，这也使许多美国人理解到，条约是一种"最高 "法律。当一个条约只是在执行时，它不可能是 "最高"的。子代能比父代更伟大吗？美国宪法在任何时候、任何情况下都是最高的。法律永远不可能是 "至高无上"的，因为它们是可以改变的，而且可能是错误通过的。孩子不能大于父母。

尽管鲁斯-金斯伯格大法官说过宪法的灵活性，但美国宪法没有灵活性，它是不可更改的。我们知道，任何条约的第一条规则是自我保护。我们现在也知道，在美国，所有条约毫无例外地都是常规法律，可以随时重复。任何严重损害美国的条约都违反了自我保护的规则，可以被撤销，哪怕只是切断资助它的资金。这就是为什么联合国、北美自由贸易区、关贸总协定、反弹道导弹、巴拿马运河条约等条约是无效的、不公平的，应该由国会撤销；事实上，如果国会不是由社会主义者主导，它们就会被撤销。

请读者拿起一本瓦特尔的"万国公法"，即我们的开国元勋们使用的"圣经"，他们很快就会相信，条约只是一部法律，可以由国会修改。事实上，条约可以被描述为"不稳定的法律"，因为从本质上讲，它是没有实质内容的。托马斯-杰斐逊说

> "认为缔结条约的权力不受限制，就是使宪法在结构上成为一张白纸"。国会记录，众议院，1900年2月26日。

此外，美国宪法明确禁止将权力从政府的一个部门转移到另一个部门。在整个自由贸易战中，这种情况一直存在，并将继续存在。立法权向行政权缓慢且常常不被注意的交出，正是削弱了贸易战倡导者的力量。这种行为是违宪的，相当于对美国人民的煽动和叛国。

放弃完全属于政府立法部门的权力，是从佩恩-奥尔德里奇关税法开始的，这个畸形的生物开始像绿湾树一样

生长。尽管《佩恩-
奥尔德里奇法》未能实现其第一个目标,但它在实现第二个目标方面取得了更大的成功:将立法权力移交给行政部门。它赋予总统宪法所禁止的权力,因为他现在可以控制进口商品的关税税率。众议院给它本应保护的人以致命的打击,允许
"自由贸易
"夺走我们工人的工作,因为无法应对外国产品的倾销和降价政策的制造厂被迫关闭。

那些接受1909年佩恩-奥尔德里奇关税法为   "法律
"的人所犯下的叛国罪和煽动罪,今天在北美自由贸易协定和关贸总协定中显而易见。美国宪法第1条第10款明确将贸易事务委托给众议院。第10节加强了众议院对贸易事务的控制。众议院的权力过去和现在都不能转让!就这么简单。所有的
"法律",所有的
"行政命令",所有关于贸易的总统决定,所有的国际协议,都是无效的,一旦政府回到我们人民手中,就必须从书本上抹去。随着时间的推移,我们将看到总统篡夺贸易权力所造成的巨大损害。

佩恩-
奥尔德里奇关税法案是典型的费边社会主义运作方式,总是将其真实意图隐藏在谎言的外表下。正如我以前所说,美国人民是世界上受骗最深的人,佩恩-
奥尔德里奇关税法是当时谎言的顶峰。作为一项关税保护措施提交给众议院,该法案的真正含义恰恰相反:它是美国人民的敌人--"自由贸易者   "及其在伦敦市的盟友--
或者用大师来形容他们的关系更合适--向前迈出的一大步。

佩恩-
奥尔德里奇关税法》表面上将权力转移给了行政部门,如果没有宪法修正案,这种转移不可能也不应该发生。由于这种情况没有发生,自1909年以来的所有贸易协定都是越权的。如果我们有一个不在非利士人手中的最高法院,我们可以向它寻求帮助,但我们不能。

自布兰代斯和   "修理工

"福塔斯的时代以来，最高法院已经成为一个充满社会主义者的法庭，他们没有耳朵来听我们人民的恳求。随着《佩恩-奥尔德里奇关税法》的通过，美国在贸易战中遭受了严重挫折，至今仍未恢复过来。佩恩-奥尔德里奇的措施是社会主义的"渐进主义"，是那个不诚实的政治实体的最佳传统。

这些对美国人民的偷袭发生在我们相对无辜的时候。我们对费边社会主义或其运作方式知之甚少。反对社会主义的案例：保守派演讲者手册》一书是一本关于社会主义用来通过法律的肮脏伎俩的指南，没有比克林顿总统更厉害的社会主义肮脏伎俩了。

这个伟大国家--美国的公民被他们的领导人--从伍德罗-威尔逊开始--
欺骗，相信'三角贸易'对所有国家都有利。他们会告诉我们，这是亚当-斯密的想法，社会主义者最喜欢的经济学家大卫-李嘉图完善了自由贸易的限制和意义。但这都是烟幕弹。自由贸易
"的神话在美国人民的头脑中根深蒂固，以至于他们认为它实际上是有益的!国家领导人，首先是总统，严重误导了人民，使他们落入这个可怕的陷阱。

这场战争的损失已经远远超过了两次世界大战的总和。数以百万计的美国人的生活已经被毁掉了。由于这场无情的战争继续打击我们的人民，数百万人生活在绝望之中。自由贸易
"是对国家基础设施的最大威胁--
这种威胁比任何核攻击都大。

一些统计数据

自1950年300人委员会将艾蒂安-
达维尼翁伯爵丢在这一特定战线上以来，75万美国钢铁工人失去了工作。

钢铁工业的死亡意味着失去了100万和25万个与钢铁产品相关并以其为基础的收入最高、稳定的工业工作。这并不是因为美国钢铁工人不是好工人；事实上，考虑到他们中的一些人不得

不与旧的工厂合作，他们在不公平的贸易做法面前站得很稳。但他们无法与压低美国制造产品的 "自由"进口产品竞争，因为外国政府对它们进行了大量补贴。许多外国钢铁厂甚至是用 "马歇尔计划"的资金建造的！这就是所谓的 "马歇尔计划"。到1994年，由于 "自由贸易"对工厂、纺织厂和生产场所的攻击，总共有四千万美国人失去了工作。

美国成为一个工业巨人，到19世纪80年代已经超过英国成为世界上领先的工业国家。这完全是由于贸易壁垒为当地工业提供的保护。到内战爆发时，直到19世纪末，有14万家工厂生产重工业产品，有150万美国人的劳动力，可能是西方历史上任何时候世界上工资最高的。

到20世纪50年代，工业和农业为庞大、稳定、高收入的美国中产阶级创造了最好的生活标准，是世界上最大的中产阶级。它还为其产品创造了一个巨大的市场，一个国内市场，其高薪的中产阶级在工作上有终身保障，支持并帮助扩大和发展。美国的繁荣和就业保障并不是全球贸易的结果。美国不需要全球市场来繁荣和发展。这是一个卖给美国人民的虚假承诺，首先是威尔逊，然后是罗斯福、艾森豪威尔、肯尼迪、约翰逊、布什和克林顿热衷于此。

由于这些总统和国会的背叛和煽动，进口持续上升，直到今天，即1994年，我们只能靠廉价劳动力勉强在进口货物的洪水中保持清醒。在未来的一年（1995年），我们将看到，随着 "自由贸易者"的冲击，数以百万计的美国人的生计被摧毁，损失将急剧增加。没有尽头，但我们的立法者继续退缩，让数百万人的生命被摧毁。这个问题比其他任何问题都更能证明，政府没有认真保护我们的国家主权，而这是任何政府的首要职责。

在这一章中，我们将能够只审查几个最重要的贸易条约、宪章和 "协议"，它们是由英国和美国社会主义者的纵容、欺骗、暗箱操作、撒谎和煽动性的做法强加给美国的。我们将首先讨论所

谓的

"贸易协定"。宪法禁止将权力从政府的一个部门转移到另一个部门。这被称为三权分立学说，它是神圣不可侵犯和不可改变的，**开国元**勋们是这样写的。转移权力是非法的，甚至是叛国的，但我们却要相信，布什与墨西哥和加拿大协商并签订北美自由贸易协定是合法的。我们应该相信，同样地，克林顿完全有权利插手北美自由贸易区和现在的关贸总协定。这两点都错了!布什和克林顿都无权插手属于众议院职责的贸易事务。

仅仅因为这个原因，北美自由贸易区和关贸总协定是非法的，如果我们有一个不以自己的喜好而不是维护宪法的最高法院，就会宣布它是非法的。"自由贸易

"将军们攻击美国最常用的策略之一是把经济困难归咎于

"贸易壁垒"。这显然是错误的。在回顾

"纽约时报"、"华盛顿邮报

"和其他报纸上的文章时，我发现它们从未准确地描述过

"自由贸易

"对我们国家造成的严重伤害。煽动性的自由主义者从未提出，自从威尔逊对我们的贸易防线发起第一次攻击以来，美国已经被系统地吸干了血。

被大肆宣扬的

"马歇尔计划"，据说把欧洲从毁灭中拯救出来，实际上是一个

"自由贸易   "骗局。英国人民厌倦了战争罪犯温斯顿-丘吉尔，投票让丘吉尔的副首相、费边社会主义精英的工党领袖克莱门特-艾德礼接替他。接替拉姆齐-

麦克唐纳的正是阿特利，他在19世纪90年代末被派往美国

"刺探社会主义的地形"。艾德礼与哈罗德-拉斯基教授和休-

盖茨凯尔一起被列入费边派明星名单，后者是洛克菲勒家族的宠儿，洛克菲勒家族选择盖茨凯尔在1934年去奥地利看希特勒在做什么。

当张伯伦因拒绝遵循委员会的战争计划而被赶下台时，阿特利在一旁等待着，当他被要求取代丘吉尔时，轮到他了。此时，英国还没有按照它在洛桑会议上同意的那样，向美国偿还其第一次世界大战的贷款。然而，尽管有这笔巨额的未偿债务，英

国还是欠下了数十亿美元的债务，罗斯福希望忘记这些债务："让我们忘记那些愚蠢的小美元符号"，罗斯福宣布，同时敦促国家诉诸租借。

随着工党在英国的执政，费边社的精英们立即将他们珍视的社会主义计划付诸实践，将关键行业国有化，并提供"从摇篮到坟墓
"的社会服务。当然，如果不大幅加税，英国国库就无法满足费边人强加给它的巨大的新的财政义务。因此，艾德礼和他的社会主义同事约翰-梅纳德-
凯恩斯向美国寻求帮助。对美国纳税人的第一轮炮击是以37.5亿美元贷款的形式出现的，罗斯福迅速而愉快地批准了这笔贷款。

37.5亿美元的美国贷款被用来偿还社会主义政府在疯狂追求无限的社会主义开支和社会主义转移计划中所产生的债务。他们还没有意识到现实，当工党仍然没有足够的现金来履行其义务时，费边的智囊团聚集在一起，想出了马歇尔计划。

恰当的是，马歇尔计划是在哈佛大学--美国社会主义的温床--由社会主义的乔治-
马歇尔将军揭开的。美国纳税人的成本？在接下来的五年里，有**惊人的170亿美元**，其中大部分流向了欧洲国家，用于资助他们的国家补贴工业，这样他们就可以向美国市场倾销他们更便宜的外国产品，导致数以百万计的长期、高薪的工业岗位流失。

这是费边社会主义计划者所预料到的，他们需要伍德罗-
威尔逊打开美国贸易壁垒的大门，这样外国制造的商品就可以在二战后的几年里涌入美国市场，帮助法国、波兰、匈牙利和英国稳定其国民收入，而牺牲美国工人的利益！"。

像我们这样的政府有可能对自己的人民做出如此可怕的事情吗？这不仅是可能的，而且事实上我们的政府已经背叛了自己的人民，让数百万人去排队领取食物，没有工作，没有希望。我们的劳动力已经变成了一排乞丐，拼命想弄清楚他们的工作发生了什么，**以及**为什么他们现在不是在原来的工作岗位上工作，而是站在面包线上或在某个就业办公室乞讨不存在的工作。

开国元勋们一定在他们的坟墓里翻白眼了!如果他们在身边，他们可能会想，殖民者的后代曾为摆脱英王乔治三世征收的税款（包括**每磅一分钱的茶叶税**）而努力奋斗，现在怎么能坐视不管，温顺地让自己被征税，看着他们来自海关收入的国民收入枯竭。他们可能也会对损失约170亿美元的租赁债务感到惊恐，社会主义控制的国会为了拯救他们的英国社会主义同胞，维持一个世界的政府、新的世界秩序、费边和社会主义的梦想而将这些债务从账面上抹去。

早些时候，我们指出了将贸易权力从商会转移到政府行政部门对我们的工业中心区造成的巨大损害。几个具体的例子将有助于加强我们的结论。但在详细讨论之前，值得注意的是，三位美国总统，林肯、加菲尔德和麦金利，都是关税和贸易壁垒的坚定倡导者，因为他们反对这个国家的　　　　　"自由贸易"的敌人而被暗杀。这是众所周知的，但鲜为人知的是，全国最杰出的人之一罗素-B-朗参议员被谋杀了。朗，有史以来在参议院任职的最聪明的人之一，强烈反对"自由商人"。

当各**种**进口产品开始充斥全国市场时，杰拉尔德-R-福特总统试图医治工业所遭受的严重创伤。为此，他被新闻界的豺狼们描绘成一个流浪汉，一个不能控制自己的预算，更不用说领导国家的绊脚石。自由贸易"的敌人确保福特在白宫的时间是短暂的，特别是在福特签署了1974年贸易法案之后，该法案是参议员休伊-朗（Huey Long）为阻止进口货物的上升趋势所做努力的顶点。

参议院财政委员会主席朗提出了通过第201条加强现有关税保护的措施。根据朗氏的"豁免条款"（第201条），受进口产品伤害的公司不再需要证明他们的情况。但他们仍然必须证明"对其业务的实质性损害或损害威胁是由进口造成的"。在《1974年贸易法》第201条生效之前，由于证据的繁琐、耗时和昂贵，许多工厂宁可关闭，也不愿意服从一个严重偏向外国政府的程序。耻辱和丑闻？是的，但是是我们的立法者对这种令人难以置信的状况负责，而不是一个外国政府或一组政府。

可憎的事实是，自威尔逊担任总统以来，在贸易法问题上，外国政府对美国法律的发言权比我们自己的工厂主和他们的劳动力还要大。由于预期将走向
"全球贸易"，美国政府甚至将监督贸易问题的机构的名称从关税委员会改为美国国际贸易委员会（ITC）。没有人抗议这一小步，把我们的工业剩下的东西卖到世界贸易的河里。因为福特总统签署了《1974年贸易法》，他被诋毁为
"反自由贸易"，任期被缩短。

在实践中，第201条并没有带来承诺的救济。当充斥着伪装成
"自由民主党人
"的社会主义者的参议院完成对该法案的审议时，已经不公平的竞争环境已经变成了一个不利于当地制造商的陡坡。尽管《长法》的措辞与此相反，但在实践中，一个行业只能在受到损害一段时间后才可以提出申诉，而且即使这样也不能保证成功，因为ITC可能不会对违规的进口产品作出裁决。更糟糕的是，即使ITC作出有利于本地产业的裁决，总统仍然可以否决这项措施。

同时，由于外国产品的不公平竞争，数百家美国公司被迫关闭。

很难相信这个国家的总统会把外国利益置于本国人民的利益之上，但这就是已经发生的事情，一次又一次，而且今天随着克林顿社会主义者的上台，这种情况再次发生。美国宪法第11条第3款规定："他（总统）应注意使法律得到忠实执行……"从威尔逊到克林顿，没有一位总统注意执行保护我们贸易的法律，为此他们应该被弹劾。

在被指责为   "反自由贸易
"之后，福特放弃了为鞋类行业辩护的提议，因为这表明进口鞋类是一个明显的问题。在约翰逊、福特、卡特、里根和布什政府期间，根据《1974年贸易法》提出的数百项上诉被驳回，包括汽车、鞋类、服装、计算机和电视制造商以及钢铁的申述。事实证明，克林顿是一个比威尔逊和罗斯福更糟糕的自己人的敌人。国会和总统们在背后向他们的部队开枪。

值得报道的一个特别案例是在制鞋业，而在其他行业简直有几

十个类似案例。在林肯来到白宫的时候，鞋和靴子是由散布在全国各地的小型家庭式家庭工业制造的。这种情况随着内战的到来而改变，但成千上万不能满足军队合同的小生产者仍然在经营，而且做得非常好。显然没有必要进口鞋子。

自由商人
"将目光投向了制鞋业，在小城镇，制鞋业往往是唯一的雇主。通过国会，针对进口鞋的贸易壁垒开始受到攻击。当地制造商被指控通过提高价格造成
"通货膨胀"。这完全是假的。鞋业正在以非常有竞争力的价格制造好的产品。但当林登-约翰逊入主白宫时，"自由商人
"已经获得了当地市场的20%。因此，美国鞋业协会感到震惊，向ITC提出申诉，要求立即给予救济，但是，如前所述。福特没有给他们喘息的机会。

当**卡特上台**时，他还收到了美国鞋业协会的一份请愿书。当然，这里的错误在于，总统永远都不应该在贸易问题上有发言权，这些问题理应属于国会。但是，既然已经以一百种方式违反了宪法，就没有办法阻止卡特了。卡特没有帮助他自己的人民，而是与台湾和韩国达成了一项协议，本来是为了限制他们对美国的鞋子出口，但实际上并没有改善情况。进口的鞋类市场飙升至美国市场的50%。在保护数十万美国人的生计问题上，**卡特是个聋子**、瞎子和哑巴。然而，这正是1979年7月15日在电视上向全国讲话的卡特。

> "这种威胁以普通的方式几乎是看不见的。这是一场信任危机。这是一场冲击我们国家意志的核心、灵魂和精神的危机。我们可以从对我们自己生活的意义越来越多的怀疑中看到这种危机，也可以从我们国家失去统一的目标中看到这种危机。"

事实上，通过鼓励"自由贸易"，**卡特**对危机负有责任。

从未有比这更虚伪的信息从椭圆形办公室传出。在朝鲜战争中，道格拉斯-麦克阿瑟将军被迪安-艾奇逊和哈里-杜鲁门出卖了。在自由贸易战中，鞋子之战的失败是因为我们被吉米-**卡特**和罗伯特-斯特劳斯背叛了。

然后是   "保守   "的罗纳德-里根总统，他没有做任何事情来阻止从韩国和台湾进口的大量鞋子充斥市场，而这两个国家从来没有进口过一双美国制造的鞋子！他说："我不知道该怎么办。"自由贸易"也就这样了。由于里根的研究忽视，1982年鞋类进口达到了一个新的高度，总共占我国市场的60%。具有重大国家意义的是，这也使贸易赤字扩大了高达25亿美元，并使超过12万名鞋业工人失业。支持性行业失去了80,000个工作，总共有200,000名工人被**扔到**废品堆里。

与社会主义宣传的惯例一样，那些提请注意制鞋业困境的人不断受到诋毁。"他们想提高通货膨胀率--为什么当地的制鞋业不变得有竞争力呢？"《华尔街日报》、《纽约时报》和《华盛顿邮报》对此表示赞同。当然，这就是新闻界的豺狼们的职能：保护政府中的社会主义决策者，并将任何提请人们注意政治家的背叛行为的人污蔑为   "法西斯"或更糟。

事实是，美国的制鞋业很有竞争力，生产的产品质量很好。该行业无法与之竞争的是来自台湾和韩国的劣质和大量补贴的产品，这些国家的政府正向其制鞋业注入数十亿美元的补贴。这就是所谓的   "自由贸易"。唯一的   "自由"是，外国制造商被允许向美国市场免费倾销他们的补贴产品，但我们的制造商却被法律和限制排除在外国市场之外--在这种情况下，美国的鞋子制造商没有希望卖到台湾和韩国。时至今日，台湾和韩国都没有出售美国制造的鞋子。这就是所谓的 "自由贸易"。

尽管向ITC提出了五次成功的上诉，ITC发现美国制鞋业正受到来自韩国和台湾的大量进口的不可挽回的损害，但里根拒绝采取任何行动来阻止现在正在淹没工人和雇主的浪潮。制鞋业失去了抵抗力。它不能求助于国会，因为国会已经将其主权转移给了行政部门，而里根在其社会主义顾问的摆布下，背弃了他的部队，让 "自由贸易 "的敌军压倒了他们。

鞋业之争只是我们的人民在正在进行的贸易战中输掉的另一场战斗，用不了多久，我们就会被关贸总协定和北美自由贸易区淹没。国会中 "自由贸易"的特洛伊木马将使敌方部队感到高兴。我们饱受打击的部队将无计可施，只能撤退，留下数百万个破碎的生命。而所有这些破坏都是以 "世界贸易 "的名义进行的。

值得指出的是，1962年的《贸易扩展法》和1993年的《北美自由贸易协定》的通过方法是相似的。除了总统对立法部门的干预外，在麦迪逊大道的精英们的帮助下，还开展了一场巨大的公共**关系**运动。白宫、参议院和商务部的霍华德-彼得森支持新闻界的大肆报道。这一模式在1993年的《北美自由贸易协定》中再次出现。北美自由贸易区与卡特对1980年《货币管制法》的背叛有异曲同工之妙。

北美自由贸易区是一个非法的"协议"，无法通过宪法检验。第2273-2297页，国会记录，众议院，1900年2月26日，给出了关于"协议"的宪法立场，如北美自由贸易区，巴拿马运河，关贸总协定，等等。

> "美国国会的立法权来自于宪法，宪法是衡量其权力的标准。国会的任何法案如果与它的规定相抵触，或者不在它所授予的权力范围内，就是违宪的，因此不是法律，对任何人都没有约束力......"。

著名宪法学者库利法官说。

> "宪法本身从未屈服于一项条约或一项立法。它不随时代变化，也不屈服于环境的力量"。

国会没有宪法上的权力将其制定条约的权力转移给总统，正如《北美自由贸易协定》所做的那样。这是纯粹的煽动行为。贸易谈判属于众议院：第1条第8节第3款，"管理与外国、各州之间以及与印第安部落的贸易"。显然，布什和克林顿都没有宪法权利来干涉北美自由贸易区。这当然是叛国和叛乱。

在第1148-1151页，国会记录，众议院，1993年3月10日，"外交政策或贸易，选择是我们的"，[15]　　　　　　，其中　　　　　　"自由贸易"的罪恶被暴露无遗。社会主义者花了47年时间才打破了华盛顿、林肯、加菲尔德和麦金利建立的明智的贸易壁垒。法国"革命的原因是
"自由贸易"。英国社会主义者在法国造成了萧条和恐慌，这为叛乱者和叛徒丹东、马拉、谢尔本伯爵和杰里米-
边沁打开了大门。

在上述国会文件的第1151页，我们看到。

> "1991年，美国工人的平均周工资比1972年低20%。同时，纺织和服装业失去了60多万个工作岗位，而钢铁和汽车业又牺牲了58万个。以收入和工作机会的**减少来衡量，全球**领导地位的负担因此严重地落在了低技能的美国工人身上。劳动密集型的制造业工作已经转移到海外低成本的第三世界国家，留下了一批低技能的美国工人..."

将美国中产阶级的生活水平降至第三世界国家的社会主义目标已经完成了约87%，如果一切按计划进行，克林顿政府将很快为贸易战画上句号，代价是在美国人民的背后捅刀子。正如我经常说的，克林顿总统被选来执行费边社会主义的任务，而
"自由贸易 "只是他奉命实施的叛国政策之一。

> "我们都感觉到，如果我们真的想迈向一个新世界和世界上符合所有国家利益的各**种关系，我们**是多么需要联合国。苏联和美国有不止一个理由参与其建设，参与欧洲和亚太地区新安全结构的发展。而且还在建立一个真正的全球经济，确实在创造一个新的文明"。-　　　　　　　米哈伊尔-
戈尔巴乔夫，在斯坦福大学的演讲，1990年。

用 "社会主义者 "取代苏联，不难看出，一切都没有改变。

社会主义通过外国实体的加入来瓦解美国宪法的长期计划有相当多的记录，其中最重要的是在费边社会主义者和国际社会主义者的著作中。我们知道，社会主义者期望通过共产主义和社

---

[15]"外交政策或贸易，选择是我们的。

会主义的行动建立世界专政，一个是通过公开和直接的方法，**另一个是通**过更微妙和隐蔽的手段。他们希望通过国际货币基金组织（IMF）的金融独裁来取得胜利，IMF可以通过破坏自由国家的货币结构，迫使它们加入国际机构，如短命的国际联盟、其继承者联合国和一系列外围国际组织，从而控制政府。

所有这些都有一个共同的目标：摧毁目标国家的主权--由于信贷中止、缺乏就业、工业和农业停滞以及将一个国际机**构的法律叠加在个**别国家的法律之上而受害。在这本书中，我们只能把联合国作为社会主义过度生产独立民族国家的命脉的一个例子来处理。

研究《联合国宪章》是如何产生的，这超出了本书的范围，只是它从头到尾都是一项社会主义事业。有些人认为它是一个共产主义企业。虽然联合国项目的起草人确实是两位苏联公民，即Leo Rosvolsky、Molotov和一位美国社会主义公民Alger Hiss，但该宪章是社会主义的，是费边社及其美国表兄弟的伟大胜利。联合国宪章》与1848年的《共产党宣言》是一致的。

如果联合国的条约/协议/宪章是作为一个共产主义文件提出的，它就不会被美国参议院接受。但社会主义者知道他们的游戏规则，所以它被介绍为一个旨在   "维持和平"的组织。我在其他地方说过，当我们在世界政府文件中看到"和平"一词时，我们必须认识到它是来自社会主义或共产主义的。这正是《联合国宪章》的性质。它是一个共产主义/社会主义组织。此外，联合国制造战争，它并不维持和平。

虽然该宪章已被大多数美国参议员签署并签署成为法律，但美国并不是这个新世界秩序机构--一个世界政府--的成员，而且一分钟也没有。之所以如此，有一些首要的原因。瓦特尔的   "万国公法"，这本   **圣经**"提供了我们国父们的国际法所依据的总和和实质，适用于本案，并且仍然有效。它可以追溯到罗马和希腊的法律，其本身就是一项终身研究。我们所谓的参议员和众议员中，有多少人对这些事情有所了解？瓦特尔的这本无价之宝不属于法学院的课程，也不在高中和大学的教科书中。国务院完全不了解这本宝贵的书，这就是为什么它在不了解瓦特尔的万国公法的情况下，试图组织这个国家的事务，却制造了一个又一个混乱。美国宪法高于所有条约、宪章和任何形式的协议，不能被国会或行政行动所取代。

要使美国成为联合国的成员，美国宪法的一项修正案必须由所有50个州通过。由于这种情况没有发生，我们不是联合国的成员，而且从来都不是。这样的修正案将把宣战的权力从众议院和参议院手中夺走，并将其交给一个国际机构。因为前总统布什在海湾战争时曾试图这样做，他应该被弹劾，因为他叛变了美国，没有遵守他的就职誓言。

值得注意的第二点是，阅读过《联合国宪章》文件的参议员不超过五人，更不用说就这个问题进行适当的、符合宪法的辩论了。这样的宪法辩论至少需要两年时间，而这个怪胎在1945年只用了三天时间就获得了通过。当这样的协议或法案或其他东西摆在参议院面前，而参议员们没有对其进行适当的辩论，这就代表了对任意权力的行使。第287-29/页，参议院，国会记录，1898年12月10日。

> "美国是主权国家，主权和国籍是相互关联的术语。没有主权就没有国籍，而没有国籍就没有主权。在所有事务中，美国作为一个国家，拥有主权权力，除非是在主权保留给各州和或人民的情况下"。

另外，从Pomeroy，（关于宪法）第27页。

> "没有政治主权就不会有国家，没有国家就不会有政治主权。因此，我不能把这些想法分开，并把它们作为彼此不同的东西提出来......"

继续在第29页：

> "这个国家拥有政治主权。它可以有任何组织，从最纯粹的民主制到最绝对的君主制，但考虑到它与人类其他国家和它自己的个别成员的关系，它必须存在，以至于在地球上其他类似国家中为自己制定完整和独立的主权社会。"

最好的历史学家和宪法学家之一穆尔福德博士在其关于国家主权的书中第112页说。

"一个国家的主权或政治主权的存在，是由某些具有普遍性的标志或音符来表示的。这些是独立、权威、至上、统一和威严。一个国家的主权，或政治主权，意味着独立。它不受任何外部控制，但它的行动是按照自己的决定。它意味着权威。它有自己的决心所固有的力量来主张和维护它。它意味着至高无上的地位。它并不假定有其他低等权力的存在......"

正如本世纪最伟大的宪法学者之一、已故参议员萨姆-埃尔文（Sam Ervin）反复说的那样

"我们不可能昧着良心加入联合国。

纵观上述的主权条件，很明显，联合国不是一个国家，完全没有主权。它不为国家制定个别法律，因为它不是一个国家。它没有自己的领土，没有统一和威严。它受制于外部控制。

此外，联合国条约不能得到维护，因为联合国不是主权国家。根据瓦特尔的"万国公法"，也就是我们的开国元勋们用来撰写宪法的"圣经"，美国被禁止与任何非主权国家的人、任何实体签订条约。没有人会质疑联合国没有主权，所以参议院1945年通过的联合国"条约"是无效的，是越权的。作为一项法律文书，它既不是条约，也不是宪章，因此，它完全没有价值，就像一张白纸一样。

联合国是一个外国机构，由一系列冒牌法律维持，不能优先于美国的法律。持有联合国的法律优先于美国法律的立场是一种煽动和叛国行为。将瓦特尔的《万国公法》和惠顿的《国际法》与《宪法》结合起来研究，就不会怀疑这一点的准确性。任何支持联合国的国会议员、参议员或政府官员都是犯了叛乱罪。

在1900年2月22日众议院的《国会记录》第2063-2065页，我们发现了这样的权威："条约并不优于宪法。在美国驻法国大使和当时的国务卿马西的外交交流中，再次明确指出。

"宪法必须优先于条约，当一个条款与另一个条款相冲突时

......"

当约翰-福斯特-
杜勒斯，一个英国王室的深层社会主义代理人，被迫出席美国参议院调查委员会对联合国的调查时，他像一个狡猾的社会主义者一样，试图通过建议

"国际法"，像国家法律一样，可以在美国适用，来唬弄他。适用 "国际法 "是联合国的根本基础，但它不能适用于美国。

通过阅读1879年2月14日参议院的《国会记录》和1897年1月26日参议院的《国会记录》第1151-
1159页，我们关于美国不是联合国成员的论断得到了加强。我们在任何法律书中都找不到这一基本材料。哈佛大学的极左派马克思主义法律教授不想让他们的学生知道这些重要问题。

美国参议院   "批准   "了联合国的
"条约"，即宪章协议，这一事实没有任何区别。国会不能通过违反宪法的法律，而将美国法律与联合国条约的屈服联系在一起显然是违反宪法的。国会（众议院和参议院）的任何行为，如果使宪法从属于任何其他机构或实体，就没有法律效力，也没有效果。很明显，仅根据联合国条约第25条，美国不可能达成这样的协议。

国会年鉴》、《国会球报》和《国会记录》中充满了关于主权的信息，对这些材料（其中大部分来自瓦特尔的《万国公法》）的详细研究表明，美国从未成为联合国的成员，也永远不可能成为联合国的成员，除非1945年的参议院投票要经过宪法修正案，然后由所有50个州批准。为了进一步确认美国不是联合国的成员，我们请读者参阅国会记录第12267-
12287页，众议院1945年12月18日的记录。

1945年关于《联合国条约》的宪法辩论可以在参议院国会记录第8151-8174页，1945年7月28日和参议院国会记录第10964-
10974页中找到。对这些联合国   "辩论
"记录的研究，甚至会使最顽固的怀疑论者相信，"批准
"联合国条约的美国参议员对宪法表现出难以置信的无知。

有史以来最伟大的宪法学者之一库利法官说。

> "美国国会的立法权来自于宪法，宪法是衡量其权力的标准。而国会的任何法案如果与它的规定相抵触，或者不在它所赋予的权力范围内，就是违宪的，因此没有法律效力，对任何人都没有约束力"。

1945年参议院投票赞成加入联合国，"因此没有法律效力，对任何人都没有义务"。

1945年对联合国协议的投票是任意行使权力，因此是无效的，因为它在被参议院在三天内通过之前没有经过宪法的辩论。

> "任何条约/协议都不能削弱或恐吓美国的宪法，这些协议/条约不过是法律，和其他法律一样，可以被废除。"

因此，《联合国宪章》/《协定》（我们的立法者没有勇气称其为条约）远不是一个不可改变的文件，它是无效的，没有任何后果，对任何人都没有约束力。军队被明确禁止服从任何外国实体、机构或组织的法律，我们的军事领导人有责任坚守他们保护美国公民的誓言。他们不能这样做，而且要遵守联合国的法律。

在当今国外一个世界政府的所有国际机构中，没有一个比国际货币基金组织更阴险邪恶的。我们往往会忘记，国际货币基金组织是联合国的私生子，两者都是300人委员会的延伸，而国际货币基金组织和对外关系委员会（CFR）一样，对其真正的目标和意图越来越大胆。将布尔什维克主义强加给基督教俄罗斯的邪恶势力也是国际货币基金组织及其接管所谓 "世界经济"计划的幕后推手。

第九章

战败国

绝大多数美国人民不知道这个国家自1946年以来一直处于战争状态，也不知道我们正在失去战争。第二次世界大战结束时，苏塞克斯大学的塔维斯托克人际关系研究所和伦敦的塔维斯托克中心将注意力转向了美国。其主席是英国女王伊丽莎白二世，**她的表弟肯特公爵也是董事会成**员。第二次世界大战期间针对德国部署的旧方法现在被用来对付美国。塔维斯托克是世界上公认的 "洗脑"中心，从本质上讲，自1946年以来已经并正在对美国人民进行大规模的洗脑行动。[16]

这个企业的主要目标是在我们社会的各个层面支持社会主义议程，从而为一个世界政府和新世界秩序的新黑暗时代铺平道路。塔维斯托克活跃在银行、商业、教育、宗教领域，特别是试图破坏美国宪法。在这些章节中，我们将研究一些旨在使美国成为奴隶制国家的计划。以下是一些主要的社会主义组织和机**构，它**们正在与美国人民对抗。

银行和经济政策：

---

[16]

见《塔维斯托克人际关系研究所：塑造美利坚合众国的道德、精神、文化、政治和经济衰落》，约翰-科尔曼，Omnia
Veritas有限公司，www.omnia-veritas.com。

联邦储备委员会

> *"总统先生，我们在这个国家有一个世界上见过的最腐败的机构。**我**说的是联邦储备委员会和联邦储备银行。联邦储备委员会，一个国家委员会，欺骗了美国政府和美国人民足够的钱来支付国债......。这个邪恶的机构使美国人民陷入贫困和毁灭......。这12个私人信贷垄断机构是由来自欧洲的银行家以欺骗和不公平的方式强加给这个国家的，他们通过破坏我们的美国机构来感谢我们的热情。"***众**议院银行委员会主席Louis   T.*
> McFadden在**众**议院的演讲，1932年6月10日，星期五。

正如人们常说的那样，社会主义者最大的胜利来自于美联储的银行垄断。社会主义银行家来自欧洲和英国，通过狡猾地渗透到我们货币体系的每一个方面来毁掉这个国家的人民。如果没有我们境内的叛徒的充分合作，这些社会主义变革的代理人不可能取得任何成就，他们找到了数以百计的叛徒，这些人愿意背叛美国人民。一个值得注意的叛徒是总统。伍德罗-威尔逊，他在华盛顿总统建立的、由林肯、麦金利和加菲尔德保持不变的贸易壁垒上打了个洞。1913年，威尔逊引入了马克思主义的累进所得税制度，以取代关税带来的收入损失，并通过1913年的《联邦储备法》打开了大门，允许欧洲的慈善家银行家进入我们的堡垒。

很少有人意识到，随着1913年《联邦储备法》的通过，美国的银行系统被社会化了。自从社会主义强盗银行家们在那一年控制了商业银行（我们没有英国意义上的商业银行）之后，商业银行就开始了工作。我们在这个国家所拥有的是一个福利银行系统，几乎与布尔什维克在俄罗斯建立的银行系统相同。联邦储备银行创造债务证券，这被称为
"货币"。这些钱不是通过贸易回到美联储，而是通过从人民那里偷来的。虚构的钱是直接从人民那里偷来的。联邦储备银行控制的钱不是诚实的钱，而是想象中的钱，总是通货膨胀的。

我们可以追究谁的责任？我们能怪谁偷了我们的钱？没有人知道世界上最大的银行系统的股东是谁。你相信吗？可悲的是，这一切都太真实了，但我们却允许这种邪恶的情况年复一年地

持续下去，主要是出于对系统运作方式的无知。我们这些人被告知不要管这些钱，因为它太复杂，我们无法理解。盗贼们说：''交给专家吧''。

社会主义联邦储备局用我们偷来的钱做什么？他们所做的事情之一是让我们支付高利贷，即系统所谓的国债，他们将其变成30年的债券。这些社会主义银行家没有做任何事情来创造财富，他们是寄生虫，靠吃美国人民的物质而生存。这些寄生虫有''权利''凭空创造货币，然后以高利贷的方式借给商业银行，他们是靠人民的信用来做的。

这是不自愿的奴役，因为公民的个人信用属于公民，而不是联邦储备局。据称，通过授予美联储侵占公民个人信用的权利，美国政府允许这个寄生组织侵犯人民的5修正案权利，即宪法保障的''生命、自由和财产''的权利。

此外，联邦储备委员会还破坏了宪法。请记住，对宪法的一个部分的攻击就是对整个宪法的攻击。如果宪法的一个部分被破坏，宪法的所有部分都被亵渎。我们人民赋予国会的权力：第5条第8款。''铸造货币，调节其价值和外国货币的价值，并确定度量衡标准。''这一条见于人民授权给国会的17项列举的权力。我们没有任何地方赋予国会向私人银行机构转移这一权力的权利。

然而，这正是国会在1913年所做的事情。该法案是在圣诞假期前几天才提出来讨论的。它由58页的三栏和30页的精美密印材料组成。在讨论的这几天里，没有人能够读懂它，更不用说理解它。因此，《联邦储备法》被国会通过，成为一项专断的权力行为--
这就是你所说的没有经过适当辩论的法案，没有经过充分辩论就成为法律。

为了证明《1913年联邦储备法》的违宪性，已经写了几百本优秀的书，所以在这本书中没有必要再重提它。只需说，尽管有这一行为，即历史上最大的骗局，联邦储备银行仍然坚定地存在，**仿佛其**历史仍然是一个秘密。为什么会这样呢？可能是由于恐惧。那些试图以任何有意义的方式挑战这个畸形的社会主

义创造的人都被残忍地杀害了。众议院和参议院的成员知道美联储是20
世纪的抢劫案，但他们没有做任何事情来搅局，因为害怕被赶出国会，或者更糟。

联邦储备银行是以英格兰银行为蓝本的，英格兰银行是罗斯柴尔德社会主义机构，在内战后得以依附于美国，在此期间，它为交战双方提供资金。杰斐逊和汉密尔顿为年轻的美国国家制定的货币制度是一个双金属制度，即16盎司银对1盎司金。这是我们宪法规定的货币体系，在第一条第8款第5条中有所描述，它给这个国家带来了无尽的繁荣，直到欧洲中央银行的婊子们能够颠覆它。他们的做法是在1872年将货币非货币化，这导致了1872年的恐慌，这一切都是社会主义者策划的。

社会主义者设法使我们的货币体系贬值，直到其价值为零，然后他们印制社会主义（凯恩斯主义）货币，用这些货币买下了所有的黄金企业和房地产。在大学经济课上，极左的马克思教授教导说，国会管理我们的货币体系，但它没有，国会已经放弃了这个责任，把它放在了类似于夏洛克的国际银行家手中，在美国建立一个商业福利银行体系。罗斯柴尔德家族和他们在国际夏洛克银行的社会主义同事，已经把美国人民永远置于债务之中--除非我们找到合适的领导人来打破这个束缚。

早在联邦储备委员会出现之前，夏洛克的国际银行家们就以极大的觊觎之心看待这个国家的财富，并决心继续推进，直到他们控制财富。夏洛克国际银行家在安德鲁-杰克逊总统任期内阻止国家银行支付内战债务，以使美国人民手脚被捆绑，我们现在仍然如此。众所周知，英国特勤局煽动并起诉了美国内战，这场战争本应被称为腐败的银行家国际战争。英国特勤局在南方各州都有自己的特工，渗透到生活的每一个方面。

当杰克逊总统关闭中央银行时，英国的特工部门已经准备好了。1862年的银行法案是罗斯柴尔德的
"噱头"，是使美国人民永远处于贫困的长期计划的一部分。尽管国会和爱国的最高法院击退了罗斯柴尔德集团的骗子，但这种缓和是短暂的。

由于特洛伊木马威尔逊，他们在1913年接管了这个国家，并使这个国家陷入金融奴隶制，这就是我们今天所处的状态。正如我们在关于教育的章节中所说，社会主义者利用教育来欺骗美国公众对联邦储备银行的看法，这也是它仍然被容忍的原因之一。它对美国人民的严重过激行为和罪行并不为人所知，尽管这些行为在数百本关于该主题的优秀书籍中都有详细介绍。

但是，受社会主义教科书行业控制的影响，没有一定教育水平的人无法获得这些书籍，这就是为什么数百万各年龄段的美国人在电视中找到慰藉。现在，如果拉里-金能就社会主义美联储的罪恶发表坦率而公开的演讲，如果广播和电视上最受欢迎的脱口秀主持人也能这样做，我们也许就能让我们的人民兴奋起来，为关闭美联储系统做些什么。

美国公众将了解到，国会的首要职责是为美国提供并维持一个健全的货币体系。公众会了解到，我们没有一个诚实的美元在流通。他们将了解到，英国东印度公司和英格兰银行与亚当-斯密合谋，从殖民地拿走所有黄金和白银，以便在武装战争之前的经济战争中击败殖民者。

美国公众将了解到，为了使联邦储备委员会和联邦储备银行符合宪法，必须起草一份宪法修正案，并由所有50个州批准。

他们会开始问问题："为什么没有这样做？为什么我们仍然允许拥有美联储的私人人士从我们身上骗取巨额资金？"他们甚至可能对国会施加足够的压力，迫使其废除美联储。美国人民可以在拉里-金节目或菲尔-多纳休节目中了解到，联邦储备银行不缴纳所得税，从未被审计过，他们从财政部收到我们人民的每一千美元，只需支付1.95美元。"多么划算啊！"我们可能会愤怒地嚎叫。

一个被唤醒和愤怒的民众甚至可能推动国会采取行动，迫使这个玛门的野兽关闭。美国人民将了解到，最大的繁荣时期是在安德鲁-杰克逊关闭夏洛克的中央银行[17]，到内战开始之间。他们会了

---

[17] 反复提到莎士比亚《威尼斯商人》中的高利贷者，"商人

解到，联邦储备银行已经将这个国家的商业银行社会化，我们的银行是在莎士比亚的《威尼斯商人》中描述的系统基础上运作的。

罗斯福总统告诉美国人民，他是美国穷人和中产阶级的朋友，但他从第一天起就是国际夏洛克银行和费边社会主义的代理人。他安排了巨额贷款来支持因该国失败的社会主义政策而破产的英国社会主义政府，而他自己的人民却在排队领取食物。1929年，同样的外国利益集团操纵了股票市场的崩溃，使股票价格下跌了数十亿美元，然后掠夺者可以以一美元10美分的价格买回这些股票。联邦储备银行通过纽约联邦储备银行策划了这次崩溃。在1930年6月16日众议院的国会记录第10949-1050页，我们发现以下内容。

> "最近，联邦储备委员会为了欧洲信贷的利益，使美国工业成为一系列单一操纵的受害者，这造成了股市的崩溃和目前的工业萧条。这些操纵始于1929年2月，当时英格兰银行行长访问了这个国家，并与联邦储备委员会的负责人进行了磋商，这些会议的主题是对英国的金融状况（被使国家破产的社会主义计划所动摇）和英镑的下跌的担忧。
>
> 英国和法国在美国股市投资了30亿美元，目的是通过拆散美国的证券来阻止黄金逃往美国。他们在1929年3月的第一次努力，是由美联储（从其纽约分行）公开宣布的旨在吓唬投资者的声明所促使的，在3月份引起了小规模的恐慌。第二次努力，从1929年8月开始，是由美国银行家对英国和法国投资者的抛售和做空以及1929年10月的恐慌所造成的。"

联邦储备银行对1929年的崩溃和随后的大萧条负有责任。

在1994年的今天，由社会主义者艾伦-格林斯潘担任主席的联邦储备委员会正在扼杀疲软的美国经济的活力，因为格林斯潘在伦敦的主子告诉他要把通货膨胀率保

"一词实际上指的是这部著名戏剧中的犹太人。

持在1.5%，即使这意味着失去5000万个就业机会。今天，我们是世界银行、国际清算银行的成员，我们愿意通过服从国际货币基金组织（IMF）的指令来损害我们的主权，这对未来是个坏兆头，表明300人委员会正在准备一场新的世界大战。

宪法中没有任何地方授权美国政府资助所谓的国际银行，如世界银行和国际货币基金组织。要找到这种权力，必须在第1条第8款第1-18条中寻找，但寻找它是徒劳的，因为它不在那里。我们没有允许外国银行融资的宪法权力，所以这种行动是非法的。

在英国社会主义者的领导下，乔治-布什总统推动通过了《北美自由贸易协定》和《关贸总协定》贸易法案，这些法案剥夺了美国的主权，破坏了工业和农业工作，使数百万美国人失去工作。"世界贸易"是费边社会主义的一个老目标，它自1910年以来一直在努力打破美国的有利贸易地位，将美国蓝领和白领的生活水平降低到第三世界国家的水平。

然而，布什没有时间了，于是接力赛的接力棒传给了克林顿总统，他在132名   "共和党的进步（社会主义）成员"的**帮助下，成功地通**过了北美自由贸易区"条约"。1993年，费边社会主义者的   "世界贸易"梦想随着《北美自由贸易协定》的通过和《关税与贸易总协定》（GATT）的签署而向前迈出了一大步，结束了美国能够为其独特的中产阶级提供良好的生活水平和就业机会的独特地位。

要使北美自由贸易区和关贸总协定条约合法化，需要对美国宪法进行修正。首先，宪法中没有任何条款或权力允许布什总统和克林顿总统通过参与这些条约的细节而采取百分之百的违宪行为，而这些细节完全属于立法部门。宪法禁止政府的三个部门相互下放权力，第108-116页，《国会环球报》，1867年12月10日。

> "我们同意这样的主张：美国政府的任何部门，不是总统，不是国会，不是法院，都没有宪法没有赋予的任何权力。"

宪法中没有关于交出美国主权的规定，但这正是我们的特洛伊木马敌人在与这些北美自由贸易区和关贸总协定的一世界政府和新世界秩序的传播者直接谈判时所做的事情，这是他们的国际社会主义议程的一部分。

外国援助

费边社会主义者的 "圣牛"是获得其他人的钱（OPM）来资助他们的社会主义过度行为。我们知道约翰-梅纳德-凯恩斯设计了70亿美元的贷款，通过工党救助失败的英国人民的社会化。我们也知道通过《对外援助拨款法案》资助其他外国的社会主义计划，这项活动每年花费美国人民近200亿美元，我们在那里对世界上一些最不值得的国家扮演圣诞父亲，我们继续支持这些国家失败的社会主义政策。众议院和参议院甚至不假装在让法案通过之前检查其是否符合宪法。如果他们的工作做得很好，对外援助法案就不会到达众议院和参议院的会场。这是对美国人民的犯罪，可以说是叛乱。

对外援助有两个目的；它破坏了美国的稳定，并帮助300人委员会获得对由美国纳税人胁迫资助的国家的自然资源的控制。当然，有些国家没有自然资源，如以色列和埃及，但在这些情况下，外国援助成为地缘政治的考虑，但仍然是，非自愿的奴役或奴隶。对外援助真正开始于罗斯福总统，当时他向布尔什维克俄国提供了约110亿美元，向英国工党政府提供了70亿美元。

美国宪法是否为这一惊人的年度礼物提供了任何权力的归属？

答案是"不"，需要修改宪法才能使对外援助合法化，但这样的修正案能否被**适当地起草是**值得怀疑的，因为对外援助违反了禁止奴隶制（非自愿奴役）的条款。直截了当地说，外国援助就是叛国和叛乱。**众**议院和参议院的成员知道这一点，总统也知道这一点，但这并不能阻止每年从美国工人身上盗取数十亿美元的行为。外国援助是盗窃。外国援助是非自愿的奴役。对外援助是社会主义的行动。

中产阶级

在所有最被马克思主义/法比安社会主义者/共产主义者和他们的美国表亲憎恨的人中，没有人超过独特的美国中产阶级，他们长期以来一直是社会主义的祸根。正是中产阶级使美国成为一个强大的国家。贸易战过去和现在都是针对中产阶级的，由所谓的   "全球经济"化身。本书其他部分叙述了威尔逊和罗斯福总统，以及后来的**卡特、布什和克林**顿总统为拆毁发展和保护中产阶级的贸易壁垒所做的罪恶堕落的努力。我们在本章要做的是研究1994年中期中产阶级的情况。

中产阶级是我们邦联共和国20世纪最伟大的社会胜利，在1913年之前，邦联共和国一直是正常的、良好的运作。诞生于健全的货币政策、贸易壁垒和保护主义，中产阶级是抵御卡尔-马克思将革命带到美国的所有希望的堡垒，这些希望都破灭了。中产阶级的扩张，从安德鲁-杰克逊禁止中央银行到内战期间认真开始，一直持续到两次世界大战。但自1946年以来，有些事情出了问题。我们已经在其他地方解释了自1946年以来塔维斯托克研究所对美国中产阶级发动的战争，这场战争我们输得很惨。

蓝领工人在高薪工业岗位上的平等地位和有保障的未来是罗马**俱**乐部破坏我们工业基础的后工业零增长计划的第一个目标。蓝领工人享有与白领工人同等的收入，他们共同形成了一个强大的中产阶级，而不是欧洲社会主义国家的"工人阶级"。这是社会主义者承认的政治事实，是他们毁掉美国的计划的主要障碍。因此，支持中产阶级的工业必须被拆散，它被逐节分割，现在仍然如此，《北美自由贸易协定》和《**关**贸总协定》在进行肢解的肮脏工作。

我一直强调的一件事是，社会主义者永远不会放弃。一旦他们**确定了自己的目**标，他们就会以一种几乎令人恐惧的坚韧态度去追求。我把中产阶级经济和政治权力的衰落追溯到1970年代初，即罗马俱乐部的后工业零增长计划实施之后。1973年，随着就业和收入前景的崩溃，中产阶级赖以生存的基础开始出现严重崩溃的迹象。以至于在1993年，白领工人的工作损失首次等同于蓝领工人的工作损失。自1970年代以来，特别是在1980年，统计局报告说，中产阶级的收入正在崩溃。

社会主义通过破坏贸易壁垒、增加税收和不断攻击工作场所所取得的成果是在美国出现了一个新的阶级，即劳动穷人。数以百万计的前蓝领和白领工人实际上已经从他们曾经坚实的中产阶级、以工业就业为基础的保护性贸易基础的缝隙中跌落。中产阶级最终成为6000多万美国人，即大约23%的人口，他们可以被准**确地描述**为在职穷人，那些收入不足以支付基本生活必需品的费用的人（但我们却能给外国人200亿美元的"外国援助"）。

在贸易战中，对中产阶级最具破坏性的打击之一是1973年蓄意**策划的阿以冲突**产生的所谓石油短缺，再加上对核电站的战争。社会主义者关闭了核电--
最廉价、最安全、污染最小的能源形式--
并使我们的工业心脏依靠石油跳动--
更好的是依靠进口石油。如果这个国家的核电计划没有被社会主义控制的   "绿色"冲击部队彻底摧毁，这个国家就不再需要进口石油了，而这对我们的经济，特别是我们的国际收支是如此的有害。此外，通过关闭核电站，社会主义者每年消除了大约一百万个工作岗位。

在阿以战争和失去核动力的推动下，石油成本上升，降低了生产力，这反过来又导致了工资的大幅下降，对经济产生了影响，因为工资下降会抑制消费。从1960年**开始，我**们看到家庭收入中位数**每年增**长近3%，直到1973年的阿以战争。毫无疑问，这就是基辛格所说的，战争对美国经济的影响比原来想象的要大得多的意思。

自1974年以来，蓝领和白领工人的实际工资已经下降了20%。1993年，以前从事全职蓝领工作的工人被迫接受兼职工作的人数，与前一年相比几乎翻了一番。同样，从事稳定的行业相关工作的白领工人成为 "临时工"的人数也越来越多。目前，原蓝领临时工的数量约为9%，而同类型的白领工人约占总劳动力的10%。中产阶级赖以生存的基础不仅已经开裂和沉没，而且已经开始完全瓦解。

虽然政府的统计数据只承认平均失业率在6.4%和7%之间，但实际失业率接近20%。随着国防合同的**减少**，**如果考**虑到北美自由贸易区和关贸总协定对劳动力市场的影响，估计损失3500万个工作岗位是现实情况。北卡罗来纳州的纺织业预计将在关贸总协定全面运作的第二年失去200万个工作岗位。

政策研究所的欧文-布鲁斯通（Irving Bluestone）说，他对稳定的工业相关工作（支持中产阶级家庭的唯一工资来源）的调查发现，从1978年到1982年，**每年有90**万个报酬丰厚的工业工作流失，即五年内有近500万个优质蓝领工作。没有其他涵盖1982年至1994年期间的类似性质的统计数字，但如果我们采取同样的数字，即90万--
我们知道这个数字更高--
那么**我**们有理由认为，在12年里，这些失去的工作岗位（永远不会回来）的数量**达到了**1000万个长期高薪的工业岗位。我们现在开始得到真实的失业数字，不仅如此，我们还得到了永远失去高质量工作的真实情况，这要感谢罗马俱乐部和塔维斯托克研究所对美国工作场所的攻击。

克林顿总统将为他针对美国人民的贸易战付出代价，而这个代价将包括一个任期。克林顿选择了全球经济，这不可避免地意味着美国的工作不安全。**关**贸总协定取消了最后一道贸易壁垒，使我们的经济进入了支出下降的漩涡，成为失业率上升的原因。克林顿正在艰难地学习，你不能把蛋糕也吃了。全球经济+**削减赤字**=大量的工作机会流失。这个国家不可能再经受住克林顿的社会主义政府的四年，临时的、低薪的工作机会不断增加，淹没了旧的、长期的、高薪的工业工作。

中产阶级正在消失，但它的声音仍然可以被听到，它的信息必须是
"让全球经济和削减赤字见鬼去吧。我们要的是高薪、稳定、长期的工作!"

虽然美国只是在最近才被迫融入全球经济，但其损失是显而易见的：数百家强大而稳定的公司被迫大规模裁减技术员工。

我们今天在1994年所拥有的--这是自阿以战争以来的发展--是华尔街/拉斯维加斯经济。麦当劳的股票很高，但翻转汉堡并不能替代一**份高薪**、长期的工业工作。因此，当麦当劳的股票在华尔街表现良好时，美国能否满足于这样一种经济，即高薪工作正在成为濒临灭绝的物种？根据《洛杉矶时报》的一篇文章，1989年，**每四个美国工作中就有一个是兼职的**，与1972年的数字相比，增加得很**吓人**，但到1993年，这一比例为三分之一，即占美国所有工作的三分之一。底线是，没有一个工业国家能够在高薪工业岗位的减员速度下生存下来，而不陷入毁灭的深渊。

在与塔维斯托克研究所领导的社会主义势力的斗争中，美国正在失败。在未来两年里，我们将面临 "全球经济"所带来的竞争的急剧增加，拥有数百万半文盲的国家将学会以奴隶式的工资生产商品。届时，美国的劳动力将做什么？让我们提醒你，这是伍德罗-威尔逊实施的政策的逻辑结果，这些政策旨在摧毁美国国内市场。我们熟练的工业蓝领工人很快就会被完全失业的阴影所困扰，我们将看到这些工人紧紧抓住任何一种工作，以阻止他们的生活水平下降，或者，实际上，仅仅是为了保持餐桌上的面包。

克林顿在竞选中对中产阶级作出了承诺。有多少失业者记得他的 "富人有金矿，工人有树 "的演讲？那是在他被命令与杰伊-洛克菲勒和**帕梅拉**-哈里曼会面之前，后者非常直截了当地告诉他："**你传递的是错误的信息。赤字是要传递的信息**"。然后，克林顿突然开始宣扬削减赤字的社会主义福音，更不用说这只能以牺牲数百万个就业机会为代价。

然后，克林顿做了社会主义者最擅长的另一件事：他承诺政府将重新塑造一切。但焦虑感越来越强；克林顿没能说服工人，较低的赤字比充分就业更好。最近的一项民意调查显示，45%对26%的美国人认为失业是一个比赤字更严重的问题。克林顿还告诉我们，我们正在享受复苏，但这与现实不符，因为与正常趋势相反，当复苏意味着从事非自愿、低薪兼职工作的人减少时，这一次的比例却增加了。1993年，有650多万人从事低薪临时工作。

至于大肆宣扬的克林顿政府去年创造了200万个工作岗位的说法，应该指出，这些工作岗位的60%是在餐馆、保健、酒吧、酒店（服务员、门房、门卫）。由伍德罗-威尔逊开始的"全球化"（读作：破坏）美国国内市场的驱动力，在克林顿那里进入了高速发展阶段。这一破坏性方案的戏剧性结果可以衡量如下。

- 在汽车部门，1960年至1986年间，进口量从4.1%增加到68%。

- 服装进口从1960年的1.8%增加到1986年的50%。

- 机械工具的进口从1960年的3.2%增加到1986年的50%。

- 机床是一个工业国家实体经济的最重要指标。

- 电子产品的进口量从1960年占市场的5.6%增加到1986年占市场的68%。

费边社会主义者以他们对 "全球经济"的虚假承诺，完全破坏了美国这个世界上最伟大的工业国家。这些数字所包含的悲剧意味着数百万个稳定、长期、高薪的工作现在永远失去了，牺牲在费边社会主义的世界政府梦想--新世界秩序的独裁统治的祭坛上。美国工人被威尔逊、罗斯福、肯尼迪、约翰逊、布什和克林顿等总统欺骗了，他们共同和单独地对美国犯下了叛国罪。由于历届总统的这一叛国政策，国内投资，包括公共和私人投资，在1973年至1986年期间下降了一半，消除了数百万长期的高薪工作。

目前，在1994年中期，除了**两党候**选人提出的可怜的口号外，中产阶级的危机没有也没有得到解决。这并不意味着政治家们没有意识到这一点。相反，他们每天都能听到选民的声音，他们对自己不了解的问题越来越愤怒，这种愤怒让他们对华盛顿政府无力控制对他们影响巨大的问题没有耐心。政治家们不会做任何事情来寻找危机的解决方案，因为现有的解决方案与罗马俱乐部独裁的后工业零增长计划相悖。任何引起国家对中产阶级灾难的关注的努力在开始之前就会被扼杀。

没有其他危机能与中产阶级危机相提并论。美国正在死亡。那些可以改变现状的人不愿意或不敢这样做，情况将继续恶化，直到病人病入膏肓，这一点很快就会达到，可能不到3年就会**达到。然而**，人们没有注意到这一变化，而这一变化是最重要的变化，它真正比得上内战带来的巨大变化。上次选举反映了投票率的情况；人们对投票和看到没有结果感到厌倦。美国的危机状态依然存在，那么为什么要花时间和麻烦去投票呢？对美国的未来没有信心--
这就是没有有意义的就业或根本没有就业对人类精神的影响。

自1930年代以来，**渴望**权力的人不断夺取越来越多的权力。美国共产党，也被称为
"民主党"，让它的社会主义总统罗斯福让最高法院的法官们把宪法看作仅仅是一个可以扭曲和挤压的工具，以适应社会主义议程。第10条修正案成为他们的足球，他们可以踢来踢去。我分析了自这个   "包装屋
"成立以来最高法院的主要裁决，发现法院从来没有在任何情况下阻止贪婪的权力者拿走他们想要的东西。

各州的权利被罗斯福大潮践踏，一直持续到今天。从罗斯福政府**开始，政府像手**风琴演奏者演奏正确的曲子一样，扩大和收缩了宪法。最高法院所做的，并且仍然在做的，是重新分配赋予我们人民的权利和权力，使之有利于联邦政府。这就是为什**么我**们面临中产阶级即将死亡和美国宪法被破坏的原因。

现在需要的是一个能扭转国家局势和拯救中产阶级的紧急方案。这样的方案需要彻底打败自威尔逊政府以来一直欺骗和误导美国人民的民主党：一个能够全面废除社会主义的教育方案，废除违宪的虚假
"政教分**离**"，清理最高法院（可以在这个过程中关闭），关闭美联储，并消除国债。

当沃伦-G-

哈丁被选入白宫时，美国正处于混乱状态，就像今天一样。信贷过度杠杆化，美联储疯狂地操纵货币，造成通货膨胀和随之而来的商业失败。商品价格在外国压力下被人为压低，失业现象猖獗。美联储创造的国债飙升。我们仍在与德国交战，这是一个向该国勒索更多   "赔款"的诡计。威尔逊的税收达到了历史最高水平。

哈丁上任后，拟定了一份美国的问题清单，并强迫国会在两年内继续开会以解决这些问题。哈丁对国际银行家夏洛克和他们的华尔街盟友下手。他说了在他之前的耶稣基督说过的话："我要把**你们**从庙里赶出去。哈丁告诉夏洛克银行家们，不会再有外国纠葛，不会再有外国战争，不会再有国家债务，"最后**一种情况几乎摧**毁了共和国"。

哈丁缓解了信贷紧缩，并颁布了保护地方工业的新关税税。政府雇员被减少到最低限度，并制定了预算。限制移民是为了保护我们的边界不受从东欧涌入的成群的无政府主义者的影响，也是为了保护我们的劳动力市场。哈丁制定了新的税收法规，**每年削减数亿**美元的所得税，与德国签署了和平条约，并告诉国际联盟折叠帐篷，离开我们的海岸。

但哈定没有活着享受他对非利士人的辉煌胜利，他把非利士人从我们的营地里赶了出来，完全没有秩序。

1923年6月20日，在前往阿拉斯加进行政治旅行时，他病倒并去世。他的死因是肾衰竭，最明显的迹象是有人以某种方式给他下了猛药。我们需要一个像沃伦-哈丁这样的人，他的勇气是没有界限的。我们必须寻找并找到"新的沃伦-哈丁"，他将恢**复那些可以将美国从邪**恶的社会主义者的畸形控制中拯救出来的计划。

必须正确看待   "**减赤**为王"这一荒谬的概念。如果明天赤字为零，中产阶级的危机也不会得到缓解。甚至克林顿的500亿美元公共投资计划也被遗忘。必须制止华尔街对我们的产业的驱逐，这意味着揭开债券市场侏儒的面纱。必须恢复由华盛顿建立并由林肯、加菲尔德和麦金利维持的贸易壁垒。必须努力教育公众，让他们了解无限

制、不征税的进口商品（也称为
"自由贸易"）对我们经济的影响。这将使充分就业得到极大的
恢复：**它也将使国家与管理**这个国家的外国势力直接对抗。

克林顿的   "勇敢的新世界
"是没有内容的。美国商品没有外国市场，而且一直都有。随
着   "全球经济
"的发展，唯一的变化是我们的防线被攻破，进口商品从堤坝
上的缺口涌入。这就是中产阶级危机的根本原因。虽然美国制
造商一直能够以稳定的蓝领和白领工作来满足当地不断增长的
需求，但当威尔逊宣布我们不应害怕   "竞争
"时，我们的地位变得难以维持。"1913年，美国有一个封闭的
市场，充分就业，经济增长和长期繁荣，海关收入支付了政府
的账单，直到1913年，社会主义者让威尔逊拆除了保护我们生
活水平的堤坝。

在一个封闭的市场中，我们的制造商有能力支付良好的工资：
通过这样做，他们创造了购买力和对其产品的有效需求，这意
味着充分就业、永久的长期工作保障。从威尔逊到克林顿的所
有社会主义（民主党）总统为美国工人提供的只是一个向中国
、日本或英国出售一些产品的微弱机会，以换取某种低薪工作
，这样，渐渐地，特别是随着北美自由贸易区和关贸总协定的
实施，他们将接受生活水平的稳步下降，并为有机会从事任何
工作而感激，无论它是什么。这就是所谓的
"自由贸易"。它是美国中产阶级的未来。

"全球经济中的自由贸易
"的净效应将是美国中产阶级（办公室工作人员、蓝领和白领
）的消失，这个阶级使美国变得伟大。在过去13年里，《财富
》500强企业已经解雇了500多万中产阶级工人。当中产阶级遭
受破坏的程度变得更加明显时，未来的领导人有可能会做出令
人震**惊的反**应。到那时，该国领导人的唯一选择将是阻止
"自由贸易
"的浪潮，这意味着回到严厉的贸易壁垒。这对经营民主党的
社会主义者来说将是一场耻辱性的失败，但如果美国不想变得
像俄罗斯一样：被拥有和被剥夺，他们将不得不接受这一失败

。

总结一下美国的悲剧：一个全球化的社会意味着美国没有中产阶级的社会。"自由贸易
"已经侵蚀了中产阶级的生活水平，以至于不再能与1969年的情况相提并论。美国的中产阶级不是由 "自由贸易 "或 "全球经济
"创造的。中产阶级是由贸易壁垒和当地生产的商品受保护和安全的市场创造的。贸易壁垒并没有造成通货膨胀。自伍德罗
-
威尔逊以来，一连串的总统都对美国人民撒谎，而且一般都能成功地将这种公然的谎言当作真理接受。

社会主义是一个糟糕的失败。撇开丰富普通人生活的虔诚陈词，社会主义的唯一目的始终是奴役人民，并逐渐带来一个世界政府的新黑暗时代--
新世界秩序。即使在英国政府的完全控制下，尽管美国向英国国库支付了数十亿美元的 "外援
"以支持社会主义计划，但社会主义被证明是一个巨大的失败
。

瑞典是选择走费边主义道路的国家之一。我们已经见过社会主义理想主义者贡纳尔-
米尔达尔和他的妻子，他们两人在拆除美国的教育方面发挥了重要作用。50多年来，斯德哥尔摩一直是全世界社会主义者的骄傲。米达尔在瑞典内阁中担任了多年的部长，并在将社会主义引入瑞典的过程中发挥了主导作用，其领导人满意地认为他们已经证明了社会主义的有效性。

从1930年代**开始，瑞典就是社会主**义的代名词。所有的政治家，不分党派，都是坚定的社会主义者，他们的分歧只在程度上，而不是原则上。法国、英国、印度和意大利的社会主义者蜂拥至斯德哥尔摩，研究工作中的
"奇迹"。瑞典社会主义国家的基础是其福利计划。但是，在1994年的今天，自豪的瑞典社会主义处于什么位置？好吧，它不完全是站着的，它更像比萨塔，随着时间的推移，越来越向资本主义倾斜。

瑞典的政治家们正在学习，选民不会以利他主义方式投票，理想社会主义的时代已经过去，只需要埋葬。公然干涉南非政治并示威反对美国介入越南的瑞典社会主义者发现，他们的社会主义词汇在这个一切都已陷入困境的国家已经过时。瑞典社会主义者坐下来讨论国际社会主义，却发现他们的客人已经带着银器离开。瑞典已经成为社会主义的谎言和虚假承诺的受害者。今天，这个国家处于经济混乱之中，假设允许它这样做，瑞典将需要五十年的时间来恢复。英国很久以前就被社会主义摧毁了。现在轮到美国了。美国能在美国民主共产主义社会主义党施放的近乎致命的过量社会主义毒药中幸存下来吗？只有时间才能说明问题，而时间是美国中产阶级的蓝领、白领和办公人员不再拥有的。

在威尔逊、罗斯福、肯尼迪、约翰逊、卡特、布什和克林顿等总统的所有方案中，虽然没有明确指出，但都隐含着美国的社会化是社会主义的伟大目标。这将通过新的所有权形式来实现，对生产的控制--这意味着摧毁工业工厂的选择权属于他们--如果社会主义者要推进他们的计划，使美国，然后是世界其他国家，越来越迅速和肯定地走向一个世界政府，一个新的世界秩序的完全奴役的黑暗时代，这是必不可少的。

社会主义者把自己描绘成一个良性和友好的组织，其唯一的兴趣是改善普通人的命运，这种完全错误的描述是不正确的……社会主义还有一张残酷和恶毒的面孔，历史显示，如果要使美国社会化，它将毫不犹豫地杀人。

没有什么能比阿瑟-
施莱辛格的说法更能说明社会主义的恶毒一面了："我不知道为什么艾森豪威尔总统不像罗斯福对休伊-朗那样清算乔-麦卡锡。休伊-朗的 "罪行"是他真正地爱着美国和它的所有人民，他是第一个完全理解罗斯福对美国所做的一切的美国政治家。休伊-龙为中产阶级说话，他正确地认为中产阶级是社会主义者的目标，并在一切可能的机会下反对社会主义。

美国的社会主义/马克思主义/共产主义机器对朗表示了极大的仇恨，称他是 "法西斯主义威胁的化身--

最有可能成为美国的希特勒或墨索里尼的人。美国人民如此渴望为他们的困境找到一个代言人，以至于朗被认为每天会收到**多达**10万封信。罗斯福一提到休伊-朗的名字就大发雷霆，担心朗会接替他成为美国的下一任总统。

一场社会主义宣传的暴风雪降临到休伊龙身上。以前从未有如此空前的全面仇恨**运动**是针对一个人的；它令人恐惧，令人印象深刻。**每当休伊-**朗透露有**关**罗斯福即将实施的社会主义计划的新真相时，罗斯福就会被**吓得几乎**癫痫发作。Huey Long攻击罗斯福的英国费边社会主义"协议"，敦促人们。"藐视这种专制，藐视暴政"。罗斯福试图以逃税的名义弹劾朗，但朗却逍遥法外。

罗斯福阵营只剩下一个选择："刺杀休伊-朗"。引起深切**关注的原因是朗的主**张州权的举动。他拒绝了所谓的"联邦资金"，并告诉路易斯安那州的热情观众，他将起诉联邦政府，并获得禁令，将所有联邦机构及其办公室从路易斯安那州的州界移走。罗斯福吓坏了；这是一个联邦政府每天都在担心的行动，这个行动可能会席卷各州，减少联邦政府的职能，直到它在美国宪法前10条修正案的范围内运作，它的翅膀被剪掉，它的机**构被限制在哥**伦比亚特区。

"反抗这种专制，反抗这种暴政，"当朗发现联邦政府试图阻止路易斯安那州债券的销售时，他喊道，这些债券将提供该州所需的收入以取代他命令该州不接受的"联邦资金"。1935年，当罗斯福像树上的猫一样紧张时，朗去巴**吞**鲁日拜访他的朋友艾伦州长。当他离开州长办公室时，一个人向他**开枪**。袭击者是罗斯福的密友，是卡尔-魏斯博士，他被朗的卫兵射杀，来不及救他，魏斯躺在地上死去。

惠龙被送往医院，在那里他在生与死之间徘徊。在他濒临死亡的状态下，龙永图看到了来自各行各业的美国人需要他的领导。他向神呼喊："哦，主**啊，他们**需要我。请不要让我死。我有这么多事要做，上帝，我有这么多事要做。"但龙永图死了，被一个社会主义刺客击倒了。林肯、加菲尔德、麦金利，都试图保护美国免受社会主义者的蹂躏，都付出了生命的代价。像国会议员L.T.麦克法登、参议员威廉-博拉、参议员托马斯-D-沙尔和肯尼迪总统，在放弃社会主义后。

社会主义比共产主义危险得多，因为它固有的、邪恶的迟钝性，将剧烈的、不需要的变化强加给美国人民。只有一个办法可以克服这种危险的暴力威胁，那就是让全体人民接受教育，认识到他们面临的问题，并肩拒绝社会主义。这可以而且必须做到。"人多力量大"。我们的爱国者比我们的社会主义者更多。我们所需要的是领导力和受过教育的人民，以坚定地反对自伍德罗-威尔逊以来的每一位总统帮助绑在我们脖子上的恶毒暴政。社会主义者不可能把我们都杀了!让我们站起来，打倒非利士人，以示大团结。我们有宪法规定的权力来这样做。

后记

美国人和全世界都在等待共产主义的铁锤，没有意识到社会主义对我们这样的共和制民族国家构成更大的危险。在冷战时期，谁会害怕社会主义？这么说的作家、评论家和预测家的数量一只手就能数得过来。没有人认为社会主义有什么可担心的。

共产党对我们耍了个大花招，让我们的眼睛集体盯着莫斯科，而最可怕的破坏却在国内发生了。在我从事写作的二十五年里，我一直认为，对我们国家未来福祉的最大危险在于华盛顿，而不是莫斯科。前总统里根提到的"邪恶帝国"不是莫斯科，而是华盛顿和控制它的社会主义阵营。

20世纪末的事件证实了这一说法的准确性。1994年，我们有一个社会主义者在掌舵国家事务，在1980年拥抱共产主义/社会主义的民主党的协助下，在众议院和参议院中超过87%的民主党人显示出他们的社会主义色彩，人民试图通过投票箱来改变国家的进程，却毫无进展。

世界上的"剩余"人口--包括美国--已经被实验室制造的变异病毒消灭，这些病毒正在杀死数十万人。根据罗马俱乐部的全球2000年**种族**灭绝计划，当暴徒完成他们的使命后，这一过程将加速。1994年8月，哈佛大学实验室完成了在塞拉利昂**开始的突**变体拉萨热和visna media病毒的实验。一种新的病毒，甚至比艾滋病更致命，即将被释放。

新的流感病毒已经发布，并且具有致命的效力。据说这些变异的流感病毒比第一次世界大战最后几天在摩洛哥的法国军队身上测试的'西班牙流感'病毒要有效100%。与拉萨热病毒一样，'西班牙流感'病毒失去了控制，到1919年，它席卷了全世界，所造成的死亡人数比第一次世界大战双方的军事伤亡总数还要多。没有什么能阻止它。在美国，损失是惊人的。在美国的主要城市，**每七个人中就有一个人被**   "西班牙流感"杀死。人们在早上就病倒了，患上了发烧和衰弱的疲劳。在**一两天内，他们**就死了--数以百万计。

谁知道新的变异流感病毒何时会发作？在1995年，也许是1996年夏天？没有人知道。埃博拉的正**确名称是**   "埃博拉-扎伊尔"，是以它首次出现的非洲国家扎伊尔命名的，它也在等待时机。埃博拉病毒是无法阻止的；它是一个无情的杀手，行动迅速，让受害者可怕地变形，并从身体的每一个孔隙流血。最近，扎伊尔埃博拉病毒出现在美国，但媒体和疾病控制中心很少提到它。在美国陆军医学研究所对埃博拉病毒和其他非常危险的病菌进行了研究实验。

释放这些可怕的杀手病毒的目的是什么？给出的理由是人口控制，如果我们阅读伯特兰-罗素勋爵、罗伯特-S-麦克纳马拉和H.G.威尔斯的声明，新的杀手病毒就像这些人说的那样。在300人委员会和社会主义阵营的眼中，地球上有太多不受欢迎的人。

但这并不是故事的全部。在全球范围内计划的大规模种族灭绝的真正原因是为了创造一种不稳定的气氛。破坏国家的稳定，让人们心生恐惧。战争是这个计划的一部分，而在1994年，战争无处不在。地球上没有和平。小规模战争在曾经的苏联肆虐；在前南斯拉夫，最初由英国社会主义者人为制造的派别之间的战争仍在继续。南非将永远不会再是它曾经的和平之地；印度和巴基斯坦也不远了。这是多年来社会主义精心策划的结果。

今天的国家比1945年多了100个。它们中的大多数都是建立在部落-民族分裂与宗教和文化差**异的松散**联盟上。它们将无法生存，因为它们已经被创造出来并被束之高阁以等待破坏稳定的过程。美国正通过明智的长期社会主义规划被推向类似的分裂。1994年，美国已经准备好被种族、民族和宗教差异所撕裂。美国早已不再是   "上帝之手下的国家

"了。任何国家都无法在文化差**异中生存，特**别是当语言和宗教发挥关键作用时。

社会主义者正通过克林顿总统向前迈进，利用这一现实，而我们在每个国庆节都试图隐藏这一现实。未来十年将是一个爆炸性分裂的十年。美国将因收入、生活方式、政治观点、种族和地理环境而分裂。自从社会主义者将伍德罗-威尔逊总统推上台后，他们一直在建造的一堵巨大的墙，几乎已经完成。这堵墙将把美国划分为富人和穷人--中产阶级属于后者。美国将变得像任何其他第三世界国家一样。美丽的城市将因缺乏社会服务和警察保护而毁于一旦，因为地方和州政府故意缺乏收入，无法满足不断增长的服务和保护成本。

犯罪将蔓延到郊区。曾经安全的郊区将变成犯罪猖獗的郊区。这都是社会主义计划的一部分，即拆散大城市，分散人口群体--甚至在**你安全的街区，十年或更**长时间后，这些街区可能会像今天美国大城市的内城一样犯罪猖獗，帮派横行。

堕胎率不会被控制，因为堕胎的目的是遏制中产阶级的生育率。社会主义堕胎和科隆泰夫人的自由恋爱一直都是为了防止中产阶级变得过于强大。非婚生子女的出生率将在有工作的穷人中不断增长和扩大。现在有一个人口统计学上的爆炸性增长，即非婚生子女在没有父亲的情况下长大，母亲不能或不愿意照顾他们。这就是费边社会主义的行动，是费边社会主义一直以来隐藏的黑暗和邪恶的一面。

美国新出现的下层社会将由数百万失业和无法就业的人组成，这意味着巨大的流动和不稳定的人口，他们只能转向犯罪来生存。郊区将充斥着这种底层社会和其街头帮派。警察将无法阻止他们--在一段时间内，他们将自由地进行破坏社会主义稳定的工作。

你现在居住的美丽的郊区可能会成为2010年的贫民窟，那里有成千上万的**帮派，其成**员以刀为生。随着这些穷凶极恶的年轻暴徒扩大他们的行动区域，"去梅伯里 "将变得更加普遍。

绝大多数美国人对未来的事情完全没有准备。他们被永远无法兑现的社会主义承诺所哄骗。在美国面临　　　　　　　"敦刻尔克"的时候，我们的人民越来越期待政府来解决当初由社会主义造成的问题，这些问题无论是克林顿总统还是他的继任者都没有解决的希望，只是因为认为有必要对美国进行毁灭。

艰难困苦的时刻就在眼前，民主党的所有承诺都不过是铿锵有力的铙钹。由于缺乏教育、培训和工作--
工业雇主要么被淘汰，要么被迁往外国--
大批失业者将在街上游荡，寻找社会主义者所承诺的生活。当他们完成了他们的工作，美国被破坏了稳定，"多余的人口"将被变异的病毒性疾病消灭，速度之快超出我们的想象。

这就是社会主义者预测他们会做的事情，但很少有人注意到伯特兰-
罗素和H.G.威尔斯的承诺。美国人更专注于棒球和足球，以至于未来的历史学家会感叹大众政治心理学如何不被人民认可，并加以抵制。"他们一定是睡得很香，没有看到"，这将是未来历史学家的严厉评判。

有什么办法可以阻止这个国家的破坏吗？我认为，现在需要的是唤醒保守派队伍中的超级富豪--他们中有很多人--
并让他们支持一个基金会，该基金会将提供仅基于阅读《国会年鉴》、《国会球报》和《国会记录》的美国宪法速成课程。这些文件包含了有关宪法的最佳信息，以及有关社会主义和它对一个世界政府的计划--
新世界秩序，新的奴隶制黑暗时代的大量信息。

掌握了这些信息，数以百万计的公民可以挑战他们通过违宪措施的代表。例如，如果1亿名知情公民对一项犯罪法案的违宪性提出质疑，并表明他们不会遵守该措施的规定，因为它是100%违宪的，那么它就永远不会通过众议院和参议院。这是爱国主义的唯一表达方式。它可以，而且必须。

时辰已晚。对于那些回应社会主义者将美国降至任何第三世界国家水平的计划，"这是美国，它不可能发生在这里"的人，我会说，"它已经在发生了"。就在几年前，谁会想到，一个相对较小的州的不知名和不知名的州长会成为美国总统

--
尽管56%的选民投票反对他。这就是社会主义的行动,将不受欢迎和不需要的改变强加给美国。

社会主义的遗产;一个案例研究

1994年9月30日星期五上午9点40分,60岁的建筑师理查德-布兰查德(Richard Blanchard)在旧金山Tenderloin社区边缘的一个红灯前停车后,被枪击中脖子。当布兰查德在光天化日之下坐在车里等待变灯时,两名16岁的暴徒走近他,用枪指着他,并向他要钱。这时,光线发生变化,布兰查德试图逃跑。他的脖子中弹,现在完全瘫痪,在医院里靠生命维持。

根据目前的法律,这名16岁的暴徒不能被命名,他的照片也不能被公布。根据《*旧金山考察者*》的报道,布兰查德的朋友艾伦-沃夫西说。

> "这意味着,在旧金山,有人在正常工作日停在红灯前时是不安全的。它夺走了生活中所有的纯真。你在执行正常的日常任务时必须保持警惕,因为你的生命可能被夺走,这**种想法意味着文明行**为不再有任何限制。这个悲剧的另一个部分是,这是一个手是他的一切的人。无缘无故,一个人从一个出色的建筑师变成了一个截瘫者。"

警方对这场噩梦的反应是。

> "卷起**你的窗户**,锁上你的车门。如果有人用枪指着你,就给他们他们想要的东西。为了一块手表或一个钱包而失去生命是不值得的。"

这就是社会主义的遗产。

> "向犯罪暴徒屈服,因为警察不能保护你,在被100%违宪的社会主义立法解除武装后,你再也不能保护自己了。"

在大社会主义者阿特-阿格诺斯(Art Agnos)和戴安娜-范斯坦(Diana Feinstein)(**两人都是旧金山的前市**长)离开后,旧金山就像他们创造的那样，成为了社会主义的噩梦。如果布兰查德先生被允许行使宪法规定的在车上携带枪支的权利，这些暴徒在知道这一点后，可能会对接近他或任何携带枪支的公民三思而行。

但是，由于像范斯坦这样的社会主义者的违宪行为，加利福尼亚和其他许多州的公民被解除了武装，现在被建议在面对武装犯罪分子时

"坚持自己的立场"。拒绝支付每磅一分钱茶叶税的殖民者会如何看待现代美国和这样一个正式承认国家完全和赤裸裸地未能保护其公民的做法？

布兰查德的悲惨故事每月在美国各地重复成千上万次。现在需要的是回归宪法，扫除所有枪支法律和保护像射杀布兰查德这样的犯罪暴徒的软社会主义法律。每个公民都有保留和携带武器的权利。如果公民大规模地行使这一权利，如果他们被大家所熟知，犯罪率就会直线下降。没有暴徒敢于在众目睽睽之下持枪接近驾车者。

社会主义的浪潮正在席卷其道路上的一切。必须迅速面对并击退这一浪潮，否则美国就注定要像古希腊和罗马一样灭亡。警察部门告诉我们，他们人手不足，缺乏财政资源来应对犯罪浪潮。然而，在同一时间，克林顿正在强行通过一个违宪的所谓"严厉打击犯罪

"的法案，该法案主要是一个社会主义转移计划，对我们的警察**帮助甚微**。

华盛顿特区是美国的犯罪之都，拥有比任何其他城市更严格的枪支所有权法律，市长最近要求总统派遣国民警卫队来处理黑人**帮派暴力**问题。克林顿拒绝了，但他确实授权使用预算资金，将公**园警察和特勤局**派往街头巡逻。结果是戏剧性的：与帮派有**关的**枪击事件下降了50%。

然后，钱用完了，特勤局和公园警察被带离华盛顿特区的街道，枪击和暴力事件再次发生。"我们只是没有钱继续这个项目，"白宫发言人告诉ABC电视台。为什么不呢？我们怎么能负担得起给予200亿美元的外国援助，这100%是违宪的，而不能为华盛顿特区的关键犯罪预防项目提供资金，华盛顿特区是联

邦政府对警察保护有管辖权的唯一地方？这是社会主义的遗产，是通过恐怖和违法行为走向奴役的道路。

资料来源和说明

"外交事务。CFR杂志，1974年4月。Gardner, R.

"对爱德华-贝拉米的采访   "弗朗西斯-E-
威拉德，1889年。"波士顿贝拉米俱乐部"。爱德华-
贝拉米，1888年。

"英国政治生活中的费边主义1919-1931"。约翰-
斯特拉奇（John Strachey）。

另见1938年3月的《左翼新闻》。

"兰德研究所研究学院公报1952-1953"。厄普顿-
辛克莱尔。"约翰-瑞安的经济思想"。帕特里克-吉尔蒂博士。

"社会主义者和共产主义者之间的合作"。Zigmunt   Zaremba,
1964."利润经济中的腐败"。马克-斯塔尔。

"美国咨询委员会"。马克-
斯塔尔。"美国人的民主行动"。(ADA)

"反对社会主义的案例：保守派发言人手册"。尊敬的先生A.J.
Balfour阁下，1909年。

1930年的《费边新闻》提到雷克斯福德-
图格威是罗斯福和纽约州长艾尔-
史密斯的同事，并在1934年的《名人录》中再次提到。图格威
还与《新政》的作者斯图尔特-蔡斯（Stuart
Chase）关系密切。图格威在哥伦比亚大学的经济系工作。

"费边社"。威廉-克拉克，1894年。

"新领域。亨利-华莱士。

"一项新政"。斯图尔特-蔡斯，1932年。

"菲利普-德鲁，管理员。"爱德华-曼德尔之家，1912年。

"伟大的社会"。Graham Wallace

"贝弗里奇计划"。威廉-贝弗里奇成为美国社会安全的
"计划"。

"社会主义，乌托邦和科学"。费德里克-恩格斯，1892年。

"萧伯纳"。Ervine St. John, 1956.

"最高法院和公**众**。费利克斯-法兰克福特，1930年。

"基本的李普曼--自由民主的哲学。克林顿-罗西特和詹姆斯-
拉雷。

"约翰-杜威和大卫-杜宾斯基"。图片中的传记，1952年。

"雨果-布莱克，阿拉巴马时代。Hamilton和Van   Der
Veer，1972年。

"犹太**复国主**义的历史"。沃尔特漆器。

"富足的社会"。约翰-加尔布雷思，1958年。

"社会的支柱。A.G. Gardiner, 1914年。

"兰德社会科学学院公报"。1921-1935.

"**另一个美国：美国的**贫困。迈克尔-哈**灵**顿，1962年

"社会主义的历史。莫里斯-希尔基特，1910年。

"霍姆斯-拉斯基的信。霍姆斯法官和哈罗德-
拉斯基的通信。来自沃尔夫，1953年。

"豪斯上校的文件" C. 西摩，1962年。

"和平的经济后果。约翰-梅纳德-凯恩斯，1925年。

"经济学的一般理论。约翰-梅纳德-凯恩斯，1930年。

"危机与宪法，1931年及以后"。Harold J. Laski, 1932.

"来自费利克斯-法兰克福的日记。Joseph P. Lash, 1975.

"Harold Laski: A Biographical Memoir.Kingsley Martin, 1953."一个社会主义势利眼的回忆"。伊丽莎白-
布兰代斯，1948年。

"国家生计计划"。普雷斯蒂亚-马丁，1932年。

"Felix Frankfurter的回忆。菲利普-哈兰，1960年。

"《美国宪法评论》。约瑟夫-斯托里，1883年。

埃弗森起诉教育委员会。这是社会主义在推翻宗教条款学校案件方面的第一次胜利。在法庭上，没有法律先例支持埃弗森的论点。宪法中没有任何内容支持杰斐逊描述的所谓"隔**离**墙"，它不是宪法的一部分。第一修正案的目的并不是要将国家与宗教分**开，而埃弗森案突然**发现这一点符合宪法。杰斐逊说过的一句话--即使当时只与弗吉尼亚州有关--怎**么会突然**变成法律？这是根据什么宪法授权进行的，又有什**么先例？在**这两种情况下，答案是没有。

"隔**离**墙
"是弗兰克福特行使其对基督教，特别是对天主教会的偏见的借口。我们重申，宪法中没有关于这种神话般的 "政教分**离**墙"的规定。在这一点上，法兰克福受到了反天主教的哈罗德-J-拉斯基和奥利弗-温德尔-
霍姆斯大法官的**极大影响，他**们都是顽固的社会主义者。拉斯基认为，"不是世俗的和义务的教育根本就不是教育......。天主教会应该被限制在Limbo...
最重要的是，圣奥古斯丁...天主教会没有能力说出真相......使得我们无法与罗马天主教会和平共处。她是人类精神中所有体面事物的永久敌人之一。此外，布莱克热衷于阅读苏格兰共济会的出版物，这些出版物激烈地谴责天主教会。然而，我们应该相信，布莱克法官在为埃弗森作出裁决时并没有表现出极端的个人偏见！

"1846-1895年通信选集"。**卡尔-马**克思和弗雷德里希-恩格斯。

"爱德华-贝拉米"。阿瑟-摩根，1944年。

"费边季刊"。1948.费边社。

"美国的困境"。Gunnar Myrdal, 1944年。

"法比安研究。费边社。

"对一个时代结束的反思》莱因霍尔德-尼布尔博士，1934年。

"费边社的历史。爱德华-R-皮斯，1916年。

"我认识的罗斯福。Frances Perkins, 1946年。

"费边社，过去和现在。G.D.H. Cole, 1952.

"苏维埃社会的动态"。

"美国在世界舞台上。Walt W. Rostow, 1960.

"英国和世界的劳工 "丹尼斯-希利，1964年1月。

"罗斯福时代"。阿瑟-施莱辛格，1957年。

"1992年7月4日。"Edward Bellamy，1982年7月。

"来自德克萨斯州的豪斯先生。"A.D.H. Smith, 1940年。

"小学的新模式。费边社，1964年9月。

"即将到来的美国革命"。乔治-科尔，1934年。

"H.G. Wells和世界国家。Warren W.瓦格纳，1920年。

"阶级社会中的教育。Edward Vaizey, 1962年11月。

"英国的社会主义"。悉尼-韦伯，1893年。

"资本主义文明的颓废。"Beatrice和Sydney Webb，1923年。

"欧内斯特-贝文"。威廉-弗朗西斯，1952年。

"社会安全。费边社，1943年（贝弗里奇计划的改编）。

"新的自由。伍德罗-威尔逊，1913年。

"通过革命恢复"。(据说是洛维特、莫斯和拉斯基的想法）1933年。

"一个教育委员会能在小学做什么。费边社，1943年。

"美国费边人 "ADA期刊，1895-1898。

"罗斯福致法兰克福"。1917年12月。西奥多-
罗斯福的信，国会图书馆。

"财富与联邦的关系。Henry Demarest Lloyd, 1953年。

"激进主义的必要性：我们时代的社会主义"，1929年。载有罗杰-鲍德温的声明，主张在美国进行革命。

雷曼参议员的　　"福利国家中的自由　　"演讲，其中他谎称
"国父们建立了福利国家"。发表于1950年。

"Rexford Tugwell "引自《兰德学校公告》，1934-1935。

"美国公民自由联盟（ACLU）"。它成立于1920年1月，当时被称为公民自由局。它的许多想法来自菲利普-
诺兰的《没有国家的人》一书。罗伯特-莫斯-
洛维特的声明："我恨美国！"。如果能摧毁美国，我愿意看到整个世界爆炸"，这与诺兰在书中表达的情感很接近。1919年6月的《自由》杂志讨论了美国公民自由联盟的成立，点出了包括创始人约翰-内文-赛尔牧师在内的名字。

美国公民自由联盟的其他来源
"通过异议获得自由"，1962年6月30日。**另外**，罗杰斯-
鲍德温，美国公民自由联盟的创始成员，莱德勒的
"激进主义的必要性 "和 "我们时代的社会主义"。

"沃尔特-
鲁瑟"。汽车工人工会主席。与工业民主联盟紧密合作。摘自《四十年的教育》。LID,
1945.**另**见国会记录院，1962年10月16日第22124-
22125页。另见《路易斯维尔信使报》。"瑞典：中间道路"，
马奎斯-奇尔德。

"南方农民"，奥布里-
威廉姆斯（1964年**众**议院非美国活动委员会的报告。）

"伍德罗-威尔逊"。来自《新自由》的材料，阿瑟-

林克，1956年。阿尔伯特-肖，明尼阿波利斯　　　"论坛报"的编辑。肖还写了《评论的评论》。"2000年：爱德华-贝拉米的批判性传记"，作者是西尔维娅-鲍曼，1958年。"国际政府"，由Brentanos　　　New York出版，1916年。纽约州参议院调查委员会1920年。这个委员会对兰德学校的煽动活动进行了调查。军情六处命令威尔逊销毁军情局关于费边社会主义轨道上的颠覆分子的档案，威尔逊执行了这项命令。托马斯-约翰逊的《我们的秘密战争》中报道。"美国纪事　　　"雷-斯坦纳德-贝克，1945年。"第六届大会的记录　　　"第1522-23页，1919年。司法机关小组委员会听证会，第87届国会，1961年1月9日至2月8日。"安全之路"。阿瑟-威勒特，1952年。"费边新闻"，1969年10月。"传记的说明"。1930年7月16日。还有，"新共和国"。"社会动荡"，作者是莱曼-鲍威尔牧师，1919年。（鲍威尔是威尔逊的一个老朋友）。

"威尔逊先生的战争。约翰-多斯-帕索斯，1962年。

"《新政治家》，伦纳德-伍尔夫的文章，1915年。

"弗洛伦斯-凯利"，（本名韦斯纽茨基。）凯利的故事见于约瑟芬-戈尔玛的《不耐烦的十字军，弗洛伦斯-凯利的生活故事》，1953年。调查》杂志，Paul Kellog，编辑。"国家"，弗里达-柯克韦，《我认识的罗斯福》，凯利，1946年。凯利是"社会改革者的改革者"，是工业民主联盟（LID）1921-1922年的主任，全国消费者联盟和无数费边社会主义者的前沿组织的全国秘书。

参议员雅各布-贾维茨。他与伦敦的费边社关系密切，收到了多萝西-阿奇博尔德女士的贺电。福利国家的自由专题讨论会对贾维茨和他为社会主义所做的工作表示赞赏。贾维茨投票支持ADA的社会主义提案，取得了94%的近乎完美的分数。1952年参加了

"民主问题圆桌会议：需要在美国进行道德觉醒"。与贾维茨一起工作的其他人包括马克-斯塔尔、沃尔特-卢瑟和悉尼-胡克。

"总统的宪法权力"。见于美国宪法第二节。国会记录1927年2月27日。

"一般赤字拨款法案"。

"国会记录，众议院，1884年6月26日第336页附录"。我们在这里看到，为什么教育是可以缓冲社会主义冲击的手段。

"精神与信仰"。A.Powell Davies，由William 0. Douglas法官编辑。戴维斯是雨果-布莱克大法官的统一教会支持者，他还在1942年写了《美国的命运（美国的信仰）》，并在1946年写了《一个不悔的自由主义者的信仰》。戴维斯对道格拉斯和布莱克大法官的影响，可以从这两位大法官在他们参与的最高法院裁决中看好的社会主义问题中看出来。

"勇敢的新世界"朱利安-赫胥黎。在这部作品中，赫胥黎呼吁建立一个大规模的极权主义社会主义国家，以铁腕手段进行统治。

"共产主义和家庭。科隆泰夫人。在其中，她表达了对父母控制儿童以及妇女在婚姻和家庭生活中的作用的愤慨和反抗。

"勇敢的新家庭"劳拉-罗杰斯。令人惊讶的是，这就像赫胥黎的《勇敢的新世界》的标题。罗杰斯阐述了社会主义者长期呼吁的战略，即按照苏联顽固派政委格雷戈里-季诺维也夫的妻子季诺维也夫夫人的建议，控制儿童并使他们脱离父母的控制。

"国会记录，参议院S16610-S16614。"显示了社会主义是如何试图破坏宪法的。

"国会记录，参议院1882年2月16日，第1195-1209页。"参议院委员会是如何处理摩门教的，以及如何违反了《刑法》。

"思想的自由"。查尔斯-摩根。在提到所谓的 "心理政治学"时。

"《1848年共产党宣言》"。卡尔-马克思。

"国会记录，参议院，1924年5月31日。第9962-9977页。"描述了美国共产党人如何将他们的计划伪装成社会主义，并解释说他们的区别只在于程度。

已经出版

OMNIA VERITAS LTD 提出了：

阴谋家的等级制度
300人委员会的历史

作者：约翰-科尔曼

这个反对上帝和人类的公开阴谋包括对大多数人类的奴役

OMNIA VERITAS LTD 目前：

撒谎的外交
英国和美国政府的背叛行为记述

作者：约翰-科尔曼

联合国的创建历史是一个通过谎言进行外交的典型案例

OMNIA VERITAS LTD 目前：

罗思柴尔德王朝

作者：约翰-科尔曼

历史事件往往是由一只"隐藏的手"造成的．

关于共济会的一切

在21世纪·共济会与其说是一个"秘密社会"·不如说是一个秘密社团·

作者：约翰-科尔曼

这本书解释了什么是共济会

塔维斯托克人际关系研究所

塑造美利坚合众国的道德、精神、文化、政治和经济的衰落·

没有塔维斯托克·就不会有第一次和第二次世界大战·

作者：约翰-科尔曼

塔维斯托克人际关系研究所的秘密

超越阴谋

揭开看不见的世界政府的面纱

所有重大的历史事件都是由那些围绕着自己的人秘密策划的·他们有完全的谨慎·

作者：约翰-科尔曼

高度组织化的团体总是比公民有优势